Jürgen Hennig
Wege zur inneren Kraft

Jürgen Hennig

Wege zur inneren KRAFT

Den eigenen
Charakter stärken und
zufriedener leben

adeo

Meiner Frau Sabina und unseren Kindern
David, Simon & Noah

Inhalt

Vorwort

Was brauchen Sie für dieses Buch? An allererster Stelle brauchen Sie Zeit. Das klingt sehr trivial, weil man zwangsläufig für alles, was man tut, Zeit braucht. Gemeint ist aber nicht ein Platz in unserem oftmals überfüllten Terminkalender oder eine Form des „Sich-Zeit-Nehmens", sondern eher eine des „Sich-Zeit-Schenkens". Und noch etwas wäre hilfreich: In Zeiten unfassbarer Kriege, Machtbesessenheit, Missbrauchsskandalen, Kinderpornografie, Autokratie und Korruption, Flüchtlingselend, Gleichgültigkeit und Klimakatastrophen haben Sie schlicht *Lust*, sich mit menschlichen Stärken, Tugenden und Werten zu befassen, die – und darum geht es hier – durch Übung bei uns allen weiter ausgebildet werden und uns zu Zufriedenheit und Wachstum verhelfen können. Sie wollen ihre Charakterstärken nicht nur erkennen, sondern auch ausbauen? Prima, das könnte eine spannende *Einlassung* werden.

Und wie kommt ein Psychologieprofessor dazu, ein Buch wie dieses über Charakterstärken zu schreiben? Nun, zuerst war da eine Studie der Abteilung für Differentielle und Biologische Psychologie an der Justus-Liebig-Universität Gießen, an der ich mitgewirkt habe. Wir wollten wissen: Welche Auswirkungen hatten die Einschränkungen während des Lockdowns in der Pandemie, die ständige Verunsicherung und die

Angst vor einer Infektion auf unser psychisches Wohlergehen? Und wie können wir uns vor den negativen psychischen Folgen schützen?

Dazu führten wir eine der ersten Onlineumfragen in Deutschland zu diesem Thema unter 1000 Personen durch. Mit erschreckenden Ergebnissen: Rund die Hälfte der Befragten (50,6 Prozent) zeigte Symptome mindestens einer psychischen Krankheit, und auch depressive Stimmungen, Angst, Panik- und Zwangssymptome kamen viel häufiger vor als vor der Pandemie. Viele der Befragten zogen sich auch weitaus stärker aus dem öffentlichen Leben zurück als nötig und gaben zu, Hamsterkäufe getätigt zu haben.[1]

Doch die Studie zeigte auch: Es gibt Möglichkeiten, unsere psychische Widerstandskraft in der Krise zu stärken. Die Befragten, die diese innere Widerstandkraft aufwiesen, die sogenannte Resilienz, hatten ein viel geringeres Risiko, Symptome einer psychischen Störung zu entwickeln.

Nachdem ich im Hörfunk des Hessischen Rundfunks ein Interview zum Einfluss von Charakterstärken auf die Bewältigung von Corona gegeben hatte, wurde ich vom Verlag dieses Buches kontaktiert. Ich hatte im Radio berichtet, dass wir bei einer anderen Studie herausgefunden hatten, dass bestimmte Charakterstärken, die wir bei unseren Studierenden vor Ausbruch der Coronapandemie erfasst hatten, mit größerer Resilienz in Beziehung standen. Befragte, die beispielsweise angaben, dass sie sich trotz allem auf das Positive in ihrem Leben konzentrierten, blieben psychisch weitaus stabiler. Man könnte auch sagen: Je deutlicher diese Charakterstärken bei den Teilnehmenden ausgeprägt waren, desto besser war ihre Fähigkeit, mit den Sorgen durch Corona konstruktiv umgehen zu können. Und das macht Hoffnung, denn diese Bewältigungsstrategie kann man lernen – ebenso wie viele andere, die Traurigkeit, Fatalismus und Hoffnungslosigkeit etwas entgegenzusetzen haben. Beim Verlag war man der Ansicht, dass man diese Erkenntnisse unbedingt in einem Buch den krisengebeutelten Menschen zugänglich machen sollte. Mir zeigte das Ergebnis erneut, was für einen starken Einfluss bestimmte Charakterstärken auf unser Leben und letztlich auch auf unsere Anpassungsfähigkeit und Lebenszufriedenheit haben.

Seit etwas mehr als 30 Jahren arbeite ich an der Justus-Liebig-Universität Gießen und vertrete das Fach Persönlichkeitspsychologie und Biologische Psychologie. Mich beschäftigen sehr die Fragen wie (unterschiedlich) Menschen sind und auch, woher diese Unterschiede kommen. In vielen Studien mit meinen Studierenden haben wir auch geprüft, ob uns Übungen im Bereich der 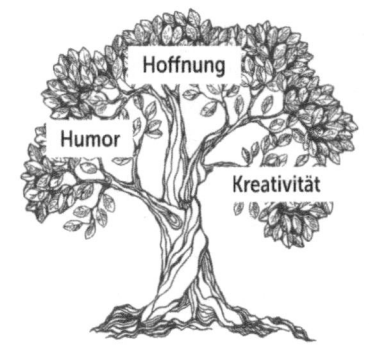 Positiven Psychologie, die mit Charakterstärken verbunden sind, guttun, unsere Stimmung verbessern und unsere Lebenszufriedenheit erhöhen. In diesen Kursen werden unsere Studierenden unter anderem gebeten über einen Fragebogen zunächst ihre Charakterstärken kennenzulernen. Danach erhalten sie einen hochqualitativen Ausdruck eines persönlichen Stärkenbaumes, in den sie ihre bedeutendsten Charakterstärken eintragen sollen. Und, ganz wichtig: Sie erhalten die „Hausaufgabe", ihren Stärkenbaum gut sichtbar im Flur, ihrem Zimmer oder in der Küche ihres Wohnheimzimmers, der WG oder wo auch immer sie leben zu platzieren, damit sie ihn *jeden Tag sehen*. Sie konfrontieren sich also mit ihren

Stärken – so wie es ein Leitbild im Unternehmen für seine Belegschaft ja auch tut ... oder tun sollte. Übungen dieser Art haben wir auch im Bereich der psychischen Erkrankung bei stationär behandelten schwer depressiven Patientinnen und Patienten eingesetzt. Auch diese können davon profitieren![2] Was macht Menschen stark?

Um die Charakterstärken, die uns in Krisen Halt und Kraft geben, wird es in diesem Buch gehen. Das ist kein so ganz einfaches Unterfangen, denn diese Charakterstärken sind eingebunden in Tugenden, die selbst wieder von Werten gesteuert werden. Damit befassen sich ganz unterschiedliche Disziplinen seit Hunderten von Jahren. Es ist derart viel dazu gesagt und vor allem geschrieben worden, dass dieses Buch letztlich überwiegend aus *Auslassungen* besteht. Würde man die Literatur zu den Themen jedes einzelnen Unterkapitels heranziehen, könnte man damit problemlos ganze Bücherregale füllen oder ganze Bibliotheken. Aber um Vollständigkeit kann es mir nicht gehen und geht es mir auch nicht. Dieses Buch ist einfach *eine* Sichtweise auf den Themenkomplex, die vor allem Verständlichkeit und Nützlichkeit in den Vordergrund zu stellen versucht. Für die Leserinnen und Leser, die sich auch wissenschaftlich in die Materie vertiefen wollen, werden zahlreiche Verweise auf weiterführende Arbeiten mit unterschiedlicher Perspektive angeboten.

Das Buch ist sicherlich nicht der nächste von Hunderten von „Ratgebern" zur Findung eines glücklichen Lebens. Obwohl es in dieser Kategorie rangiert, läge mir mehr daran, Sie in die Thematik *einzuladen*, als Ihnen einen Rat zu erteilen. Dass Sie im Anschluss an die Lektüre und vor allem durch eine *Umsetzung der Inhalte im täglichen Handeln* glücklicher und zufriedener sind oder werden, ist allerdings durchaus beabsichtigt. Nur dass dieses Ergebnis Ihre eigene und gewollte Entwicklung und weniger die Befolgung von Ratschlägen wäre. Es geht also um einen Blick nach innen, zu dem ich einlade. Ich lade ein zur Beantwortung der Frage, was unsere individuellen Charakterstärken sind, wie sie sich zu Tugenden verhalten und auch, was wir *tun* können, um sie weiter zu pflegen und aufblühen zu lassen.

„Aufblühen" (engl. *flourishing*) ist auch der Titel eines Buches des berühmten amerikanischen Psychologieprofessors Martin Seligman, der sich 1998 mit Beginn seiner Präsidentschaft in der American Psychological Association (APA) ganz dem Feld der „Positiven Psychologie" zugewandt hat. Die Positive Psychologie im Sinne Martin Seligmans ist ein Auslöser für mein Interesse an Charakter und Tugenden, dem ich seit vielen Jahren auch in meiner Forschung und Lehre an meiner Universität nachgehe. Die von ihm vorgeschlagene Systematik von sechs Tugenden, denen insgesamt 24 Charakterstärken zugeordnet werden können, liegt auch diesem Buch zugrunde.

Zu Beginn werden wir uns damit befassen, was Werte, Tugenden und Charakterstärken eigentlich sind, bevor wir uns diese dann im Einzelnen anschauen. Ich werde versuchen, anhand von Beispielen aus der Gegenwart Konzepte der Vergangenheit zu verdeutlichen, aber natürlich auch die aktuellen Ergebnisse zur Thematik aufzeigen. Insgesamt möchte ich im Sinne der aristotelischen Tugendethik vorgehen, die in besonderem Maße das Handeln betont. Die Qualität unseres Umgangs miteinander oder auch mit unserer Umwelt im Sinne der moralischen Dimension des „Guten" ist nur sehr eingeschränkt auf das zu beziehen, was wir *sagen*. Viel entscheidender ist die Qualität dessen, was wir tatsächlich *tun*.

Ich werde Ihnen daher auch zahlreiche Vorschläge unterbreiten, die Tugenden und vor allem Charakterstärken in Ihrem Leben zu wecken und diese zu üben. Leonardo da Vinci soll einmal gesagt haben *„So wie das Eisen außer Gebrauch rostet und das stillstehende Wasser verdirbt oder bei Kälte gefriert, so verkommt der Geist ohne Übung."* Unsere häufige Wahrnehmung wachsender (Gefühls-)Kälte in der Welt muss und darf nicht dazu führen, dass wir aufhören, Tugenden und Charakterstärken in unserem alltäglichen Handeln sichtbar werden zu lassen. Denn das hilft nicht nur uns selbst, sondern auch den Menschen um uns herum. Martin Seligman bezeichnet dies als *„values in action"* – *gelebte* Werte. Hierzu lade ich Sie ein.

1.
Werte –
Tugenden –
Charakterstärken

Werte

Die Transfersumme, die der Pariser Fußballklub Saint Germain für die Übernahme des brasilianischen Fußballstars Neymar da Silva Santos jr. an den spanischen Klub FC Barcelona entrichtete, war mit 222 Millionen Euro die bislang höchste in der Fußballgeschichte. Ist Neymar damit ein besonders wertvoller Mensch? Wahrscheinlich, und das hoffe ich, regt sich jetzt Protest in Ihnen, weil die Dimension menschlichen Wertes ja wohl keine finanzielle Angelegenheit ist. In Neymars Fall wäre das auch besonders tragisch, weil sich sein Marktwert in nur knapp drei Jahren seit dem Wechsel annähernd halbiert hat.[1]

Nein, jetzt mal ernsthaft: Was sind menschliche Werte, und wie hängen sie mit Tugenden und Charakterstärken zusammen?

Werte sind in gewisser Weise immer gegenwärtig, was daran deutlich wird, dass wir permanent das Verhalten (vorzugsweise anderer) (be-)*werten* (nützlich-unnütz, richtig-falsch, altruistisch-egozentrisch und so weiter). Werte sind nichts Materielles, sondern in der Tradition der Philosophie etwas Wünschens-, wenn nicht gar Erstrebenswertes. Sie sind damit das Grundgerüst einer individuellen und auch gesellschaftlichen Auffassung, was gut und richtig ist. Es dürfte einleuchten, dass die Frage, was „gut" ist, die Menschheit seit Langem beschäftigt. In der Tat versuchten bereits die griechischen Philosophen, sich diesem Themenfeld zu nähern.

In der Antike galt zwar auch als „gut", was seinen Zweck erfüllte (zum Beispiel eine warme Decke im Winter). Mehr Beachtung fand aber die *personenbezogene* Ebene des „Gutseins", insbesondere Fragen nach Tüchtigkeit und Tugendhaftigkeit – also die ethisch moralische Dimension. Um Missverständnissen vorzubeugen, soll kurz der Unterschied zwischen Moral und Ethik genannt werden, die beide nicht selten synonym benutzt werden, sich letztlich aber doch unterscheiden. Moral ist ein System von Leitsätzen dessen, was gut und richtig (für alle) ist. Natürlich kann das kulturell unterschiedlich ausfallen. Daher sind auch verschiedene Moralvorstellungen in der Welt vertreten. Ethik hingegen befasst sich nicht mit Inhalten der Moral, sondern mit der Moral als solcher. Sie ist die Wissenschaft der Moral und betrachtet sie eher aus der Vogelperspektive. So ist vielleicht auch verständlich, dass der nicht selten während Corona zu Wort gekommene Ethikrat nicht „Moralrat" heißt, denn er befasst sich nicht primär damit, was gut und richtig ist, sondern ob die auf Erwägungen von „gut und richtig" basierenden Regelungen tatsächlich Anwendung finden können oder sollten.

In der Antike finden sich verschiedene Ansätze, die wir heute durchaus im Kontext von Werten behandeln könnten. Aristoteles zum Beispiel, den wir immer wieder strapazieren werden, spricht eher von „Tugenden", auf die wir auch noch eingehen werden. Erst später entwickelte sich die sogenannte Axiologie (Wertelehre), und sie ist auch heute noch ein wichtiges Feld in der Philosophie, obwohl das Thema nicht mehr exklusiv von dieser behandelt wird. In der Neuzeit wurde die Koppelung von Wertetheorien und Ethik immer mehr vorangetrieben. Diese Entwicklung findet zum Beispiel in ökonomiebasierten Ansätzen und letztlich natürlich auch in der Psychologie ihren Ausdruck.

Richtungsweisend war Milton Rokeach (1973)[2], der Werte in zwei Kategorien klassifizierte. Es gibt Werte, die wir benötigen, um *wert*volle Zustände zu erreichen. Diese Werkzeuge oder Mittel werden als *instrumentelle* Werte bezeichnet, während die Zielzustände auch *terminale* Werte genannt werden. Nehmen wir das wörtlich: Ein Instrument erzeugt Klänge, aber noch keine Musik. Die Musik ist das Ziel (terminaler Zustand oder auch Ergebnis), der Klang (instrumentell) der Weg dorthin. Wenn Freiheit ein terminaler Wert für uns ist (erstrebenswerter Zielzustand), dann kann Unabhängigkeit (instrumenteller Wert) ein Weg dorthin sein.

Zudem können noch weitere Unterteilungen herangezogen werden: (persönliche Werte (Höflichkeit), gesellschaftliche Werte (Toleranz), Moralwerte (Frieden) und Kompetenzwerte (Weisheit)), die zwischen verschiedenen Menschen höchst unterschiedlich ausfallen können.[3]

Im Laufe der letzten Jahre hat sich in der psychologischen

Werteforschung ein Modell eines breiten Forschungsinteresses erfreut, das eine Universalität von Werten unterstellt. In der Tat scheint es so zu sein, dass zumindest einige Werte über die Grenzen von Ländern und die Interessen von Nationen hinweg von Bedeutung sind. So wurde am 2. März die sogenannte „Resolution A/RES/ES-11/1" der UN-Generalversammlung verabschiedet. In dieser wurde der russische Einmarsch in die Ukraine verurteilt, basierend auf Werten wie Freiheit, Frieden und Gerechtigkeit. Von den bei der Abstimmung vertretenen 181 Nationen stimmten 77,9 % (141 Nationen) zu. Wenn wir davon ausgehen, dass die 35 Enthaltungen und auch die fünf Gegenstimmen nicht geschlossen das Wertebewusstsein der Bevölkerung der jeweiligen Länder repräsentieren (und das können wir wohl), dann belegt diese Abstimmung, dass bestimmte Werte tatsächlich weltweit von Bedeutung sind – was mich trotz allem etwas beruhigt.

In diesem Modell der universellen Werte[4] werden diese nicht als absolut, sondern als dynamisch und zum Teil sogar widerstreitend aufgefasst. Die Werte sind kreisförmig als Wertetypen angeordnet, was ihre Beziehung zueinander verdeutlichen soll. Benachbarte Werte liegen auch inhaltlich nahe beieinander, gegenüberliegende hingegen sind fast schon komplementär.

Darstellung des Wertesystems nach S. Schwartz. Benachbarte Bereiche (zum Beispiel Macht, Leistung) hängen miteinander zusammen und sind nicht unabhängig. Oftmals haben Menschen, für die Leistung ein wichtiger Wert ist, auch eine positive Einstellung zu Verantwortung, Führungsanspruch und Macht. Gegenüberliegende Bereiche sind gewissermaßen Gegenpole (zum Beispiel Sicherheit und Stimulation) und können sich gegenseitig ausschließen. Würde man erwarten, dass jemand mit „Sicherheit" als starkem Wert hochrisikoreiche Sportarten betreibt oder aufgeregt am Glücksspiel teilnimmt?

In der Tat können Werte geradezu miteinander in Konflikt stehen, und das passiert sogar relativ häufig. Zu gerne würden wir eine Kreuzfahrt machen (Wert: Hedonie oder auch Stimulation), wissen aber, dass dies mit einer hohen Emission von Treibhausgasen verbunden ist (Wert: Universalismus beziehungsweise Umweltschutz). Wir unterscheiden uns das letztlich in unserer Werthierarchie, also darin, was für uns das höherwertige Gut ist. Unser Handeln nach Werten zu orientieren, setzt nicht selten Wertentscheidungen voraus, die ein Streben nach „immer-mehr" oder auch Verzicht zur Folge haben können.

Werte können aber manchmal auch miteinander verbunden werden oder Synthesen eingehen.[5] So kann die vom Wert „Humanismus" getriebene ehrenamtliche Mitarbeit in einem Flüchtlings-Erstaufnahmelager natürlich zu unserer Selbstbestimmung und auch persönlichen Freude oder Erfüllung (Hedonismus) beitragen.

Obwohl Werte eine gewisse individuelle Stabilität über die Zeit aufweisen (weshalb sie ja auch innerhalb der Persönlichkeitspsychologie behandelt werden) und im frühen Erwachsenenalter weitgehend gefestigt sind, sind sie nicht völlig unabhängig vom Alter. Wer kennt nicht Auseinandersetzungen zwischen Kindern und Eltern oder deren Lehrerinnen und Lehrern, in denen die „spießigen" Wertvorstellungen der vorherigen Generation abgelehnt oder zumindest heftig diskutiert werden? Oftmals allerdings nähern sich die Werte ein paar Jahre später dann wieder deutlich an. Ebenso ist bekannt, dass es in der sogenannten „Midlife-Crisis" zu einer Priorisierung Ich-bezogener Werte kommen kann. Aber auch das ist meist nur kurzlebig und oftmals begleitet von Enttäuschung, wenn neue Lebensentwürfe nicht so funktionieren wie erhofft.

In der Allensbacher Markt- und Werbeträgeranalyse, die das Institut für Demoskopie Allensbach seit Jahren durchführt, wurden über 20.000 Personen im Alter ab 14 Jahren befragt. Diese Stichprobe kann als repräsentativ bezeichnet und auf rund 70 Millionen Einwohnerinnen und Einwohner Deutschlands hochgerechnet werden. Seit einigen Jahren hat sich am Ergebnis nicht viel geändert: Besonderer *Wert* wird auf Freundschaften und Beziehungen zu anderen Menschen gelegt (85 %), aber auch Familie und Partnerschaft werden von über 70 % der Befragten als besonders wertvoll bezeichnet. Unabhängigkeit und Gerechtigkeit (mehr als 65 %) werden gefolgt von Ich-bezogenen Werten wie beruflichem Erfolg, Neues lernen, ein abwechslungsreiches Leben führen, andere Kulturen kennenlernen. Leistung und/oder Einkommen/Wohlstand sind mit weniger als 35 % nicht zentral, und das Schlusslicht bilden Ich-überschreitende Dimensionen wie Religion, Auseinandersetzung mit Sinnfragen und aktive Teilnahme am politischen Leben. Bei Frauen spielen soziale Dimensionen eine größere Rolle als bei Männern, denen Karriere und Einkommen wichtiger ist. Das macht wieder deutlich, dass Lebenspräferenzen und -ziele nicht absolut und allgemeingültig sind, sondern individuell verschieden.

Die niedrige Priorisierung von Werten aus der Kategorie der Ich-überschreitenden Werte (Religion, Sinnfragen, politisches Engagement) mag vielleicht etwas enttäuschen. Üblicherweise wird an dieser Stelle vom Wertewandel oder – schlimmer noch – Werteverfall gesprochen. Einen Wertewandel im Sinne Ingleharts[6] von der materialistischen (zum Beispiel Wohlstand) zu einer postmaterialistischen (zum Beispiel Selbstverwirklichung) Orientierung mag es in den Nachkriegsgenerationen vielleicht gegeben haben. Ob es wirklich ein grundlegender und nachhaltiger „Wandel" ist, kann aber infrage gestellt werden. Mit Blick auf die überall sichtbare Konzentration auf wirtschaftlichen Erfolg, sind wir streng genommen wieder auf die Ebene materialistischer Werte zurückgefallen.

Bei Jugendlichen wird häufig sogar ein Werteverfall oder auch Werteverlust beklagt (natürlich nur von Älteren). Umfangreiche Studien wie die von der Bundeszentrale für politische Bildung in Auftrag gegebenen SINUS-Studie an 14- bis 17-Jährigen zeigen hingegen, dass Freunde und Familie den höchsten Stellenwert haben, aber auch Anstand, Treue, Fleiß,

Ordnung, ja, sogar Bescheidenheit bedeutsamer geworden sind. Unsere Jugend ist generell problembewusster und (leider) auch besorgter geworden (siehe auch die Fridays-for-Future-Bewegung). Wir werden später noch reflektieren, woran das liegen könnte und welche Möglichkeiten bestehen, Hoffnung, Zuversicht, Zufriedenheit und Lebensfreude zu stärken.

Wie, oder besser: wann entsteht unsere Werteorientierung? Es herrscht weitgehend Übereinstimmung darüber, dass die Werteorientierung im Jugendalter ausdifferenziert wird und daraufhin eine gewisse Stabilität erreicht. Ebenfalls gesichert ist, dass der Familie eine entscheidende Funktion in diesem Prozess zukommt. Zahlreiche Studien zeigen familiäre Ähnlichkeiten im Wertegerüst aller Familienmitglieder. Wertvorstellungen der Eltern müssen authentisch gelebt und für Kinder sichtbar und fühlbar werden, um wirken zu können. Es bedarf zudem – um mit Martin Seligman zu sprechen, den wir noch öfter heranziehen werden – *positiver Institutionen* (Familie, Kindergärten, Schulen, Kirchen), in denen Werte vermittelt werden. Albert Schweitzer sagte: „Das gute Beispiel ist nicht eine Möglichkeit, andere Menschen zu beeinflussen; es ist die einzige."

Es sind die „stillen Vorbilder", die bei der Werteentwicklung helfen. „Laute" Vorbilder sind rar. Eine öffentliche Forderung oder zumindest Empfehlung zur Entwicklung (konservativer) Werte setzt heutzutage eine gewisse Abenteuerlust, wenn nicht sogar Risikobereitschaft voraus. Mögliche Reaktionen gerade in den sozialen Medien sind völlig unkontrollierbar, und nicht selten schlagen einem Vorwürfe mangelnder Toleranz, Missgunst und Diffamierung bis hin zum Hass entgegen, ohne dass die Absender bemerken würden, dass sie genau diese Verhaltenskategorien bedienen. Natürlich gibt es die in Artikel 5 des Grundgesetzes garantierte Meinungsfreiheit – von Meinungstoleranz findet man dort aber leider nichts.

Unser Wertesystem ist nicht nur eine Leitlinie für unser eigenes Verhalten. Es sensibilisiert uns auch dafür, gutes Urteilen, Entscheiden und Verhalten bei *anderen* zu erkennen. Und noch schöner: anderen basierend auf ihrem Verhalten auch Wert*schätzung* zukommen zu lassen.

Was ist das aber, Wert*schätzung*? Reicht es, jemanden für eine gute Leistung zu loben oder zu belohnen? Dann wäre Wertschätzung das Gleiche wie „positive Verstärkung", mit dem Ziel, dass dieses Verhalten in der Zukunft öfter gezeigt wird. Ist es Wertschätzung, wenn wir einen Hund, der perfekt ein Kommando ausführt, anschließend mit einem Hundekeks belohnen? Natürlich nicht! Wertschätzung ist weit mehr, nämlich ein Ausdruck von *Beziehung* zu *einer Person*, auf die sie gerichtet ist. Folgerichtig fördert Wertschätzung auch die zwischenmenschliche Beziehung.

Gerade im Arbeitsleben ist das seit Langem bekannt. Gelingt es einer Führungskraft, den Mitarbeitenden Wertschätzung entgegenzubringen, verbessert sich nicht nur das Arbeitsklima, sondern auch die Bindung an das Unternehmen. Krankenstände können rückläufig werden, die Fluktuation sinkt, und letztlich sind positive Auswirkungen auf die Produktivität und Kollegialität zu beobachten. Wertschätzung ist daher eine zentrale Führungskompetenz!

Aber auch im Privatleben, in Beziehungen oder Familien ist Wertschätzung zentral. Sie zeigt sich der Kommunikation (eher zuhören als reden), der Mimik und Gestik, in Respekt und Vertrauen, aber auch darin, dass man andere um Rat bittet oder sich bei ihnen bedankt. Die Kraft der Dankbarkeit wird noch an anderer Stelle ausführlich behandelt. Kleine Geschenke, ein Strauß Blumen oder Ähnliches sind ebenfalls Ausdrucksformen von „Du bist *wertvoll* für mich". Besonders wertschätzend ist gemeinsame Zeit. Denn wer würde schon seine (*wert*volle) Zeit für andere „opfern", wenn es diese nicht „wert" wären?

Individuelle Werte sind wie ein Kompass, der unsere Lebensrichtung aufzeigt. Welche das sein wird, ist von Mensch zu Mensch verschieden. Für sich Werte benennen zu können heißt noch nicht, auch danach zu leben. Werte sind Leitlinien, Überzeugungen und Einstellungen. Diese auch im Alltag umzusetzen ist eine Frage von Handlungen beziehungsweise manifestem Verhalten, was den nächsten Bereich betrifft, mit dem wir uns befassen wollen: Tugenden und (anschließend) Charakter.

Tugenden

Die Klassifikation von verschiedenen Auffassungen zu Tugenden wird heute unter „Tugendethik" subsummiert. Und alles begann im antiken Griechenland bei Platon. Von Platon wurden grundlegende Tugenden (Kardinaltugenden) genannt: Tapferkeit, Gerechtigkeit, Mäßigung und Weisheit. Später, in der christlichen Tradition, kamen noch Glaube, Liebe und Hoffnung dazu. Wesentlich bedeutsamer für unser Thema war allerdings Platons Schüler Aristoteles (384-322 v. Chr.) – insbesondere sein einflussreiches Werk, die *Nikomachische Ethik*[7].

Das Gute stand im Zentrum seines Interesses, und er arbeitete bereits damals intensiv an einer Art Leitfaden für ein glückliches und erfülltes Leben. Aristoteles war der Auffassung, dass das Leben des Menschen zielgerichtet sei und nach Glückseligkeit strebe (*Eudaimonia*). Eudaimonia lässt sich erwerben! Wie? Sie ahnen es bereits: durch Übung. Aristoteles differenziert zwischen Verstandes- und Charaktertugenden. Zu den Verstandestugenden (dianoetische Tugenden) zählt zum Beispiel die Wissenschaftlichkeit. Für unsere weiteren Betrachtungen sind jedoch die Charaktertugenden (ethische Tugenden) weitaus bedeutsamer. Sie werden nach Aristoteles durch *Handlung* und Erziehung erworben und letztlich von der Vernunft gesteuert. Das bedeutet, dass wir beispielsweise durch die *Ausübung* von Gerechtigkeit gerecht *werden*. Aristoteles war wahrscheinlich der Erste, der ein Konzept von „Learning by Doing" hatte.

Charaktertugenden sind gewissermaßen die balancierende Mitte zwischen zwei gegensätzlichen Lastern. So wäre zum Beispiel Mut die Charaktertugend, die *zwischen* Feigheit und Leichtsinn steht. Der Mutige würde vernunftbedingt nicht sich selbst oder andere in Gefahr bringen, sich aber andererseits auch auf Herausforderungen einlassen. Die wichtigsten Charaktertugenden bei Aristoteles sind Gerechtigkeit, Tapferkeit, Höflichkeit, Einfühlsamkeit, Mäßigung, Freigiebigkeit und Weisheit, wobei letztere für ihn die entscheidendste für das Gelingen eines glücklichen Lebens ist. Die Tugendlehre von Aristoteles erlebte seit der Mitte des letzten Jahrhunderts geradezu eine Renaissance mit deutlichen Einflüssen auch auf Nachbardisziplinen der Philosophie, wie zum Beispiel die Psychologie.

Wie kann man sich eine Veränderung unseres Verhaltens durch „Übung" von Charakterstärken vorstellen?

Verändert sich unser Gehirn durch das, was wir tun? In einer interessanten Studie[8] wurde genau dies überprüft. Probanden wurden zwei Gruppen zugeteilt. Die eine durfte drei Monate lang das Jonglieren mit drei Bällen lernen, die andere diente als Kontrollgruppe und tat nichts dergleichen. Vorher, nachher und weitere drei Monate später wurden mittels Magnet-Resonanz-Tomografie die Gehirne beider Probandengruppen verglichen. Während sich vor dem Training keine Unterschiede zwischen den Gruppen nachweisen ließen, zeigte sich in der der Jongleure nach dem Training eine Veränderung des Gehirns in genau den Regionen, die die Verarbeitung visueller Reize gewährleisten. Weitere drei Monate später ging dieser Effekt zurück – die Probanden hatten in der Zwischenzeit nicht mehr jongliert. Übung ändert demnach auch die anatomische/strukturelle Beschaffenheit unseres Gehirns – man muss aber im wahrsten Sinne des Wortes „am Ball" bleiben.

Strukturelle Veränderungen des Gehirns wiesen auch Studien mit Taxifahrern in London nach, deren Hippocampus (eine Hirnstruktur, die insbesondere für Orientierung aber auch das Gedächtnis von Bedeutung ist) im Vergleich zu Kontrollpersonen vergrößert war[9], oder an Violinenvirtuosen, deren Hirnareal für die Codierung von Sinnesempfindungen auf den Fingerkuppen, mit denen sie die Saiten niederdrücken, funktionell erweitert ist[10]. Bei der letzten Studie ist besonders interessant, dass das Maß der neurologischen Effekte umso größer war, je jünger die Violinisten mit dem Musizieren begonnen hatten. Je früher man mit etwas anfängt, desto stärker sind offensichtlich die möglichen Veränderungen.

Für Aristoteles ist ebenfalls sehr bedeutsam, dass eine „gute Handlung" nicht bereits dann vorliegt, wenn sie auf

Wunsch oder unter Anleitung geschieht. Ein Mensch muss sie aus sich selbst heraus wollen und tun. Dieses Konzept ist recht nahe an dem der *intrinsischen Motivation*. Die Ausübung von Tätigkeiten, die dem eigenen Charakter entsprechen, versetzt uns in positive Stimmung und kann Glücksgefühle auslösen. Das zeigt, wie sehr Aristoteles mit heutigen Konzepten „verbunden" ist, denn der Zustand der Glückseligkeit in der Ausübung bestimmter Handlungen ist der Kern des von Mihály Csikszentmihályi 1975 beschriebenen *Flow*-Erlebens[11].

Natürlich ist die Antike nicht die einzige Quelle der Philosophie, die sich mit Tugenden befasst. Sie ist aber für die folgenden Überlegungen die entscheidende. Bei einem vertieften Interesse zur Thematik empfehle ich geeignete Übersichtswerke, wie zum Beispiel das von Christoph Halbig und Felix Uwe Timmermann herausgegebene *Handbuch Tugend und Tugendethik*[12].

In dem von Ninian Smart und Oliver Leaman zusammengestellten Werk zu den Philosophien der Welt[13] werden als Systematisierungsgrundlage die „Großen Drei" herangezogen: China, Indien und der Westen, wobei hier die Einflüsse wichtiger sind als die Lokalisation: Konfuzianismus und Taoismus, Buddhismus und Hinduismus sowie griechisches Altertum, jüdisch-christliche Theologie, aber auch der Islam. Diese multiplen Ansätze haben Christopher Peterson und Martin Seligman systematisiert, um ein möglichst einheitliches und auch ganzheitliches Bild der Tugenden und Charakterstärken zu erhalten, die Gegenstand der Positiven Psychologie werden sollten.[14]

Das Ergebnis dieser Analysen war selbst für die Autoren überraschend: Es zeigten sich in einigen Dimensionen tatsächlich breite Übereinstimmungen zwischen den Kulturen, was die Autoren dazu veranlasste, die allen gemeinsam wichtig erscheinenden Tugenden als „Kern-Tugenden" zu bezeichnen: Mut, Gerechtigkeit, Humanität/Menschlichkeit, Mäßigung/Bescheidenheit, Transzendenz und Weisheit/Wissen.

Ebenso wie bei den aristotelischen Charaktertugenden liegt auch bei bei dem chinesischen Lehrmeister und Philosoph Konfuzius (551-470 v. Chr.) das Wesen einer Veränderung oder Entwicklung hin zum glücklichen Leben nicht in der Belehrung, sondern in der Wahrnehmung von Vorbildern und insbesondere in der eigenen Handlung: „Sage es mir, und ich werde es vergessen. Zeige es mir, und ich werde es vielleicht behalten. Lass es mich tun, und ich werde es können."

Es zeigt sich, dass Tugenden nicht „neutral", sondern durchweg positiv besetzt sind. Wenn man dem Wortursprung nachgeht, dann wird deutlich, dass im Mittelalter mit tugent Kraft, Macht und letztlich gute Eigenschaften gemeint waren. Letztlich geht das Wort auf „taugen" zurück. Prägnanter formuliert bedeutet dies, dass der „Taugenichts" über das Fehlen von Tugenden charakterisiert ist.

Von den Primärtugenden oder Kardinaltugenden müssen die Sekundärtugenden abgegrenzt werden. Sie sind nur dann „tauglich", wenn sie die Primärtugenden bedienen. Eigentlich dienen sie mehr dem reibungslosen Ablauf gesellschaftlicher Prozesse und haben für sich gesehen keine ethische Dimension. Beispiele für Sekundärtugenden sind Fleiß, Ordnung, Sauberkeit, Pünktlichkeit, Gewissenhaftigkeit und Ähnliches.

Um Sekundärtugenden wird es in diesem Buch nicht gehen.

Charakter

In der psychologischen Forschung ist die Auseinandersetzung mit dem Charakter erst mit Einführung der Positiven Psychologie populärer geworden. Da der Charakter der Persönlichkeit zuzuordnen ist, wundert es fast, dass er in Lehrbüchern zur Persönlichkeitspsychologie nur das Dasein eines Stiefkindes fristet. In einer frühen Studie von Hartshorne und May (1928)[15] wurde sogar zu belegen versucht, dass Charaktermerkmale nicht eine Person kennzeichnen, sondern je nach Situation unterschiedlich zutage treten.

Gordon Allport, der für die systematische Einführung des „Eigenschaftsbegriffes" (trait) bekannt ist, war sogar der Auffassung, dass Charakter gar nicht in die Psychologie, sondern ausschließlich in die Philosophie gehöre.[16] Aus der psychoanalytischen Tradition – insbesondere von Sigmund Freud selbst – gab es schon Überlegungen zum Charakter. So versuchte er bestimmte Charaktermerkmale (wie Ordnungsliebe, Sauberkeit, Sparsamkeit) im Erwachsenenalter über Konflikte in der frühen Kindheit zu erklären. Fakt ist aber, dass in der Charakterlehre von Freud Charakterzüge eher mit Sekundärtugenden in Beziehung standen und die für dieses Buch wichtige Moraldimension von Charakterstärken nicht thematisiert wurde.

Explizit – wenn auch wesentlich später – unterscheidet der Psychiater Robert Cloninger Temperament und Charakter, wobei das Temperament nach seiner Auffassung maßgeblich genetischen Faktoren zuzuordnen ist, während der Charakter eher auf der Sozialisation sowie auf Lernerfahrungen beruht.[17] Cloninger unterscheidet drei große Charakterdimensionen: Selbstbestimmung und Selbstkontrolle (zum

Beispiel Zielorientierung), Kooperation und soziale Kooperativität (zum Beispiel Hilfsbereitschaft) sowie Selbsttranszendenz (zum Beispiel Glaube, Spiritualität).

Peterson und Seligman haben in ihrer Auffassung von Charakterstärken und Tugenden einige Prämissen aufgestellt, die auch für uns interessant sind:

1. Eine Charakterstärke trägt zu verschiedenen Zielerreichungen/Erfüllungen bei, die ein gutes Leben ausmachen, wobei sich dies nicht nur auf einen selbst, sondern auch auf andere bezieht. Was aber ist „Erfüllung"? Peterson und Seligman versuchen dies mit dem sogenannten „Sterbebett-Test" zu erklären. Was wäre angesichts des nahenden Todes unsere Fortführung des folgenden Satzes: „Ich hätte gerne mehr Zeit gehabt, um ..."? Eine Idee von Erfüllung würde sich in Fortführungen zeigen, die ein „mehr" von sozialen, menschlichen, transzendenten Aspekten umfassen, wie zum Beispiel „... mich mehr um die Umwelt/Natur zu kümmern", oder „... mehr Zeit mit meinen Kindern zu verbringen", oder „... mich mehr mit Gott zu befassen". Streng genommen sind dies alles Fortführungen, die wir den zuvor genannten Tugenden zuordnen könnten.

2. Charakterstärken verbinden sich mit gewünschten Ausgängen (für einen selbst, Mitmenschen, Gesellschaft) und sind – jede für sich – moralisch wertvoll. Und gerade Letzteres unterscheidet sie von Fähigkeiten. Diese können zwar Charakterstärken unterstützen (zum Beispiel eine hohe Intelligenz, die zu kreativen, nützlichen Veränderungen führen kann), sind aber in sich nicht moralisch wertvoll und könnten ebenso gut in eine ganz andere Rich-

tung „investiert" werden, wofür es in der Menschheitsgeschichte ja zahllose Beispiele gibt.

3. Verhaltensweisen, die auf einer Charakterstärke basieren, setzen andere nicht herab. Peterson und Seligman gehen im Gegenteil davon aus, dass charakterstarkes Verhalten andere Personen sogar zum Nacheifern anregt. In der Tat zeigen Arbeiten des amerikanischen Psychologen Jamil Zaki (von der Stanford University), dass zum Beispiel Freundlichkeit geradezu ansteckend sein kann.[18]

4. Charakterstärken zeigen sich in verschiedenen Facetten des Verhaltens: Gedanken, Gefühlen, Handlungen. Sie sind wie Eigenschaften, die sich in verschiedenen Situationen über die Zeit immer wieder ähnlich offenbaren.

5. Charakterstärken werden von Vorbildern verkörpert oder sollten es zumindest. Repräsentanten von Charakterstärken finden sich in Büchern, Filmen, Liedtexten, mit denen wir groß werden und die Einfluss auf uns haben.

Basierend auf den umfänglichen Analysen aus Philosophie und Psychologie sowie den transkulturellen Aspekten, die schon bei der Identifikation von Kerntugenden eine Rolle gespielt haben, kommen Peterson und Seligman[19] zu einer Systematik, in der 24 Charakterstärken den insgesamt sechs Kerntugenden zugeordnet werden. Diese Zuordnung wird auch die Struktur für die weiteren Überlegungen in diesem Buch sein:

Weisheit / Wissen

- Kreativität
- Neugier
- Urteilsvermögen
- Liebe zum Lernen
- Perspektive

Mut

- Tapferkeit
- Ausdauer
- Authentizität
- Enthusiasmus

Humanität

- Bindungsfähigkeit
- Freundlichkeit
- soziale Intelligenz

Gerechtigkeit

- soziale Verantwortung
- Fairness
- Führungsvermögen

Mäßigung

- Vergebungsbereitschaft
- Bescheidenheit
- Selbstregulation
- Klugheit / Vorsicht

Transzendenz

- Sinn für das Schöne
- Dankbarkeit
- Hoffnung
- Humor
- Spiritualität

Bild 1

DEN **K**OPF FREI MACHEN
DIE MOMENTANE AUFGABE ZU**R**ÜCKSTELLEN
SICH FR**E**IRÄUME SCHAFFEN
HINTERFR**A**GEN
MO**T**IVATION VON INNEN
SICH ZE**I**T NEHMEN ... führt zu
INNO**V**ATION

Bild 2

Bild 3a

Bild 3b

Bild 3c

Bild 3d

Bild 4

Bild 5a

Bild 5b

Bild 5c

Bild 5d

Bild 5e

2.
Gerechtigkeit

Natürlich ist der Begriff „Gerechtigkeit" nicht von der juristischen Dimension *justitia* zu trennen. Diese wird meist dargestellt als sanktionierend (Schwert), balancierend (Waage), unvoreingenommen und auf Gleichheit ausgerichtet (verbundene Augen). So baut sie, gerade was Letzteres betrifft, eine Brücke zur moralischen Bedeutung der Gerechtigkeit, wie sie uns in den Tugenden begegnet.

Recht und Gerechtigkeit liegen schon sprachlich nahe beieinander, und als rechtens gilt, was unsere Gesetzbücher vorgeben. Doch kann es eine Kluft zwischen dem formalen Recht und dem subjektiven Rechtsverständnis geben. Und selbst innerhalb der Gesetzgebung können „Kollisionen" auftreten, wenn man beispielsweise an die teils vehement geführten Diskussionen denkt, ob nächtliche Ausgangsbeschränkungen während der Coronapandemie mit den Grundrechten in Einklang zu bringen sind.

Letztlich, und das lehrt uns gerade unsere Geschichte, ist formales Recht politischen Strukturen und Verhältnissen unterworfen, die unter Umständen selbst Basis für Ungerechtigkeit im moralischen Sinne sind – das zeigte sich beispielsweise in der Rechtsprechung in Zeiten des Nationalsozialismus. Ist Gerechtigkeit daher eine völlig subjektive oder von gesellschaftlich-politischen Strukturen abhängige Angelegenheit und schlicht nicht näher zu definieren?

Bei Aristoteles – das haben wir schon gehört – ist Gerechtigkeit eine willentliche Ausübung von Richtigem mit dem Ziel, das Lebensglück zu erlangen (Eudaimonia). Gerechtigkeit ist keine passive Anlehnung an vorgegebene Normen, sondern ein Bedürfnis oder intrinsisches Motiv. Gerechtigkeit hat verschiedene Gesichter: Während die ausgleichende Gerechtigkeit die Gegenseitigkeit von Leistung und Gegenleistung im Auge behält (also Gleichheit in den Mittelpunkt stellt; horizontale Gerechtigkeit), regelt die zu- oder austeilende Gerechtigkeit (vertikale Gerechtigkeit) das Zusammenleben auf unterschiedlichen gesellschaftlichen Ebenen (beispielsweise Staat-Bürger, Arbeitgebende-Arbeitnehmende, Lehrende-Schülerinnen und Schüler) und kann dabei die Gleichheit vernachlässigen (zum Beispiel höhere Gehälter bei höheren Funktionen). Und zuletzt die korrigierende Gerechtigkeit, die etwa bei strafbarem Handeln Nachteile für Täter bei gleichzeitigen Vorteilen für Opfer realisieren soll. Nach Aristoteles wird Gerechtigkeit durch die Kultivierung rechtschaffenden Handelns im Sinne von (Alltags-)Gewohnheiten erworben.

Philosophische Ansätze zum Thema finden sich bei John Locke, Immanuel Kant, John Stuart und anderen. Bei näherem Interesse sind Übersichtswerke, wie zum Beispiel das von Otfried Höffe[1], zu empfehlen.

Von besonderer Bedeutung ist John Rawls' „Eine Theorie der Gerechtigkeit"[2]. Anders als viele seiner Vordenker erschließt er das Wesen der Gerechtigkeit über eine Art Gedankenexperiment: Was wäre, wenn Menschen in völliger

Unkenntnis (nach Rawls unter dem „Schleier der Unwissenheit") ihrer Interessen, Fähigkeiten und gesellschaftlichen Stellung gemeinsam die Grundlagen für ihr Zusammenleben definieren sollten? Sie hätten alle die gleiche Unwissenheit gemeinsam. In diesem „Urzustand" wäre völlig ungewiss, ob man über Herkunft oder Intelligenz einflussreich ist oder nicht, einen hoch angesehenen Beruf hat oder nicht, sportlich erfolgreich ist oder nicht, Mann oder Frau ist und so weiter. Wie würden wir uns dann eine gerechte Welt vorstellen, wenn wir überhaupt nicht wüssten, was uns erwartet? Was wäre uns wichtig, wenn wir nicht Gefahr laufen wollen, als wenig Privilegierte, Unterdrückte oder Flüchtlinge aufzuwachsen? Wenn wir nicht wüssten, ob wir als Mann oder Frau unser Leben verbringen – wäre dann der Ausschluss des Wahlrechts für Frauen (der in Deutschland ja erst 1918 aufgehoben wurde) überhaupt vorstellbar?

Ganz vereinfacht geht es Rawls um die Frage, wie man einen Kuchen am gerechtesten aufteilen kann. Probieren Sie das doch mal aus, wenn Sie am Tisch sitzen und in der Mitte ein von allen Anwesenden heiß begehrter Kuchen steht, von dem jede/-r das größte Stück bekommen möchte – und so ist es ja in unserer realen Welt. Bitten sie *irgendjemanden* am Tisch, diesen gerecht aufzuteilen. Danach darf jede/-r am Tisch sich ein Stück nehmen. Vergessen Sie aber auf keinen Fall die Information, dass der oder die Anschneidende danach irgendein Stück erhalten wird, sich also auch unter dem „Schleier der Unwissenheit" befindet! Nur dann können Sie sicher sein, dass alle Stücke gleich groß werden. Nur bei völlig gleicher Aufteilung kann man sich *sicher* sein, nicht ein kleineres Stück zu erhalten. Vielleicht gäbe es dennoch jemanden, der dann immer noch ungleich große Stücke schneidet und auf sein

Glück hofft, *zufällig* ein größeres zu erhalten. Das hätte dann aber mehr mit Risikobereitschaft als mit Gerechtigkeit zu tun.

Einer gerechten Aufteilung des Kuchens könnten Sie sich ganz sicher sein, wenn der/die Anschneidende die Information erhält, das *letzte* Stück vom Kuchen zu bekommen.

Nach Rawls wären es maßgeblich (und verkürzt) zwei Prinzipien, die angewendet beziehungsweise gefordert würden: Das erste wäre *gleiche Freiheit*. Gemeint sind damit Grundfreiheiten und Grundrechte wie Wahlfreiheit, Gedankenfreiheit, Rede- und Versammlungsfreiheit etc. und – ganz wichtig – Chancengleichheit. Diese Freiheit Einzelner darf nur dann beschnitten werden, wenn es der Freiheit aller dienlich ist. Einschränkungen, wie sie insbesondere Hotel- und Gaststättengewerbe, aber auch Reiseunternehmen während der Lockdown-Phasen hinnehmen mussten, würden demnach dann akzeptabel sein, wenn sie der Freiheit *aller* durch den Rückgang des Infektionsgeschehens dienen.

Ein weiteres Prinzip ist das sogenannte *Unterschiedsprinzip* (auch Differenzprinzip). Dieses besagt, dass Unterschiede in Gesellschaften nur „gerecht" sein können, wenn die dafür verantwortlichen Positionen (zum Beispiel in Ämtern), grundsätzlich *jedem* offenstehen. Sie (die Unterschiede) sollten zudem denjenigen, die die wenigsten Vorteile genießen, den größten Zuwachs bringen.

Die Kernelemente dieser Theorie sind Freiheit und Chancengleichheit, die wir zwar erstreben, der aber „Zufälle" – wie Rawls sie nennt – im Wege stehen. Wir können das sehr wörtlich nehmen: Solche Zufälle sind beispielsweise Begabungen Einzelner, die ihnen „zugefallen" sind, oder auch Merkmale wie Körpergröße, Attraktivität oder Intelligenz. Alles das ist ja nicht unser Verdienst, relativiert aber die Chancengleichheit. Daher ist es ja gerade so bemerkenswert, dass in der Theorie der Gerechtigkeit von Rawls im „Unterschiedsprinzip" genau das aufgegriffen wird und gefordert wird: nämlich Benachteiligung durch Bevorzugung zu kompensieren.

Rechtsphilosophisch geht es eher um die Frage, was Gerechtigkeit *ist*, während die Sozialpsychologie – auf die noch eingegangen wird – bestrebt ist, mit Methoden der empirischen Forschung zu erhellen, was Menschen unter Gerechtigkeit *verstehen*, was sie in welchen Situationen für gerecht erachten und wie sie sich unter welchen Bedingungen gerecht verhalten.

Zunächst lag der Fokus der Forschung auf der Verteilungsgerechtigkeit. Hier ist die von John Stacy Adams eingebrachte Equity-Theorie[3] zu nennen. Diese besagt, dass Gerechtigkeit dann wahrgenommen wird, wenn das Verhältnis von Input (beispielsweise Arbeitsleistung) zu Output (beispielsweise Gehalt) zwischen Menschen *relativ* gleich ist. Mit anderen Worten wäre Gerechtigkeit dann gegeben, wenn jemand, der mehr oder höherwertig arbeitet, auch mehr verdient. Insofern ist die Gerechtigkeitswahrnehmung letztlich ein sozialer Vergleichsprozess, der bei entsprechendem Missverhältnis zu Frustration, mangelnder Motivation und Auflehnung führen kann – im umgekehrten Fall (also dann, wenn der Ertrag in einem völlig überzogenen Verhältnis zum Einsatz steht) aber auch mit Spendenbereitschaft, sozialem Engagement und Hilfsbereitschaft verbunden sein *kann*.

Es gibt viele politische Debatten zur Einkommens- und Vermögensgerechtigkeit. In Auseinandersetzungen zwischen politischen Parteien geht es um Vermögenssteuer, Sonderabgaben, Steuerhöchstsatz. Weltweit ist die Verteilung von Vermögen nur schwerlich mit den Prinzipien der

(Verteilungs-)Gerechtigkeit zu vereinbaren. Aus dem Dossier Reichtum – Millionäre und Milliardäre[4] geht hervor, dass im Jahr 2009 insgesamt 380 Menschen so viel besaßen, wie die ärmere Hälfte der gesamten Menschheit (ca. 4 Milliarden Menschen). Die Zahl sinkt kontinuierlich und im Jahr 2018 waren es nur noch 38 Superreiche. Wann wird es nur noch *ein* Mensch sein der so viel besitzt wie die ärmere Hälfte der Menschheit?

Die Erkenntnis solcher Missverhältnisse ist für viele schwer zu ertragen, und sie weicht nicht selten dem Glauben an die gerechte Welt[5]. Dieser ist für uns essenziell, weil er dabei hilft, uns selbst in der Welt zu verstehen, Sicherheit und Vorhersagbarkeit zu erlangen und letztlich mit den Widrigkeiten des Alltags besser umgehen zu können. Der Glaube an eine gerechte Welt ist ein Bewältigungsmechanismus im Angesicht der zahllosen Ungerechtigkeiten, die uns umgeben, und auch ein Motor, unsere Ziele (trotz allem) zu verfolgen.

Auf den nächsten Seiten werden diejenigen Charaktereigenschaften näher beschrieben, die nach Peterson und Seligman der Tugend Gerechtigkeit zugeordnet sind: soziale Verantwortung, Fairness und Führungsvermögen. Die Frage ist dabei, inwieweit sie die genannten Kriterien für eine Charakterstärke auch tatsächlich erfüllen. Am Ende jedes Unterkapitels werden wir uns anschauen, wie die eigenen Charakterstärken im Alltag kultiviert und geübt werden können.

Soziale Verantwortung

Wir sind nicht nur verantwortlich für das,
was wir tun, sondern auch für das,
was wir nicht tun.

Jean-Baptiste Poquelin alias Moliére
(1622–1673, französischer Dichter)

Eine Charakterstärke, die sich im Zusammenleben mit anderen besonders gut beobachten lässt, ist die verantwortliche Beziehung zu Individuen (wozu ich auch Tiere zähle) oder Gruppen, die real, aber auch abstrakt sein können. „Abstrakt" sind zum Beispiel Folgegenerationen, denen wir verantwortungsvolles Handeln schuldig sind. Soziale Verantwortung geht immer mit einer moralischen Komponente einher und zeigt sich am Arbeitsplatz, in der Schule, im alltäglichen Leben und natürlich auch in der Familie – eigentlich überall dort, wo Menschen zusammenkommen.

Ob jemand zur Verantwortungsübernahme motiviert ist, hängt von verschiedenen Faktoren ab. Zahlreiche Studien aus der Sozialpsychologie belegen, dass die Bereitschaft zur Übernahme von Verantwortung gegenüber Hilfsbedürftigen *sinkt*, wenn auch andere Menschen zugegen sind. In der psychologischen Forschung wird dies als „Zuschauer-Effekt" (*bystander effect*) bezeichnet. Jeder kennt Medienberichte darüber, wie Passanten wegschauen, wenn Gewalt gegen Frauen, Kinder oder Migranten ausgeübt wird – weil jeder denkt, ein anderer könne oder werde eingreifen. Sicher spielt auch die Frage mit hinein, ob das mögliche Opfer zu „meiner" Gruppe gehört.

Eine Imaginationsaufgabe: Stellen Sie sich vor, sie wären Fan des 1. FC Bayern München. Sie verpassen kein Spiel, haben in Ihrer Wohnung allerlei Fanartikel wie Vereinsfahnen und tragen sogar in der Freizeit ab und an ein Trikot Ihres Lieblingsvereins. Nun gehen Sie in einem Park spazieren und sehen, wie ein Jogger stürzt und sich am Knie verletzt. Dieser Jogger trägt das Trikot ihres Lieblingsvereins. Würden Sie Verantwortung übernehmen und ihm helfen? Klar würden Sie – da bin ich sicher. Einen Tag später sind Sie wieder in dem Park unterwegs, und wie es der Zufall will, passiert fast das Gleiche wie am Vortag. Wiederum stürzt ein Jogger und verletzt sich sein Knie. Nur: Dieser Jogger trägt ein Trikot eines anderen Vereins. Klar, Sie würden wieder Verantwortung übernehmen – auch da bin ich sicher.

Ganz anders sieht es allerdings aus, wenn man eine Frage wie diese wissenschaftlich untersucht und Probandengruppen genau diesen Situationen aussetzt. In einer Studie von Levine und Kollegen[6] wurde genau der beschriebene Versuch mit Trikots von Manchester United und Liverpool gemacht. Das Ergebnis war: Verantwortungsübernahme und Hilfeleistung waren am größten, wenn der Verletzte das Trikot des „eigenen" Vereins trug.

Eng verwandt mit sozialer Verantwortung ist die Zivilcourage. Nimmt jemand Unrecht oder Gefahr wahr und ergreift moralisch begründete Maßnahmen dagegen, spricht man von Zivilcourage. Sie erfordert Mut und ist meist intrinsisch motiviert – sprich, die Person empfindet ein inneres Bedürfnis einzugreifen, ohne dass dafür Anerkennung oder Belohnungen zu erwarten sind. Zivilcouragiertes Verhalten kann im Gegenteil mit Anfeindungen oder sogar rechtlichen Konsequenzen verbunden sein, wenn die Aktivität außerhalb gängiger Normen oder Gesetzen angesiedelt ist. Denken Sie beispielsweise an Carola Rackete, die als Kapitänin der *Sea-Watch 3* insgesamt 53 aus Libyen kommende Menschen im Mittelmeer rettete und mit diesen entgegen des Verbots der italienischen Regierung den Hafen von Lampedusa anlief. Rackete wurde festgenommen und für drei Tage unter Hausarrest gestellt.

Wenn man zivilcouragiert handelt, mögen die Reaktionen nicht uneingeschränkt angenehm sein, aber das eigene Handeln hinterlässt dennoch ein positives Gefühl in einem selbst. Soziale Verantwortung ist also eine mit *Erfüllung* verbundene Handlung, wenn sie einem Bedürfnis entspricht, das letztlich wieder auf unserer Werteorientierung basiert. Nur dann, wenn unsere Handlung ohne Erwartungen von außen aus uns selbst heraus geschieht, verbindet sich damit eine positive Stimmung und erhöhte Lebenszufriedenheit. Man muss nicht unbedingt die aktuelle Forschung zu diesem Thema heranziehen[7], um das zu erkennen. Bereits im Neuen Testament liest man etwas sehr Ähnliches: „Trachtet zuerst nach dem Reich Gottes und nach seiner Gerechtigkeit, so wird euch das alles zufallen" (Matthäus 6,33). Mit „das alles" ist wohl das erfüllte Leben gemeint.

Die Frage ist, ob soziale Verantwortung einen Menschen kennzeichnet, also eine dauerhafte Persönlichkeitsdimension ist, oder nur situativ gefordert ist, je nachdem, ob man überhaupt in eine Situation kommt, in der man soziale Verantwortung zeigen kann. Doch eine stetige Form der Übernahme sozialer Verantwortung kann sich zum Beispiel in der Ausübung eines Ehrenamts zeigen. Dieses wird ja oftmals über Jahre wahrgenommen und könnte Ausdruck eines andauernden (eben nicht situationsabhängigen) Bedürfnisses sein, sich für andere einzusetzen.

In der Tat ist die Bereitschaft, sich für benachteiligte Mitmenschen einzusetzen, relativ hoch. In einer Umfrage der Bertelsmannstiftung von 2017 wurden Erwachsene befragt, ob sie sich in der Flüchtlingshilfe engagieren. Die Befragten wurden zudem in verschiedene Altersgruppen eingeteilt. Es zeigte sich, dass im Mittel rund 20 % aller Befragten ehrenamtlich in der Flüchtlingshilfe aktiv waren. Mit 25 % waren die 16- bis 24-Jährigen die aktivste Gruppe. Ein weiteres Kriterium für Charakterstärken ist die Verfügbarkeit von *Vorbildern*. Für soziale Verantwortung können das Institutionen wie Amnesty International sein oder aktuelle Individuen (wie Edward Snowden) oder historische (wie Mutter Teresa). Sicherlich fallen Ihnen noch viele weitere ein. Die hier zugrunde liegende Auffassung von Charakterstärken ist gemäß Aristoteles nicht nur handlungsorientiert, sondern auch dadurch gekennzeichnet, dass Charakterstärken durch aktives Üben *ausgebildet* und *verstärkt* werden können. Doch wie kann das gelingen?

Frey und Kollegen (1998)[8] benennen die folgenden Voraussetzungen für Zivilcourage:

1. *Erkennen und Kennen*: Nehme ich Abweichungen von Fairness und Gerechtigkeit im sozialen Miteinander wahr?

2. *Können*: Welche Möglichkeiten und Kompetenzen habe ich, um wirkungsvoll eingreifen zu können? Was kann ich sagen, tun oder in die Wege leiten? Von wem habe ich was gelernt und wem würde ich gerne nacheifern (Vorbild)?

3. *Wollen*: Wie wichtig ist es mir, mich zu engagieren? Schiebe ich Ausreden (zum Beispiel Zeitdruck) vor, und

was würde ich emotional bei mir auslösen, wenn ich mich nicht einbringe? Welche Konsequenzen haben Tun und Unterlassen?

4. *Sollen*: Welche Normen und Werte sind für mich wichtig? Wie hoch ist mein „Druck" zur Handlung?

5. *Dürfen*: Wie selbstsicher bin ich bei meiner Handlung? Geht mich das überhaupt etwas an und ist es angemessen, einzugreifen?

Mit der Beantwortung dieser Fragen ist es natürlich noch nicht getan. Es bedarf auch der Anwendung. Daher ist es wichtig, im Kleinen erste Erfahrungen zu sammeln, wie sich soziales Engagement überhaupt *anfühlt*. Wenn wir positive Erfahrungen machen, können diese als das wirken, was in der Lerntheorie als „positiver Verstärker" bezeichnet wird. Die Folge wäre, dass wir dann häufiger dieses Verhalten zeigen. Diese Selbstbelohnung kann zudem noch von derjenigen anderer ergänzt werden, wenn wir beispielsweise ein Lob für unser Einschreiten erhalten.

Verhaltensaufbau oder Verhaltensveränderungen sind fast immer Prozesse, die in kleinen Schritten vollzogen werden. So kann man in der Regel nicht von heute auf morgen ein völlig „neues" komplexes Verhalten zeigen. Wenn Sie beispielsweise als Kind angefangen haben, Klavier zu lernen, dann wissen Sie, was damit gemeint ist.

Nehmen wir einmal folgendes Beispiel: Ein Mädchen (etwa zwölf Jahre alt) wird im Bus von zwei gleichaltrigen Jungen beschimpft: Sie sei eine Verliererin, wäre hässlich, würde nie einen Freund bekommen usw. Wir alle kennen so etwas und haben auch einen Begriff dafür: Mobbing. Andere Jugendliche sind auch im Bus, bekommen aber nicht viel mit, sie tragen Ohrstöpsel und tippen eifrig auf ihren Smartphones herum. Eine ältere Dame sagt: „Ja, so sind Kinder nun mal." Das Mädchen wehrt sich nicht, sondern beginnt leise zu weinen und senkt den Kopf. Damit kann sie sich der Situation aber nicht entziehen; die Jungen machen weiter.

Wenn Sie versuchen, sich in diese Situation als Beobachter oder Beobachterin hineinzuversetzen, wie sähen dann Ihre Antworten auf die Fragen, die zuvor in den *Kategorien Erkennen, Können, Wollen, Sollen und Dürfen* genannt wurden, aus? Würden Sie sich „ent-schließen" und dann „ent-schlossenes" – sprich couragiertes Verhalten zeigen?

Fairness

Lebe so, dass deine Kinder,
wenn sie an Fairness und Integrität denken,
an dich denken.
Übersetzt: Harriett Jackson Brown jr.
(1940–2021, amerikanischer Schriftsteller)

Im angelsächsischen Sprachraum ist *„fairness"* weitgehend das, was wir unter Gerechtigkeit verstehen. Die Übernahme dieses Begriffs in unsere Sprache verkompliziert dies ein wenig, denn der Fairness-Begriff, wie *wir* ihn gebrauchen, hat wenig zu tun mit der institutionellen Gerechtigkeit, wie wir sie in der Rechtsprechung oder in unseren Grundrechten vorfinden. Niemand käme wohl auf die Idee, ein gut nachvollziehbares Urteil im Strafprozess als „fair" zu bezeichnen. In der Tat bezieht sich Fairness mehr auf ein ehrliches und „anständiges" Verhalten anderen gegenüber.

Fairness lässt sich aus dem Blickwinkel der Ökonomie und auch aus dem der Psychologie betrachten. In der Ökonomie gibt es das Konzept des *Homo oeconomicus*, das davon ausgeht, dass der Mensch stets auf Gewinn- beziehungsweise Nutzenmaximierung bedacht ist. Diese Veranlagung führt nicht nur zu persönlichem Nutzen, sondern auch zum gesellschaftlichen, weil ohne eine Steuerung des Staates ökonomische Prozesse in Gang kommen oder aufrechterhalten werden („die unsichtbare Hand"[9]). Wenn man davon ausgeht, wäre zu erwarten, dass in Verteilungssituationen (wie Gehalt, Güter) der Verteilende dem Empfangenden einen geringeren Anteil zukommen lassen würde, um den eigenen hoch zu halten.

Zur Prüfung dieser Überlegung dient das sogenannte „Ultimatum-Spiel". Beim Ultimatum-Spiel spielen zwei einander unbekannte Personen gegeneinander, ohne sich zu sehen; sie sitzen zum Beispiel in verschiedenen Räumen. Die eine Person hat die Rolle des „Gebers", die andere die des „Nehmers". Der Geber erhält eine Gesamtmenge Geld (beispielsweise 100 Euro). Beide erhalten die Spielinstruktion, dass der „Geber" einen Teil des Geldes anbieten soll und der Nehmer diesen annehmen oder auch ablehnen könne. Wenn er das Angebot annimmt, erhalten beide den aufgeteilten Betrag. Lehnt der Nehmer das Angebot ab, dann erhalten beide *nichts* und der Gesamtbetrag ist für beide *verloren*. So sind die Spielregeln. Jetzt versetzen Sie sich bitte in die Rolle des „Nehmers". Sie erhalten als Angebot 30 Euro, also drei Zehntel des Gesamtbetrages. Wie würden Sie entscheiden? Nehmen Sie das Angebot an, oder lehnen Sie es ab?

Rational und ökonomisch wäre es, in *jedem Fall* den Betrag anzunehmen, und wenn es auch nur ein Zehntel des Gesamtbetrages wäre, weil man sonst ja gar nichts erhält. So verhalten sich die meisten Menschen aber nicht! Es geht also nicht darum, in jedem Fall einen Zugewinn zu erzielen, wie man es beim *Homo oeconomicus* annehmen würde, sondern vielmehr darum, ob man die Aufteilung gerecht findet. In der Tat lehnen die meisten Empfänger alles unterhalb von 40:60 ab – wohl wissend, dass sie dann gar nichts erhalten (der Geber aber auch nicht!). Aber besser kein Gewinn, als sich auf mangelnde Fairness einzulassen. Wenn aber der Geber gleich ein faires Angebot macht, ist die Wahrscheinlichkeit auch für ihn am höchsten, selbst einen Betrag zu erhalten. Fairness lohnt sich – mit Sicherheit jedenfalls beim Ultimatum-Spiel.

Nun ist Folgendes aber nicht unproblematisch: Würde ein Geber einen fairen Betrag anbieten, weil ihn/sie Fairness als Charakterstärke auszeichnet, oder ist es schlicht nichts anderes als Kalkül bezogen auf die Erwartung, dass zu kleine Beträge abgelehnt werden und man selbst dann leer ausgeht? Diese beiden Möglichkeiten entzerrt das sogenannte „Diktator-Spiel". Es funktioniert ähnlich, nur dass der „Nehmer" nicht ablehnen *darf*. Jetzt würde das Angebot des „Gebers" nicht mehr von seiner *Erwartung* abhängen („Wenn ich nur drei Zehntel anbiete, wird das bestimmt abgelehnt, und dann bekomme ich auch nichts"), sondern von seinem *Charakter* (fair versus egoistisch). Die meisten Ergebnisse der Forschung zeigen, dass meist ein halbwegs fairer Betrag angeboten wird (zwischen 15 und 50 % des Gesamtvolumens)[10], was darauf hinweist, dass Fairness als Charakterstärke bestimmend ist, aber unterschiedlich ausgeprägt und situativen[11] sowie interkulturellen Einflüssen[12] unterliegen kann.

Was passiert, wenn ein Affe bemerkt, dass ein anderer für die gleiche Tätigkeit eine höherwertige Belohnung erhält als er selbst? Es gibt Protest – und zwar lautstarken. Das ergaben entsprechende Versuche in Tierparks. Zudem verweigert der Affe seine Belohnung, manchmal wirft er sie im hohen Bogen zurück in Richtung Tierpfleger oder unterlässt es nach einigen Erfahrungen dieser Art ganz, Aufgaben zu erledigen, für die ein anderer zuvor eine bessere Belohnung erhielt. Kommt Ihnen das bekannt vor? Hatten Sie jemals das Gefühl, dass Ihre Arbeitsleistung weniger Anerkennung fand als die eines Kollegen/einer Kollegin? Hatte das vielleicht auch Auswirkungen auf Ihre Motivation, gute Arbeit zu leisten?

In einer faszinierenden Zusammenfassung der Arbeitsgruppe des niederländischen Primatologen Frans de Waal finden sich viele Versuchsanordnungen und zahlreiche Beispiele zur Wahrnehmung von mangelnder Fairness und entsprechenden Verhaltenskonsequenzen bei Affen.[13] Diese Form der Aversion gegen ungleiche Behandlung wird als eine erster Ordnung bezeichnet. Sie ist auch bei anderen Tierarten beobachtbar, zum Beispiel bei Hunden; möglicherweise aber nur bei Spezies, die – wie der Mensch – zur Kooperation imstande sind.

Wenn es ein Muster erster Ordnung gibt, dann auch eines der zweiten Ordnung. Dieses ist komplizierter und findet sich eigentlich nur bei Primaten und Menschen. „Aversion gegen Ungleichheit zweiter Ordnung" ist ein Unwohlsein auch dann, wenn man selbst bevorzugt wurde oder sich selbst bevorteilt hat. Die Vermeidung dieses Gefühls, zusammen mit der Erwartung, dass eine Benachteiligung anderer zu Rückzug oder Zurückweisung ihrerseits führen könnte, dürfte wohl auch der Grund sein, warum die Geber im Ultimatum-Spiel wenigstens etwas anbieten.

Bei derart vielen Einflussvariablen stellt sich natürlich die Frage, ob gerechtes Verhalten ein überdauerndes Persönlichkeitsmerkmal im Sinne einer Charakterstärke ist. In der Tat scheint es so zu sein, wie Studien aufzeigen, die einen Zusammenhang zwischen Faktoren der Persönlichkeit (wie Verträglichkeit) mit prosozialem, also freiwillig altruistischem Verhalten belegen.[14] Auch aus einer völlig anderen Forschungsrichtung, der Verhaltensgenetik, liegen Hinweise vor, dass das Verhalten im Diktator-Spiel eine stabile Eigenschaft ist, die zudem auch eine gewisse Erblichkeit aufweist. Das bedeutet natürlich nicht, dass sie „angeboren" wäre, sondern dass Individuen mit großer genetischer Übereinstimmung auch in ihrem Verhalten große Ähnlichkeiten aufweisen – am stärksten bei eineiigen Zwillingen.[15]

Seit 1987 verleiht der Weltverband des internationalen Fußballs (FIFA) einen Fairplay-Preis. Dieser wird Einzelspielern, Vereinen, Verbänden und manchmal allen Fans großer internationaler Turniere (beispielsweise allen, die bei der WM 2006 in Deutschland dabei waren) gewidmet. Bei Einzelspielern kann der Umstand, dass sie in einem Zeitraum von 15 Jahren nie eine Gelbe Karte erhalten haben (wie Gary Lineker, 1990), oder ein sicheres Tor nicht geschossen haben, damit der verletzte gegnerische Torwart behandelt werden kann (wie Paolo di Canio, 2000), zur Auszeichnung führen. Diese Beispiele zeigen auch ein Bild von Fairness – nämlich, dass sie eben nicht egozentrisch, sondern oftmals altruistisch motiviert ist.

Auch im deutschen Fußball gibt es Spieler wie Miroslav Klose, der gleich zweimal durch besonderes Fairplay aufge-

fallen ist. Normalerweise fallen einem erfolgreichen Tor-
schützen die eigenen Mitspieler jubelnd in die Arme. Im Spiel
gegen den SSC Neapel (Klose spielte damals bei Lazio Rom)
waren es aber Spieler der gegnerischen Mannschaft. Was war
geschehen – ein Eigentor? Nein, die Geste des gegnerischen
Spielers war kein Spott, sondern Dankbarkeit für faires Verhalten. Klose hatte die Hand zu Hilfe genommen, um ein Tor
zu erzielen. Der Schiedsrichter hatte es nicht bemerkt und
das Tor gewertet, doch Klose hatte die Sache richtiggestellt.
Ebenso beim Spiel gegen Arminia Bielefeld (2005), als Klose
noch bei Werder Bremen spielte. Hier wurde ihm im Straf-
raum ein Foul durch den gegnerischen Torwart zugestanden.
Klose korrigierte die Schiedsrichterentscheidung, indem er
das Verhalten des gegnerischen Torwarts als regelkonform
einstufte. Zwei Situationen – zwei gleichermaßen faire Verhaltensweisen, die einige Jahre auseinanderliegen: Auch das
spricht für Konstanz eines Verhaltens über die Zeit und somit
für ein Merkmal der Person – eine Charakterstärke. Macht die
Erfahrung von Gerechtigkeit glücklich?

In einer Studie von Tabibnia (2008)[16] wurde überprüft, ob
die Empfindung, fair behandelt zu werden, mit der Aktivierung von Hirnregionen verbunden ist, von denen wir wissen,
dass sie mit positivem Affekt und der angenehmen Wahrnehmung von Belohnung zu tun haben. Sie ahnen es schon: Es
wurde mit dem Ultimatum-Spiel gearbeitet. Die *Aussicht* auf
den Erhalt von etwas Gewünschtem (wie beispielsweise Geld)
führt bereits zu Aktivitäten in verschiedenen Hirnarealen,
ohne dass man es tatsächlich bekommen hat. Um nun unterscheiden zu können, ob diese Aussicht oder aber die Fairness des Angebots zu Hirnaktivierungen in definierten Are-
alen führt, gab es zwei Bedingungen: a) 7 Dollar Angebot

bei insgesamt 15 Dollar Verteilungsbetrag (faires Angebot) oder b) 7 Dollar bei insgesamt 23 Dollar Gesamtbetrag (unfaires Angebot). Beim Vergleich beider Bedingungen kann man dann isolieren, ob es um Fairness oder um den *absoluten* Geldbetrag geht (der ja in beiden Anordnungen mit 7 Dollar gleich ist). Nach dieser Logik wurden nun verschiedene Angebote in Bezug auf den Gesamtbetrag im funktionellen Magnet-Resonanz-Tomografen präsentiert. Die Ergebnisse sind eindeutig: Nach fairen Angeboten konnten in verschiedenen Hirnregionen erhöhte Aktivitäten gefunden werden. Diese Regionen sind nicht nur für die Entscheidungsfindung, sondern auch für Emotionsregulation und in der Vermittlung von Belohnung und positiver Emotionalität von Bedeutung. Auch aus den Einschätzungen der Probanden wurde deutlich, dass faire Angebote mit positiver Stimmung und glücklichen Gefühlen verbunden waren.

Fair behandelt zu werden ist ein universelles Bedürfnis von Menschen. Bereits in der Kindheit ist es gut zu beobachten, wenn sich Kinder über mangelnde Fairness (seitens Eltern, Geschwistern, Lehrerinnen und Lehrer) beschweren. Fragt man in der Bevölkerung, in welchen Lebensbereichen Fairness am bedeutsamsten ist, dann wird mit 34 % (der größten Fraktion) der Umgang zwischen Arbeitgebern/Vorgesetzten und Arbeitnehmern bzw. Arbeitnehmerinnen angegeben.[17]

Auch Fairness lässt sich üben. Wir haben gesehen, dass Fairness verschiedene Formen von Gerechtigkeit umschließt (Verteilungsgerechtigkeit, Prozessgerechtigkeit, Ergebnisgerechtigkeit). Sind wir wirklich *immer* auf allen Ebenen gerecht? Das wird wohl kaum jemand für sich in Anspruch nehmen können. Irgendwann waren bestimmt auch wir einmal diejenigen, die den Kuchen angeschnitten und sich selbst das erste Stück genommen haben (siehe Rawls). Wenn wir also jemandem etwas „schuldig" geblieben sind, wäre es da nicht am naheliegendsten, Fairness wiederherzustellen, in dem wir uns *ent*-schuldigen?

Eine Entschuldigung stellt nicht nur den eigenen Selbstrespekt und die Würde wieder her. Viel bedeutsamer ist die soziale Komponente dieser Entschuldigung. Sie dokumentiert ein gemeinsames Werteverständnis mit dem Empfänger, signalisiert Empathie und die Wichtigkeit der Beziehung, verbindet sich mit Selbstöffnung (dem eigenen Leidensdruck, etwas wiederherzustellen) und Zusagen für die Zukunft und versucht, die Ausgangslage der Beziehungsqualität wiederherzustellen (nicht selten unter Zuhilfenahme eines kleinen Geschenks). Entschuldigungen dieser Art gehen uns oftmals nicht leicht über die Lippen. Der Sänger und Komponist Elton John bringt dies in seinem Song „Sorry seems to be the hardest word" auf den Punkt. Aber genau darum geht es: Die Überwindung dessen, was uns vielleicht schwerfällt, stärkt uns. Wir erhalten Selbstrespekt, möglicherweise auch Mitgefühl[18] und Aaron Lazare geht sogar davon aus, dass Entschuldigungen eine für zwischenmenschliche Beziehungen „heilende Wirkung" haben können.[19]

Stellen Sie sich vor, Sie machen ein Spiel mit jemandem (den Sie nicht kennen und auch nicht sehen, weil er in einem anderen Raum sitzt), der als Treuhänder bezeichnet wird. Sie sind der Treugeber oder Vertrauensgeber. Sie erhalten 20 Euro und die Information: Wenn Sie dem anderen Spieler vertrauen und ihm das Geld zukommen lassen, erhöht sich der Wert auf 60 Euro. Wenn nun Ihr Spielpartner fair ist, erhalten Sie 30 Euro zurück und er behält ebenfalls 30 Euro.

Möglicherweise erhalten Sie aber auch nichts zurück, was natürlich nicht fair wäre.

In einer Studie an 180 Kindern im Alter von 9 und 11 Jahren wurde dieses Spiel leicht abgewandelt gespielt. Die Kinder wussten, dass sich ein Kind in einem anderen Raum befindet. Sie sollten aufschreiben, ob sie den Betrag (20 Euro) dem anderen Kind übergeben wollen. Nur wenn sie dies wollten (sie könnten ja auch die 20 Euro behalten), wurde diese Information dann in den Nachbarraum gebracht, und nach ein paar Minuten kam der Versuchsleiter zurück und überbrachte das Ergebnis, von dem es drei Varianten gab: Bei der ersten erhielt der Treugeber 30 Euro (fair). In einer zweiten erhielt er gar nichts, aber danach eine Entschuldigung vom Gegenspieler, dass es ihm leidtue, dass er nicht fair gewesen sei (unfair, aber mit Entschuldigung). In der dritten Variante kam ebenfalls nichts zurück, und es folgte auch keine Entschuldigung (unfair ohne Entschuldigung). Jetzt spielten die Kinder eine zweite Runde: Sie erhielten wieder 20 Euro und konnten diese an den gleichen Spielpartner weiterreichen, für sich behalten oder einen Betrag ihrer Wahl weitergeben. Welche Ergebnisse erwarten Sie?

In der besagten Studie an Kindern[20] belegen die Ergebnisse deutlich, dass das Fehlverhalten des Treuhänders in der ersten Runde, alles ohne Entschuldigung für sich zu behalten, zu Misstrauen und auch negativen Emotionen bei den Kindern führte – bei den 9-Jährigen noch mehr als bei den älteren Kindern. Wenn die Unfairness mit einer Entschuldigung verbunden wurde, war für die zweite Runde bereits das Vertrauen wieder gewachsen – zumindest im Vergleich zu der Variante ohne Entschuldigung. Das Ergebnis zeigt deutlich, dass eine ehrliche Entschuldigung nicht nur zur eigenen Entlastung führt, sondern ein möglicherweise angeschlagenes *Vertrauen wiederherstellen* kann. Letzteres dürfte für zahlreiche menschliche Beziehungen von großer Bedeutung sein.

Besondere Bedeutung hat die Entschuldigung in hierarchischen Beziehungen (vorgesetzt-mitarbeitend, Eltern-Kinder, Lehrende-Schüler bzw. Schülerinnen etc.). Vorgesetzte oder andere „höhergestellte" Personen tun sich häufig besonders schwer damit, sich für Fehler zu entschuldigen. Sie sind oftmals immer noch der falschen Auffassung, damit Respekt einzubüßen oder nicht mehr ernst genommen zu werden. Tatsächlich stehen sie damit seit 20 Jahren am Bahnhof der Führungsforschung und lassen wirklich jeden Zug vorbeifahren. Das Gegenteil ist nämlich der Fall. Eine Entschuldigung anzubieten kann entlastend sein, Mut erfordern, aber auch – wenn wir es „vollbracht" haben – unsere Selbstachtung steigern.

Gibt es jemanden, bei dem Sie sich eigentlich immer schon einmal entschuldigen wollten, es aber nie getan haben? Überlegen Sie in Ruhe. Das kann auch schon einige Zeit zurückliegen.

Eine Entschuldigung wird am besten in einem persönlichen Gespräch platziert. Wenn Ihnen die Beziehung zu der Person, bei der Sie sich entschuldigen sollten, wichtig ist, dann gibt es einfache Regeln:

- *Nehmen Sie sich Zeit*: Entschuldigungen im Vorübergehen oder per WhatsApp, SMS, Sprachnachricht sind nutzlos. Denn damit dokumentieren Sie ja, dass Sie sich keine Zeit nehmen wollen. Daher erhöht sich die Wahrscheinlichkeit, dass die gewünschte Entlastung nicht eintritt.

- *Prüfen Sie Ihre Motivation:* Warum wollen Sie sich entschuldigen? Warum ist es Ihnen wichtig, ja ein Bedürfnis?
- *Versetzen Sie sich in die/den Empfangende/n:* Wie war möglicherweise die Wirkung Ihres Verhaltens auf ihn/sie? Was mag er/sie empfunden haben? Verletzung, Enttäuschung oder Ärger?
- *Prüfen Sie Ihre Zielvorstellung:* Geht es Ihnen „nur" um eine Gewissenserleichterung oder um die Wiederherstellung der Ausgangslage? Ist die Entschuldigung eine Investition in diese Beziehung?
- *Ihr Versprechen:* Was können Sie für die Zukunft in Aussicht stellen? Was wünschen Sie sich von sich selbst und auch von Ihrem Gegenüber?

Nun zur Übung: Schreiben Sie einen Brief an jemanden, bei dem Sie sich entschuldigen wollen. Bitte per Hand mit Papier und Stift! Bereits dadurch zeigen Sie Engagement und Wahrhaftigkeit. Gehen Sie in dem Brief auf jeden der oben genannten Punkte ein – lassen Sie keinen aus! Bringen Sie den Brief zur Post oder werfen ihn direkt in den Kasten des Empfängers oder der Empfängerin.

Was danach passiert, weiß man nicht. Aber: Sie können diese Aktion für sich bewerten. Prüfen Sie, ob sich ein gutes Gefühl eingestellt hat. Fragen Sie sich, ob Sie sich danach stärker fühlen beziehungsweise vielleicht sogar im Sinne des *flourishing* daran gewachsen sind.

Führungsvermögen

Jede Zusammenarbeit ist schwierig,
solange den Menschen das Glück
ihrer Mitmenschen gleichgültig ist.

Tenzin Gyatso, Dalai Lama (geb. 1935)

Ulrich Inderbinen war Bergführer und ist 104 Jahre alt
geworden. Sein ganzes Leben hatte er den Bergen gewidmet, insbesondere dem Matterhorn, das mit fast 4.500 Me-
tern Höhe einer der höchsten Berge in Europa ist. Zum
125-jährigen Jubiläum der Erstbesteigung erklomm Inderbinen zum letzten Mal diesen Ausnahmeberg, und zwar
im Alter von fast 90 Jahren. Es war seine 371. Bezwingung
des Matterhorns. Schon im Alter von fünf Jahren hatte er
nicht nur die Verantwortung für die Kühe und Schafe des
elterlichen Betriebs übernommen, sondern auch für seine
zwei Jahre jüngere Schwester. Zuwendung und Verantwortungsübernahme war charakteristisch für sein gesamtes
Leben. Er führte nicht nur zu Gipfeln, sondern führte Menschen.

Bei dem Begriff „Führungsvermögen" denken wahrscheinlich die meisten von uns an den Arbeitsplatz und haben
gleich die sogenannten Führungskräfte im Blick. Klar, weil
sich dort nicht nur Führungskompetenz (oder -inkompetenz)
beobachten lässt, sondern auch, weil die Arbeit für die meisten von uns einen substanziellen Teil des Lebens einnimmt.
Nicht umsonst wird immer wieder über Führungsstile, Führungsverhalten, Führungskompetenzen gesprochen und geschrieben, und kaum etwas hat so kurze Halbwertzeiten wie

Konzepte zum sogenannten *Leadership*. Obwohl es zahlreiche weitere Konstellation von Führenden und Geführten gibt (zum Beispiel Eltern-Kinder, Halter-Hunde, etc.), kann der Arbeitsplatz sehr schön herangezogen werden, um Führungsvermögen als Charakterstärke innerhalb der Tugend Gerechtigkeit zu thematisieren.

Ich war zunächst verwundert, dass Führungsvermögen nach Peterson und Seligman der Tugend Gerechtigkeit zugeordnet wird. Es kann dabei um Prozessgerechtigkeit, Verteilungsgerechtigkeit und Ergebnisgerechtigkeit gehen, also um die Anteile der Gerechtigkeit, die am Arbeitsplatz von Bedeutung sind und leider oft nicht gut praktiziert werden; es geht aber bei Führungsvermögen auch um einen Beziehungsaspekt – um respektvolles, *wert*schätzendes und motivierendes Verhalten. Zumindest sollte es das! Führungsvermögen könnte auch innerhalb der Tugend Menschlichkeit angesiedelt sein.

Anhand einer Umfrage unter 2000 Fachkräften mit Berufsausbildung (25 bis 65 Jahre) wird deutlich, dass es sehr klare Vorstellungen von Führungskompetenzen bei Beschäftigten gibt, dass diese aber mit der Realität am Arbeitsplatz nicht wirklich zusammenpassen.

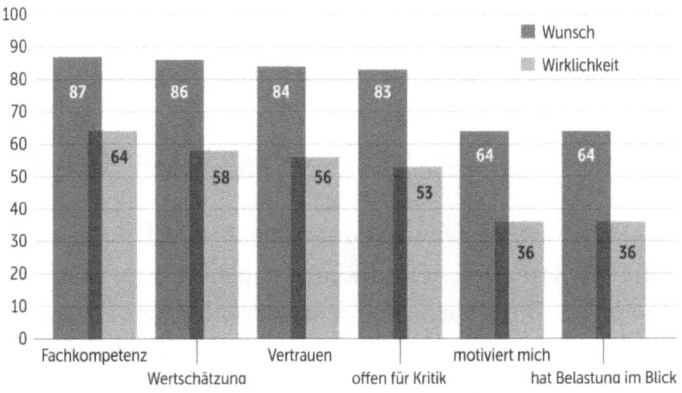

Einschätzung von Befragten zu ihren Vorgesetzten. Angegeben sind Prozent zur Frage, wie wichtig die Dimensionen sind (Wunsch) und ob sie am Arbeitsplatz tatsächlich vorgefunden werden (Wirklichkeit).[21]

„Führen" hat zahlreiche Bedeutungen. Wir assoziieren damit natürlich nicht nur Kompetenz, Wertschätzung, Vertrauen, Offenheit, Motivation und Fürsorge, sondern auch Attribute wie Gehorsam, Autokratie, Dominanz, Produktivität, aber auch Fehlleitungen und andere moralisch verwerfliche Merkmale.

Führung soll im Kontext unserer Betrachtungen als „ethikorientierte" Führung aufgefasst werden. Frey und Schmalzried skizzieren die Vorstellung einer ethikorientierten Führung anschaulich am Bild eines Baumes. Dieser wurzelt tief in den moralischen Werten (Menschenwürde, Gleichheit, Mündigkeit, Gerechtigkeit, Toleranz und Gewinnstreben). Etwas näher an der Oberfläche liegen die nicht-genuin moralischen Werte (zum Beispiel Kundenorientierung, Leistung, Innova-

tionstreben, Gewinnmaximierung im ökonomischen Sinne).
Mit diesem Bild wird deutlich, dass Führen und Wachsenlassen nichts Gegensätzliches sind, sondern das eine das andere bewirken kann – vorausgesetzt, die Wurzeln sind stark genug.[22] Basierend auf zahlreichen philosophischen Positionen zur Ethik (die wir zum Teil schon kennengelernt haben) kommen Frey und Schmalzried zu einem Vorschlag, wie ethikorientierte Führung aussehen kann – und diese Kriterien passen nicht nur in Wirtschaftsunternehmen, sondern auch in andere Situationen und Zusammenhänge, in denen Führungsqualitäten gefragt sind. Hierzu zählen zum Beispiel Komponenten wie:

- Handlungen, Ziele und Zielverfolgungen brauchen *Verantwortung*. Führung bedarf eines intensiven Reflektionsprozesses über Vor- und Nachteile, Kosten und Profit, und vor allem der moralisch-ethischen Prinzipien im Umgang mit Menschen.
- Ganz im Sinne der Kriterien, die Peterson und Seligman an Charakterstärken stellen, muss Führung „gelebt", oder sagen wir besser: *vorgelebt* werden. Noch so wohlklingende Phrasen zum „Miteinander", „Gemeinsam sind wir stark", „Im Mittelpunkt steht der Mensch", „Jeder bekommt hier seine Chance" etc. führen zu nichts, wenn die Authentizität fehlt und die Handlung nicht mit dem Gesagten übereinstimmt.
- Ausrichtung auf das Gemeinwohl und *Vermeidung starrer Führungsmuster*. Führung sollte spezifischen Situationen und (das ist natürlich dann schon die höhere Kunst) den individuellen Merkmalen der Anvertrauten (deren

Motiven, Interessen, familiäre Situation etc.) entsprechen. Aufrichtige und wertschätzende Kommunikation sowie die Fähigkeit, andere Perspektiven einzunehmen, sind Grundvoraussetzungen, um Vertrauen und *Bindung zu den Mitarbeitenden* zu gewährleisten. Auf „Bindung" gehe ich an anderer Stelle noch ein. Nur eines sei schon vorweggenommen: Bindung hat viel mit Kommunikation zu tun. Es macht einen großen Unterschied, ob zum Beispiel Arbeitsanweisungen über WhatsApp oder E-Mail verschickt oder im persönlichen Gespräch kommuniziert werden. Bindung ist auch Zulassen von Nähe und Augenkontakt!

- Führung geht nicht ohne *Regeln*. Neben der konsequenten Einhaltung moralischer Regeln (zum Beispiel mit Blick auf Gerechtigkeit) sind aber auch Regeln zur individuellen Orientierung von Bedeutung. Dies wird besonders deutlich in der Erziehung. Natürlich ist es im Sinne einer transparenten Kommunikation und Fairness erstrebenswert, Kindern zu erklären, *warum* es diese oder jene Regel gibt. Dass das weitgehende Ablehnen von Regeln und Grenzen der „antiautoritären Erziehung" in den 60er- und 70er-Jahren des letzten Jahrhunderts zu Nachteilen für die Kinder geführt hat, dürfte mittlerweile unstrittig sein. Kinder brauchen Regeln und Grenzen zum eigenen Schutz, um Halt und Orientierung zu erlangen, um verletzendes Verhalten zu unterlassen und auch, um über Reibungspunkte mit ihren Eltern persönliche Standpunkte zu entdecken und Selbstbewusstsein und Selbstständigkeit zu erwerben.[23]

In der Arbeitswelt wird in den letzten Jahren auch die *Positive Führung* aufgeführt[24], die, gespeist aus der Positiven Psychologie, primär am Wachstum im Sinne des *Flourishing* nach Seligman interessiert ist.[25] Wachstum meint hier nicht steigende Aktienwerte, Umsatz oder andere materielle Indikatoren, sondern ein positives Klima im Unternehmen, das – und das zeigen verschiedene Studien – mit materiellem Wachstum (zum Beispiel Umsatzsteigerung) einhergehen kann. Der Kern ist, dass Positive Führung tatsächlich auch tugendorientiert ist. Vertrauen, Fairness, Ehrlichkeit, Gerechtigkeit stehen ebenso im Vordergrund wie zum Beispiel Dankbarkeit. Führungskräfte, die nach diesen Kriterien handeln, übernehmen auch die Funktion von Vorbildern für die Belegschaft, mit dem Effekt, dass sich „positive" Organisationen herausbilden können. Und was ganz wichtig ist: All das führt bei Führungskräften und Mitarbeitenden zu positiven Emotionen. Und die sind fundamental, weil sie zwei Effekte mit sich bringen: Zum einen erweitern sie unsere Aufmerksamkeit, führen zu neuen Gedanken, manchmal auch Beziehungen (*broaden*); zum anderen schaffen sie aber auch Ressourcen, die uns zufriedener, resilienter und – so die Theorie – gesünder machen (*build*). Die *Broaden-and-build*-Theorie von Barbara Fredrickson[26] wird gerne als Erklärung dafür herangezogen, dass Positive Führung starke Effekte auf Arbeitszufriedenheit, Kollegialität und Motivation hat und in der Konsequenz geringere Fehlzeiten, niedrige Fluktuation und eine hohe Bindung der Belegschaft bewirkt.

Führungskompetenz kann sich auch in zahlreichen anderen Feldern, wie zum Beispiel in der Familie, Schule oder anderen Bildungseinrichtungen, im Sport und auch in der Freizeit (zum Beispiel bei gemeinsamen Radtouren etc.) offenbaren. Führung heißt schlichtweg: *Mit anderen Menschen Ziele erreichen.* Insofern sind oder waren Sie bestimmt selbst schon eine Führungskraft.

Zur Charakterisierung von Führungsstilen werden sehr unterschiedliche Metaphern genutzt. Eine gefällt mir auch für unsere Fragestellung gut: Ihre Führungsqualität als Gastgeber[27]. Als Gastgeber erfüllen Sie tatsächlich viele Rollen, die sich sehr gut auf Führungsverhalten in anderen Kontexten übertragen lassen:

Sie entscheiden sich, ein Zusammentreffen (Meeting) zu organisieren. Um im Bild zu bleiben: eine Party. Damit übernehmen Sie die Initiative für ein gemeinsames Ziel: Einen schönen Abend.

1. Sie treffen die Auswahl, welche Gäste Sie einladen wollen: Familie, Freunde, Kollegen oder Vereinskameraden.

2. Sie bringen diese Menschen zusammen, verbinden sie oder – wie man heute sagen würde – schaffen ein Netzwerk (glücklicherweise ein sehr reales und nicht noch ein weiteres digitales), dadurch, dass Sie Gäste einander vorstellen, die sich noch nicht begegnet sind, sich hier und da mal zu jemandem an den Tisch setzen und so weiter.

3. Sie nehmen die Bedürfnisse Ihrer Gäste wahr und fragen zum Beispiel nach, ob es noch etwas zu trinken oder zu essen sein darf. Sie sind ganz automatisch empathisch und antizipieren die Wünsche anderer.

4. Sie selbst stehen bei alledem gar nicht im Mittelpunkt (oder nur zeitweise, wenn zum Beispiel ein Geburtstagge-

schenk überreicht wird, jemand etwas vorbereitet hat ...).
Im Gegenteil: Ihr Bestreben ist ja, dass Ihre Gäste sich wohlfühlen und den Abend genießen. Ein guter Gastgeber kann gar kein Egozentriker sein, er ist eher jemand, der „be-*dient*".
Und, auch wichtig:

5. Sie stellen Regeln auf, sofern diese Ihren Gästen noch nicht bekannt sind.

Möglicherweise tun Sie noch viel mehr (den Raum schmücken, schöne Musik auswählen und so weiter), um einen gelungenen Abend zu gewährleisten, und natürlich sind Sie daran interessiert, dass eine gute Stimmung herrscht. Wenn Ihnen das gelingt, werden Ihre Gäste vielleicht am Tag danach sagen, dass ihnen der Abend *Spaß* gemacht hätte; Sie als Gastgeber werden aber *Freude* empfinden – was ja etwas völlig anderes ist und zeigt, dass „Führungsvermögen" als Charakterstärke ganz im Sinne der Positiven Psychologie zu unserem eigenen Wachstum und Wohlbefinden beitragen.

Die *Rolle des Gastgebers* lässt sich auf zahlreiche soziale Zusammenkünfte übertragen, die Führungsqualitäten erfordern. Überall, wo uns Menschen anvertraut werden (nicht nur am Arbeitsplatz, sondern auch in der Schule, im Elternhaus, im Vereinsleben oder Ehrenamt) schafft die Rolle des Gastgebers ein positives Gesamtklima, welches Tag für Tag zu einer Verbesserung unserer Befindlichkeit und Zufriedenheit beitragen wird.

3.

Mut

Wen wir uns mit dem Thema Mut befassen, denken wir oft an Menschen, die sich in besonderem Maße durch Mut hervorgetan haben. Dies können Zeitgenossen sein, wie zum Beispiel der russische Politiker, Rechtsanwalt und Regimekritiker Alexei Anatoljewisch Nawalny, der immer wieder Ziel der russischen Justiz ist und nur knapp eine Vergiftung mit dem Nervengas Nowitschok überlebte. Kaum genesen, reiste er zurück nach Moskau und wurde umgehend am Flughafen verhaftet. Derzeit verbüßt er eine Haftstrafe in einem Straflager nicht weit von Moskau. Trotz der Proteste des Europäischen Gerichtshofes für Menschenrechte und zahlreicher Demonstrationen konnte bisher keine Freilassung erwirkt werden.

Oder Sie denken an Menschen, die sich in der näheren Vergangenheit als besonders mutig erwiesen haben, wie zum Beispiel die Geschwister Hans und Sophie Scholl, die in ihrer überwiegend aus Studierenden bestehenden Gruppe „Weiße Rose" friedlichen Widerstand gegen den Nationalsozialismus geleistet haben. Sie wurden denunziert und am 22. Februar 1943 zum Tode verurteilt, mit Vollstreckung am gleichen Tag.

Oder Ihre Erinnerung geht noch weiter zurück und Sie denken an Giordano Bruno, der im Februar 1600 der Inquisition zum Opfer fiel, weil er nicht nur das geozentrische Weltbild („Alles dreht sich um die Erde/den Menschen") infrage stellte, sondern – was wahrscheinlich noch „schlimmer" war – auch an die Unendlichkeit des Weltalls glaubte, was ein „Jenseits" auszuschließen schien. Mit Letzterem stieß er nicht nur auf Unverständnis der damaligen Astronomen, sondern auch auf den Widerstand der römisch-katholischen Kirche, was zur damaligen Zeit seinen sicheren Tod bedeutete.

Es gibt zahllose Menschen, die Mut beweisen, indem sie anderen in bedrohlichen Situationen beistehen oder Kräfte zu deren Rettung mobilisieren. Andere weisen als Journalisten auf Missstände hin oder nehmen an friedlichen Demonstrationen gegen Korruption, Staatsterror oder Polizeigewalt teil. Alle diese Menschen kennzeichnet wahrscheinlich vieles. Mit Sicherheit aber Mut.

Jetzt wissen wir zwar, wie Mut *aussieht*, sollten uns aber vielleicht noch ein paar Gedanken machen, was Mut *ist*. In der griechischen Philosophie ist uns Mut als Kardinaltugend begegnet. Mut ist eine Kraft, etwas zu bewegen. Damit unterscheidet er sich von der Tapferkeit, die eher etwas erträgt.[1]

Mut, zumindest im Sinne von Aristoteles, ist nicht, von einer Klippe ins Meer zu springen – und schon gar nicht, wenn man nicht weiß, wie tief das Wasser ist. Das wäre eher Risikobereitschaft, wenn nicht Dummheit. Mut steht *zwischen* Feigheit und Leichtsinn und erfordert Rationalität und Vernunft. Somit setzt eine mutige Handlung immer auch einen Reflexionsprozess, eine individuelle Kosten- und Nutzenrechnung voraus. Mut ist geplant. Und Mut ist nach Aristoteles weder angeboren noch durch äußere Einflüsse erlernt. Mut entsteht durch mutiges Handeln.

Alfred Adler, ein österreichischer Arzt und Psychotherapeut und Begründer der Individualpsychologie, war der Überzeugung, dass körperliche und seelische Vorgänge immer gemeinsam wirksam sind, und dass wir uns unserer eigenen Unvollkommenheit mehr oder weniger bewusst sind. Auch wenn wir es aktuell nicht mehr wahrnehmen, so können wir uns sicherlich erinnern, dass unsere Kindheit auch dadurch gekennzeichnet war, manches eben (noch) nicht zu können, (noch) nicht zu verstehen, (noch) nicht zu dürfen. Diese Erfahrungen sind noch im Erwachsenenalter präsent. Die Frage ist, wie wir damit umgehen.

Einige reagieren darauf, indem sie ein besonders starkes Geltungsstreben entwickeln und das Interesse an sich selbst in den Vordergrund stellen. Sie kennen sicher Menschen, die „unfehlbar" sind und keinerlei Kritik zulassen – auch keine Selbstkritik. Das ist nicht etwa ein Ausdruck von Überlegenheit, sondern letztlich eine Form der Angstbewältigung. Angst aufgrund der eigenen Unvollkommenheit.

Doch zurück zum Mut. Mit der Erkenntnis, dass wir nicht perfekt sind, können wir eben auch *mutig* umgehen. Die Auseinandersetzung mit unseren Fehlern und Schwächen macht stark, nicht Überheblichkeit oder Rückzug. Mutige Menschen sind gekennzeichnet durch das Fehlen von eigennützigen Interessen. Sie leben Altruismus, Empathie, Versöhnung und soziale Verbundenheit.[2] Mut wird so zur Charakterstärke, denn mit dieser Öffnung aus uns selbst heraus bieten wir eine Oberfläche für unsere Umwelt; Überheblichkeit oder Rückzug schaffen nur Distanz.

Unser Gemeinschaftsbedürfnis ist wesentlicher Motor und zugleich Ziel unserer Bestrebungen. Deshalb sind es zumeist die zwischenmenschlichen Probleme, die bei psychiatrischen

Patienten überwältigend werden und diese erdrücken. Adler erkannte dies und sah das Wesen einer erfolgreichen Psychotherapie darin, Mut zu schaffen – oder sagen wir besser: Menschen zu ermutigen.

Ja, die Überwindung von Bekanntem, das Verlassen unserer (mitunter schlechten) Gewohnheiten oder das Heraustreten aus unserer „Komfortzone" sind mit Unsicherheiten und Ängsten verbunden. Bei besonders ausgeprägten Einschränkungen, wie zum Beispiel autistischen Erkrankungen, kann zum Beispiel schon der Gedanke, in einem anderen als dem eigenen Bett schlafen zu müssen, zu massiven Ängsten und Zwangshandlungen führen. Man kann sich kaum vorstellen, was für eine ungeheure Menge an Mut es für diese Menschen bedarf, sich dennoch auf die Veränderung einzustellen.

Ermutigung ist daher letztlich eine Förderung der Veränderungsbereitschaft. Häufig gilt im Leben: „Nicht weil es schwer ist, wagen wir es nicht, sondern weil wir es nicht wagen, ist es schwer." (Lucius Annaeus Seneca, 1-65 n.Chr.)

Ermutigung ist zentral für unsere Entwicklung. Es gibt zahlreiche Bücher, die darauf Bezug nehmen und verdeutlichen, wie wichtig Ermutigung in der Familie, in der Schule und auch am Arbeitsplatz ist. Im Kontext des Unterkapitels zur Führung haben wir bereits gesehen, dass bestimmte Führungsstile besonders geeignet sind, Potenziale bei Arbeitnehmern und Arbeitnehmerinnen zu entwickeln. Zwischenzeitlich ist dieses Anliegen besonders im Kontext der „Ermutigenden Führung" aufgegriffen worden.[3]

Tapferkeit

Nun ist das Vermögen und der überlegte
Vorsatz, einem starken, aber ungerechten
Gegner Widerstand zu tun,
die Tapferkeit.

Immanuel Kant (1724–1804, dt. Philosoph)

Was ist Tapferkeit? Ist ein radikaler Islamist, der in fester religiöser Überzeugung sich und andere durch einen Sprengstoffanschlag ums Leben bringt, tapfer? Oder das Mädchen, das im Alter von acht Jahren Leukämie und Chemotherapie mit bewundernswerter Lebensfreude erträgt? Ist es der Soldat, der Gefahren, Entbehrungen und schreckliche Taten in Kauf nimmt, um einen Krieg zu gewinnen? Oder der Dissident, der im Wissen seiner eigenen Unschuld klaglos seine Inhaftierung hinnimmt?

Für eine Einordnung des Begriffs müssen wir wieder weit zurück in die Vergangenheit und – Sie ahnen es bereits – in die Mythologie und griechische Antike schauen. Bei Homer in der Ilias ist Tapferkeit schlicht Mannhaftigkeit oder, wie wir heute sagen würden: Männlichkeit. Dass in der damaligen Zeit Tapferkeit nur dem männlichen Geschlecht zugeordnet wurde, kann auch damit zusammenhängen, dass es damals nicht üblich war, als werdender Vater der Geburt des eigenen Kindes beizuwohnen. Spätestens dabei dürfte ja klar werden, dass Männer die Tapferkeit nicht gepachtet haben. Und natürlich war Tapferkeit immer sehr nahe am Kriegsgeschehen, an dem damals Frauen nicht teilnahmen. Sie hatte zunächst noch keine moralische Dimension; diese kam mit

Platon und Aristoteles ins Spiel. Tapferkeit war nun auf das Gute ausgerichtet (beziehungsweise auf die Überwindung von Hemmnissen auf dem Weg dorthin) und bestand darin, Furchterregendes unter Zuhilfenahme von Vernunft zu *ertragen*.

Dennoch tat sich die Tapferkeit in der Folge der Geschichte immer wieder schwer, über die Charakterisierung mutiger (männlicher) Kriegshelden hinauszukommen. Erst in neuerer Zeit kommt Bewegung in die Begrifflichkeit. Tapferkeit – auch als christliche Tugend wahrgenommen – ist die Fähigkeit, „Verwundungen" hinzunehmen. Sie ist also passive Hingabe, ganz im Gegensatz zum Mut, den wir ja bereits als motiviert, dynamisch und aktivierend kennengelernt haben. Zudem ist Tapferkeit etwas völlig anderes als zum Beispiel Tollkühnheit oder schiere Risikolust.

Das Wesen der Tapferkeit ist die Klugheit und ihre Ausrichtung an der Gerechtigkeit: „Tapferkeit als Tugend gibt es nur da, wo die Gerechtigkeit gewollt wird. Wer nicht gerecht ist, kann nicht im echten Sinn tapfer sein.".[4] Damit wäre der Selbstmordattentäter[5] wohl nicht tapfer und tugendhaft – aber das wussten Sie natürlich schon.

Die schlimmste vorstellbare „Verwundung" dürfte wohl die Bedrohung durch den Tod sein. Hier treffen sich die Charakterstärken Tapferkeit und Hoffnung, zumindest in einer christlichen Interpretation: „Der Unterschied also zwischen christlicher und rein natürlicher Tapferkeit liegt letztlich in der theologischen Charakterstärke Hoffnung".[6]

Der evangelische Theologe und Widerstandskämpfer Dietrich Bonhoeffer, der in der Zeit des Nationalsozialismus ab dem 5. April 1943 immer wieder Haftstrafen verbüßen musste, schrieb im Dezember 1944 in Gewissheit seiner Hinrichtung, die am 9. April 1945 stattfinden sollte, einen Brief an seine Verlobte, dem er ein Gedicht beifügte. „Von guten Mächten" war wahrscheinlich sein letztes Schriftstück.

Dieses Gedicht verdeutlicht in kaum noch zu steigernder Klarheit die Symbiose aus Tapferkeit und Hoffnung. Wenn man beachtet, dass der Beginn zunächst im Singular verfasst ist, dann aber allgemeiner wird, dann ist dieses Gedicht nicht nur eine Darstellung der eigenen Gedanken- und Gefühlswelt, sondern auch eine hoffnungsspendende Botschaft an die Menschheit und verkörpert damit die christlichen Tugenden Glaube, Liebe und Hoffnung. Hier der erste und dritte Vers:

Von guten Mächten treu und still umgeben,
behütet und getröstet wunderbar,
so will ich diese Tage mit euch leben
und mit euch gehen in ein neues Jahr.

Und reichst du uns den schweren Kelch, den bittern
des Leids, gefüllt bis an den höchsten Rand,
so nehmen wir ihn dankbar ohne Zittern
aus deiner guten und geliebten Hand.

Eine Charakterstärke zeichnet sich wie gesagt dadurch aus, dass sie nicht hier und da auftritt, sondern ein mehr oder weniger überdauerndes Persönlichkeitsmerkmal ist. Tapferkeit ist eine „stille" Form des Mutes und meist wenig sichtbar. Dennoch könnte natürlich ein Vergleich zwischen tapferen und weniger tapferen Personen dabei helfen, bestimmte Wesenszüge des Tapferen zu identifizieren – die Merkmale, die Tapferkeit wahrscheinlicher werden lassen, also „bahnende" Voraussetzungen. In einer Studie[7] ist genau dies untersucht worden. Inhaltlich verbindet sich Tapferkeit dieser Studie zufolge mit einer Sicht der Welt, die aus Wissen und Glauben gespeist wird, einem Bedürfnis nach Identität und persönlichem Wachstum, Vergebung und auf der Verhaltensebene auch Dominanz. Tapferkeit scheint eine Haltung mit *Wachstumsorientierung* zu sein und kein passives Hinnehmen von Furcht-assoziierten Umwelteinflüssen.

Sie erinnern sich: Charakterstärken lassen sich üben und fördern. Aber wie kann das bei Tapferkeit gelingen? Wie schon gesagt, setzt Tapferkeit eine „Verwundung" oder Verletzung voraus, die darüber hinaus mit Angst besetzt ist.

Wahrscheinlich kennen Sie das: Sie haben einen Fehler gemacht und zum Beispiel jemanden für etwas beschuldigt, der daran unbeteiligt war. Oder Sie haben sich irgendwo vorgedrängelt. Vielleicht haben Sie es auch versäumt, jemandem Anerkennung oder Lob zu schenken, der es verdient hat. Solche kleinen Fehler sind völlig menschlich und im wahrsten Sinne des Wortes „alltäglich", aber wir haben durch unser Fehlverhalten eine „Verwundung" bei uns selbst hinterlassen, die sich ja auch nicht gut anfühlt. Warum aber fällt es uns so schwer, Fehler einzugestehen? Der Grund ist nicht selten Stolz. Stolz aber ist eine defensive Haltung uns selbst gegenüber. Stolz schottet uns ab und hindert uns an einem Prozess der Selbstreflektion. Wobei bemerkenswert ist, dass auch Stolz eine „stille" Haltung ist. Sie ist da und bestimmt unser (Nicht) Handeln, aber wir geben ungern zu, zu stolz für etwas zu sein.

Was würde passieren, wenn wir einen Fehler aufrichtig eingestehen? Möglicherweise würde man an unserer Autorität zweifeln, möglicherweise würden wir Verachtung oder zumindest Ablehnung befürchten. Eigentlich ideale Voraussetzungen, um Tapferkeit zu zeigen – oder?

Eine sehr alltägliche Übung zur Steigerung unserer Tapferkeit ist das Eingestehen von Fehlern. Aus vielen Untersuchungen – auch solchen aus dem Bereich der Arbeits- und Organisationspsychologie – wissen wir, dass die genannten Befürchtungen oftmals völlig ungerechtfertigt sind. Häufig ist es sogar so, dass uns die Tapferkeit, zu einem Fehler zu stehen, hoch angerechnet wird und wir als reflektierte und verantwortungsvolle Person wahrgenommen werden und – das ist das Wichtigste – als jemand, der offen zeigt, wie bedeutsam ihm oder ihr die jeweilige Beziehung ist! Ohne ein echtes Interesse an einer anderen Person gibt es auch kein Eingestehen von Fehlern. Ein solches Eingeständnis zeigt unserem Gegenüber, dass die Beziehung uns wichtig ist. Tapferkeit – und das kann man daran gut erkennen – ist in der Tat etwas, das uns hilft, stärker zu werden. Einen Fehler einzugestehen rückt uns zurecht und hilft uns dabei, uns unserer Werte zu erinnern und diese zu leben.

Beharrlichkeit

> Ich will Ihnen das Geheimnis verraten, das mich zum Ziel geführt hat. Meine Stärke liegt einzig und allein in meiner Beharrlichkeit.
> Louis Pasteur (1822–1895, Chemiker, Mikrobiologe)

Chris Gardner lebt in San Francisco, irgendwann um 1980, und versucht als Handelsvertreter von medizinischen Geräten seinen Lebensunterhalt zu verdienen, was leider nicht von Erfolg gekrönt ist. Der Misserfolg belastet zunehmend die Familiensituation, und seine Frau Linda, erdrückt von finanziellen Sorgen, beschließt, die Familie zu verlassen. Chris bleibt mit seinem Sohn Christopher zurück.

Chris versucht alles, um Arbeit zu finden. Doch immer wieder erlebt er massive Rückschläge in Form von Wohnungsverlust und letztlich auch Obdachlosigkeit, die Chris und sein Sohn fast ein Jahr lang ertragen müssen. Schließlich tritt Chris ein unbezahltes Praktikum bei einer Bank an und hofft, im Anschluss eine Festanstellung zu erhalten, obwohl nur wenige Praktikanten übernommen werden. Unermüdlich arbeitet er an diesem Vorhaben, getrieben von der Verantwortung für seinen Sohn. Letztlich erreicht er sein Ziel, bekommt die Festanstellung und wird später mit der Firma *Gardner Rich* zum Millionär. Die Geschichte von Chris Gardner und wurde im Jahr 2006 unter dem Titel „Das Streben nach Glück" verfilmt. In den Hauptrollen sind Will Smith und sein Sohn Jaden zu sehen.

Chris Gardner ist nicht nur ein Beispiel für den „American Dream", sondern auch eines für die Charakterstärke der *Beharrlichkeit* und Ausdauer. Trotz aller Tiefschläge hat er sein Ziel nie aus den Augen verloren. Er ist auch ein gutes Beispiel dafür, dass Beharrlichkeit eine Charakter*stärke* sein kann. Bis heute unterstützt Gardner zahlreiche Wohltätigkeitsorganisationen und finanziert Wohnprojekte für obdachlose Menschen – unter anderem eine Gemeinde in San Francisco, die ihm und seinem Sohn zuvor Unterkunft gewährt hatte.

Bedarf es der Beharrlichkeit, um Großes zu erreichen? Unser Eingangszitat von Louis Pasteur könnte diesen Eindruck unterstützen. Auch Pasteur, der gerade zu Zeiten der Coronapandemie immer wieder genannt wird, weil er neben anderen wissenschaftlichen Erkenntnissen Bahnbrechendes zur Impfung beigetragen hat, wusste offensichtlich die Bedeutung der Beharrlichkeit zu schätzen.

Wer kennt nicht das Sprichwort „Steter Tropfen höhlt den Stein" (Ovid, 43 v. Chr.)? Beharrlichkeit ist aber nicht nur Ausdauer, sondern die auf ein in der Ferne liegendes Ziel ausgerichtete kontinuierliche Motivation, ebendieses zu erreichen. Hinzu kommt die Bereitschaft, Probleme oder Hindernisse aus dem Weg zu räumen und sich nicht vom Ziel abbringen zu lassen. Gemeint sind aber nicht Sturheit oder Starrsinn, sondern eine Willenshaltung aus tiefster Überzeugung.

Gelernt haben wir diese Qualität oftmals nicht. Viel zu oft hören Kinder, aber auch Erwachsene: „Das schaffst du nie" oder „Das ist doch völlig unrealistisch". Wir alle kennen diese negativen Glaubenssätze, und nicht selten machen wir sie uns zu eigen und glauben selbst nicht daran, etwas Gewünschtes erreichen zu können.

Beharrlichkeit oder Ausdauer haben zwar im Sport eine für alle einleuchtende Bedeutung, aber im täglichen Leben gibt es meist schnelle und bequeme Wege, um sich Wünsche zu erfüllen. Unser Konsumverhalten ist auf die rasche Belohnung ausgerichtet und ebendies wird uns ja auch so einfach gemacht. Wenn wir uns ein neues Auto zulegen wollen, das nötige Geld aber noch nicht angespart haben, können wir es ohne Probleme finanzieren *lassen* – meist ohne Zinsen. Glücklich macht diese sofortige Wunscherfüllung ohne Warten und Eigenleistung aber oftmals nicht.

Unmittelbare Verfügbarkeit kennzeichnet auch viele Produkte, die im Internet erhältlich sind. Während man noch vor ein paar Jahren lange darauf gewartet hat, dass der Lieblingsmusiker neue Songs veröffentlichte, um dann in ein „Plattengeschäft" zu gehen, um sich den Wunsch zu erfüllen, gibt es heute besagte Plattengeschäfte kaum noch, und Dienste wie Spotify stellen ohnehin alles sofort und kostenfrei zur Verfügung. Wie soll man da Beharrlichkeit überhaupt noch lernen – und, wofür?

Michael Ende hat dies in einer seiner wundervollen Geschichten anschaulich erklärt. Es geht um die Schildkröte Tranquilla Trampeltreu, die – wie es ihr Vorname bereits sagt – alles ruhig und bedächtig angeht. Sie hat in Erfahrung gebracht, dass der König der Tiere, Sultan Leo der Achtundzwanzigste, heiraten will und zu diesem Fest alle Tiere seines Reiches einlädt. Nun ist seine Höhle weit entfernt, aber Tranquilla macht sich auf den Weg. Natürlich erntet sie den Spott anderer Tiere, dass sie doch niemals pünktlich ankäme. Ihr Angebot, eine ebenfalls langsame Schnecke auf dem Panzer mitzunehmen, wird ausgeschlagen, weil es doch ohnehin niemals funktionieren würde, rechtzeitig zur Hochzeit zu erscheinen. Tranquilla geht Schritt für Schritt, unaufhaltsam und monatelang – nein, jahrelang – weiter. Irgendwann erreicht sie die Höhle des Sultans, der mit seiner bildschönen Löwin entzückt vor ihr steht. Viele andere Tiere sind auch versammelt und rufen „Vivat – lang lebe das Hochzeitspaar!" Tranquilla ist rechtzeitig angekommen ... zur Hochzeit von Sultan Leo dem *Neun*undzwanzigsten.

Diese Geschichte zeigt, dass der Lohn der Beharrlichkeit gar nicht unbedingt die Erreichung des ursprünglichen Ziels sein muss. Mitunter ergeben sich durch stetiges Streben andere Ausgänge, die genauso wünschenswert sind – wenn nicht sogar noch besser.

Wenn ein Mensch Erlebnisse als Ergebnis eigener Handlungen wahrnimmt, nennt man das auch „internale Kontrollüberzeugung". Diese zu erwerben ist eine große und nicht immer einfache Entwicklungsaufgabe. Wenn wir aber die Überwindung von Hindernissen als unseren eigenen Verdienst wahrnehmen und nicht etwa als Zufall oder Glück, dann stärkt dies generell unsere Problemlösefähigkeit und macht uns stärker – und im Übrigen auch glücklicher.

Diese Form von Beharrlichkeit lernen wir in der frühen Kindheit, wenn wir gute Voraussetzungen dafür vorfinden. Natürlich gibt es auch Kleinkinder, die „beharrlich" des Nachts schreien oder mit bemerkenswerter Ausdauer im Supermarkt dieses oder jenes einfordern. Gemeint ist aber die willentliche Erreichung selbst gesteckter Ziele durch eigenes Handeln und nicht die Hoffnung auf Nachgiebigkeit von Menschen am Rande des Nervenzusammenbruchs.

Kindern fällt es zunächst generell schwer, Belohnungen nicht unmittelbar zu erhalten. Erst mit der Zeit werden sie fähig, nicht gleich das kleine Stück Schokolade zu nehmen, wenn es später einen ganzen Riegel gibt. In der Psychologie findet sich diese Entwicklung innerhalb der Forschung zum *Belohnungsaufschub*. Kinder, denen das bereits mit vier Jahren gelingt, weisen später ausgeprägteres Sozialverhalten, bessere (schulische) Leistungen und Stressbewältigungsstrategien auf als Kinder, die zur unmittelbaren Belohnung tendieren. Deshalb ist es so wichtig, Kinder konsequent darin zu bestärken und zu unterstützen, ihre Ziele selbst erreichen zu können.

Beharrlichkeit spielt auch im sozialen Miteinander eine große Rolle, besonders in Partnerschaften oder Ehen. So wie es bei Tranquilla Trampeltreu deutlich wurde, kann Beharrlichkeit Ziele erreichen, die bei zu schnellem Aufgeben nicht erreicht worden wären. Das gilt auch für Beziehungen, die oftmals zu schnell beendet werden und deren Potenzial sich gar nicht in Krisen beweisen konnte. Beharrlichkeit ist demnach ein Verhaltensausdruck von Hoffnung (siehe Kapitel Hoffnung). Dies wird auch deutlich im Matthäusevangelium (24,13): „Wer aber beharrt bis ans Ende, der wird selig." Gemeint ist das Beharren in der Liebe, die nach Matthäus durch Schrecken wie Hungersnöte, Kriege, Verfolgung und Gesetzlosigkeit zu erkalten droht.

Jaynes (1976)[8] ist sogar der Auffassung, dass Beharrlichkeit eine Grundvoraussetzung für die Zivilisation sei. In der Tat ist ja das Bestellen von Feldern, das Lagern von Gütern, das Sammeln von Brennholz vor dem Einsetzen des Winters gekennzeichnet durch Planung, Ausdauer und Beharrlichkeit, um überlebensnotwendige Ziele zu erreichen und für die Zukunft vorzusorgen.

Aber wie erlernen wir Beharrlichkeit oder Ausdauer? Ist uns das bereits in die Wiege gelegt oder bedarf es bestimmter Lernerfahrungen? Möglicherweise beides!

In einem bemerkenswerten Experiment mit Kleinkindern im Alter von 13 bis 18 Monaten wurde dieser Frage nachgegangen. Mal saß ein Erwachsener vor dem Kind und versuchte, ein Spielzeug aus einer Box herauszuholen. Er oder sie kommentierte die Bemühungen auch entsprechend („Hm, wie mache ich das jetzt?", „Funktioniert es so?" etc.). Nach 30 Sekunden gelang es, die Box zu öffnen. In einer anderen Versuchsanordnung strengte sich der Erwachsene weniger an und öffnete die Box dreimal innerhalb der 30 Sekunden.

Danach wurde dem Kind eine Art Spieluhr gezeigt. Diese konnte der Erwachsene über einen Knopf aktivieren, den das Kind aber nicht sehen konnte. Für das Kind sichtbar gab es einen anderen Knopf, der aber nicht bei Druck die Spieluhr aktivierte. Der Versuchsleiter sagte: „Jetzt kannst du spielen. Schau, dieses Spielzeug macht Musik", und überreichte es dem Kind, worauf er den Raum für zwei Minuten verließ. Das Kind wurde währenddessen gefilmt. Später wurde ausgewertet, wie oft das Kind den inaktiven Knopf betätigt, sprich, wie beharrlich es versucht hatte, die Spieluhr zu aktivieren. Was, glauben Sie, hat die Studie ergeben?

Kinder, die zuvor den beharrlichen Erwachsenen beobachtet hatten, waren selbst – jetzt allerdings bei einer ganz anderen Aufgabe – ebenfalls viel beharrlicher mit der Aktivierung der Spieluhr befasst als die Kinder in der anderen Versuchsbedingung, in der es kein beharrliches Vorbild gab.[9]

Also ist alles wieder einmal eine Frage von Vorbildern? Ja, Erwachsene (insbesondere Eltern) können durch ihr eigenes Verhalten schon Kleinkindern vorleben, dass sich eine beständige Auseinandersetzung zur Zielerreichung lohnt. Die Autoren dieser Studie empfehlen: „Zeigt euren Kindern, wie ihr schwitzt."

Beharrlichkeit ist sozusagen selbstbestimmte Ausdauer. Sie ist auch gepaart mit besseren Ergebnissen in Leistungssituationen sowie einem effektiveren Umgang mit Belastungen. Aufgeben ist bei beharrlichen Personen schlicht keine Option. Natürlich kann beharrliches Streben von Rückschlägen, Misserfolgen oder auch Verzweiflung begleitet sein. Der Umgang mit Hindernissen und der beständige Wille, diese zu überwinden, ist aber der Grund, warum Beharrlichkeit innerhalb der Tugend „Mut" angesiedelt wird. Es erfordert Mut und vor allem Tapferkeit, auch dann Ziele beharrlich zu verfolgen oder an sich zu glauben, wenn andere es schon lange nicht mehr tun.

In dem Buch „*How to turn failure into success*" von Harold Sherman[10] findet sich ein „Beharrlichkeits-Code" (englisch: *code of persistence*). Wenn Sie Zweifel an der Erreichung von Zielen haben, die Beharrlichkeit erfordern, dann könnte es hilfreich sein, sich die folgenden Sätze immer wieder vor Augen zu führen:

Der Beharrlichkeitscode (Harold Sherman)

1. Ich werde niemals aufgeben, solange ich weiß, dass ich im Recht bin.

2. Ich glaube, dass alles für mich gut werden wird, wenn ich nur durchhalte.

3. Ich werde trotz aller Schwierigkeiten mutig und unerschrocken sein.

4. Ich werde nicht zulassen, dass mich jemand einschüchtert oder von meinen Zielen abhält.

5. Ich werde kämpfen, um alle Hindernisse und Rückschläge zu meistern.

6. Ich werde immer wieder versuchen, das zu erreichen, was ich mir wünsche.

7. Ich werde neuen Glauben und Entschlossenheit aus dem Wissen schöpfen, dass alle Erfolgreichen mit Niederlagen und Widrigkeiten kämpfen mussten.

8. Ich werde mich niemals Entmutigung oder Verzweiflung ergeben, egal, welche Hindernisse mir begegnen.

Beharrlichkeit ist (im Gegensatz zur Hartnäckigkeit) unaufdringlich, und daher bemerken andere diese vielleicht gar
nicht an uns. Oftmals zeigt sie sich am Ende des Tages in aller
Stille und sagt: „Okay, morgen versuche ich es wieder – dann
klappt es bestimmt."

Authentizität/Ehrlichkeit/Integrität

Um Feinde zu bekommen, ist es nicht nötig,
den Krieg zu erklären. Es reicht, wenn man
einfach sagt, was man denkt.
Martin Luther King
(1929–1968, Baptistenpastor und Bürgerrechtler)

Wir alle kennen die Begriffe Authentizität, Integrität und
Ehrlichkeit und wissen, dass sie moralische Instanzen betreffen (können). Uns leuchtet sicherlich auch ein, dass sie alle
hier und da Mut erfordern. Was sie aber genau bedeuten und
wo die Unterschiede liegen, ist vielleicht nicht so offensichtlich.

Wir haben für ähnliche Sachverhalte viele Begriffe. Neben
den dreien, die in diesem Teilkapitel näher betrachtet werden, können auch Aufrichtigkeit, Glaubwürdigkeit, Redlich-
keit, Makellosigkeit, Unbescholtenheit und andere aufge-
zählt werden. Die hier vorgenommene Auswahl hat damit zu
tun, dass Authentizität, Ehrlichkeit und Integrität von Selig-

man innerhalb der Tugend Mut explizit genannt werden, wobei Integrität als übergeordnet wahrgenommen wird, was – wie wir noch sehen werden – auch gute Gründe hat.

Ursprünglich auf das Altgriechische zurückgehend, ist mit Authentizität „Echtheit", aber auch „Urheberschaft" gemeint. Authentisch können Objekte (zum Beispiel historische Schriftrollen) oder Subjekte sein. Nach Jean-Jacques Rousseau (1712-1788) spielt bei authentischen Menschen die Treue zu ihrer inneren Natur die entscheidende Rolle, wobei die innere Natur nahe an dem verortet ist, was wir Gewissen nennen.

Der Begriff „Authentizität" ist in vielen Gebieten sehr populär. Es wird von „authentischer Führung" oder „authentischer Berichterstattung" gesprochen. Authentizität wird aber leider auch im Sinne einer Selbstinszenierung missverstanden. Wenn jemand Unsinniges von sich gibt oder sich unmöglich benimmt, kann er oder sie sich in den Schutz des „Ich bin eben authentisch" zurückziehen.

Sie merken, dass ich den Authentizitätsbegriff kritisch sehe – oder sagen wir besser, dass sie mir als Charakterstärke nicht sonderlich einleuchtet. Häufig werden Filme damit beworben, dass sie sich auf „authentische" Figuren oder Vorgänge beziehen. Gemeint ist damit, dass es sich um wahre Begebenheiten handelt, die für sich genommen aber *wertneutral* sind. Auch der 45. Präsident der Vereinigten Staaten von Amerika war letztlich eine „authentische" Persönlichkeit, in dem Sinne, dass er „echt" war, was auch immer das im Fall von Donald Trump dann inhaltlich oder mit Blick auf ethisch-moralische Prinzipien bedeuten mag.

Wenn wir jemanden als authentisch *wahrnehmen*, dann setzt dies viel Kenntnis über diese Person voraus, die wir aber in der Regel gar nicht haben (zum Beispiel bei Personen des öffentlichen Lebens). Kritiker des Authentizitätsbegriffes sagen, dass zum Beispiel im Kontext von Organisationen die „authentische Führungskraft" oft durch ein besonderes schauspielerisches Talent gekennzeichnet ist und die mit dem Begriff geforderte Echtheit eher einer Inszenierung gleicht.[11]

Vielleicht kommen wir mit dem Begriff der Ehrlichkeit weiter. In dem berühmten Song „Honesty" von Billy Joel wird die Ehrlichkeit gleich zu Beginn als „einsames" Wort bezeichnet. Jeder – so der Song – ist unehrlich, doch Ehrlichkeit ist das, was man eigentlich im Umgang miteinander am meisten braucht. Stimmt das? Wird denn wirklich so viel gelogen, und wie ist es um unsere Ehrlichkeit bestellt?

Zunächst zum ersten Teil der Frage: Gelogen wird in der Tat viel. Zahlreiche Studien und Umfragen habe dies immer wieder verdeutlicht. Eine von *Splendid Research* durchgeführte Studie an über 1.000 Erwachsenen aus dem Jahr 2018 ergab, dass 58 % der Befragten täglich lügen, wobei der Großteil (73 %) angab, dies im direkten Gespräch zu tun. Am häufigsten werden Bekannte belogen (44 %) aber auch Partner/Partnerinnen (34 %) und enge Freunde (28 %).[12]

Sicher ist nicht jede Lüge gleich verwerflich. Immerhin fast 50 % der Befragten lügen, um andere aufzumuntern oder ihnen eine Freude zu bereiten. Insofern wird die Lüge immer auch in dem Kontext bewertet, in dem sie sich ereignet, wobei die Grenzen schnell verschwimmen können, wenn man zum Beispiel bedenkt, dass 26 % der Männer Lügen in Ordnung finden, wenn es darum geht, dadurch Steuern zu sparen.[13] Kritisch wird Lügen aber definitiv, wenn es sich um notorisches, zwanghaftes oder pathologisches Lügen handelt. Dieses ist nicht selten mit einer übertriebenen Selbstliebe (narzisstische Persönlichkeitsstörung) verbunden und dient in der Regel der Selbstaufwertung.

Aus den Neurowissenschaften lässt sich das damit erklären, dass die Reaktionen unseres Gehirns auf eigene Lügen mit jeder weiteren immer geringer werden; unser Gehirn also in gewisser Hinsicht „abstumpft", was weiteren und schlimmeren Lügen geradezu den Weg bahnt.[14] Lügen haben bekanntlich kurze Beine, was ja bedeutet, dass man nicht allzu weit damit kommt. Wenn die Hemmung mit jeder Lüge kleiner wird, dürfte demzufolge am Ende einer solchen Entwicklung der völlige Stillstand stehen – der Stopp jeder weiteren Entwicklung hin zu einer integren und letztlich glücklichen Person. Die Lüge kann dann zu einer schweren Last werden („Jemand lügt, dass sich die Balken biegen").

Lügen, die jemandem direkt schaden sollen (zum Beispiel bewusst falsche Zeugenaussagen), sind besonders verwerflich und am ehesten geeignet, die moralische Bedeutung der Ehrlichkeit näher zu beleuchten, um die es hier ja gehen soll.

Ehrlichkeit ist nicht so einfach zu definieren. Natürlich könnte es darum gehen, die Wahrheit zu sagen. Doch was ist wahr? Auch der Wahrheitsbegriff erfreut sich einer anhaltenden Diskussion – zumindest in der Philosophie. Wäre Wahrheit nichts anderes als gegenseitige Übereinstimmung, dann kämen wir damit bereits weiter. Ehrlich wäre dann jemand, wenn seine Taten und Worte von anderen bestätigt werden könnten.

Ehrlich zu sein ist aber mehr als „nicht lügen". Ehrlichkeit ist nicht nur begrenzt auf das, was wir sagen, sondern dehnt sich auch auf das aus, was wir tun. Ehrlich sein kann auch bedeuten, sich seine Schwächen oder Fehler einzugestehen.

Ehrlich im Sinne von aufrichtig zu sein hat noch die zusätzliche Komponente, *für* etwas einzustehen oder „aufrecht" zu stehen – für etwas, das wichtig oder *wert*voll ist. Wir verhalten uns ehrlich, wenn wir andere nicht übervorteilen, täuschen oder manipulieren.

Wann allzu viel Ehrlichkeit verletzend sein kann und bei welchen Gelegenheiten man zum Schutz anderer lieber auch mal unehrlich sein sollte, ist individuell zu betrachten. Vielleicht hilft ja der Leitsatz von Voltaire: „Alles, was du sagst, sollte wahr sein. Aber nicht alles, was wahr ist, solltest du auch sagen."

Wenn Ehrlichkeit ein zeitstabiles Merkmal eines Menschen ist – also nicht mal so und mal so ausfällt –, dann würden andere denjenigen wahrscheinlich als *integer* bezeichnen. Persönliche Integrität steht nach meiner Auffassung deutlich über Authentizität und auch Ehrlichkeit. Sie kennt keine Ausnahmen oder situative Einflussfaktoren. Wenn jemand integer ist, dann ist er es immer und in jeder Hinsicht – ohne Wenn und Aber.

Im Kontext der Charakterstärken sollte uns Integrität im Sinne von Aufrichtigkeit, Unbestechlichkeit und Zuverlässigkeit interessieren. Jemand gilt als integer, wenn sich seine persönlichen Überzeugungen, Maßstäbe und Wertvorstellungen konsistent und konsequent in seinem Verhalten ausdrücken. Integer ist man also, wenn man seinen eigenen Wertvorstellungen konsequent „treu" bleibt (Bindung) und sein Verhalten durchgängig daran ausrichtet (Handlung). Aber reicht das? Würden wir einer Person, die zum Beispiel nach einer stattlichen Erbschaft ausschließlich das Leben genießt, eine besondere Integrität attestieren? Wahrscheinlich nicht, denn zur Integrität gehört ganz zentral auch die mora-

lische Komponente, die Einsicht und Erkenntnis, was „gut"
(auch für andere) ist.

Nur in der Verbindung von Selbsttreue und dem „richtigen" Handeln, können wir auch von anderen als integre Person wahrgenommen werden. Wenn Diskrepanzen zwischen den vertretenen Positionen (zum Beispiel christlichen Werten) und tatsächlichem Handeln (zum Beispiel Kindesmissbrauch) auftreten, dann kann selbst Institutionen oder zumindest einigen ihrer Repräsentanten ihre Integrität (und anderes mehr) abgesprochen werden.

Eine integre Person zu sein bedeutet aber nicht, bedingungslos den gängigen Wertvorstellungen zu folgen, sondern kann sich im Gegenteil auch in der Abkehr und Neuorientierung äußern. Andererseits ist jemand, der unbestechlich ist, gewissenhaft seinen Aufgaben nachgeht und generell als „unbescholten" gilt, nicht automatisch auch eine integre Persönlichkeit. Dann nämlich nicht, wenn sich all das mit Wegschauen, Schweigen und *Unterlassen* verbindet. Dann verliert die Integrität ihre Zugehörigkeit zum Mut und verkümmert zur Durchschnittlichkeit.

Mangelnde Integrität äußert sich zum Beispiel in Korruption oder Bestechlichkeit, also in unmoralischen Verhaltensweisen, die zur persönlichen Bereicherung dienen. Zu Beginn des Jahres erschien der Korruptionswahrnehmungsindex (CPI), der von Transparency International erstellt wird und Länder nach dem Grad der in Politik und Verwaltung wahrgenommenen Korruption listet.[15] Insgesamt 180 Länder sind aufgeführt. Den Maximalwert von 100, der keine Korruption zum Ausdruck bringt, erreichte kein Land. Spitzenreiter sind Dänemark, Finnland und Neuseeland; Schlusslichter Somalia, Syrien und Südsudan. Deutschland liegt auf Platz 10.

Schlecht ist das nicht, aber optimal natürlich auch nicht, weil man sich ein Land wünscht, in dem es gar keine Korruption gibt. Schade ist auch, dass es seit Jahren keine Veränderung dieser Platzierung gibt. Hinter jedem Fall von Korruption steht (mindestens) ein Mensch mit geringer Integrität.

Das Bekanntwerden von mangelnder Integrität oder Bestechlichkeit und Korruption ruft kaum noch einen Aufschrei der Entrüstung hervor – es ist eben so, das machen doch alle. Vorbilder gibt es leider auch im Unrecht.

Personen, denen wir ein hohes Maß an Integrität zusprechen, haben nicht nur ein starkes Bewusstsein für Recht und Unrecht, sondern stehen auch dafür, Unrecht wenn eben möglich zu vermeiden. Sie verhalten sich immer gleich, egal ob sie allein oder in Gesellschaft sind, sagen, was sie denken, und tun, was sie sagen. Integrität gibt uns ein gutes Gefühl – eine ausgewogene Mischung aus Selbstrespekt und Selbstvertrauen. Wir wissen, woran wir mit uns selbst sind, und kennen unsere Wurzeln! Dieses Gefühl der inneren Einheit mit uns selbst ist eine gute Voraussetzung, um glücklich zu werden.

Der humanistische Psychologe und Begründer der Gesprächspsychotherapie Carl Rogers bezeichnete diese „voll integrierte" Persönlichkeit als ein von uns allen angestrebtes Lebensziel. Es tut uns gut, in uns selbst zu Hause zu sein – und auch den Menschen um uns herum. Integrität ist eine der förderlichsten Eigenschaften für gelingende Partnerschaften und langlebige Beziehungen.

Pfirsich oder Zwiebel? Wie würden Sie sich selbst beschreiben? Haben Sie einen festen Kern oder sind Sie eher wie eine Zwiebel, die ihre Häute je nach Situation ablegen kann? Wenn Sie einen Kern haben, wie sieht dieser aus? Reflektieren Sie darüber und sprechen Sie mit anderen: Wie werden Sie wahrgenommen? Ist Ihr Kern sichtbar, und wenn ja, wann und wodurch?

Vitalität/Tatendrang/Enthusiasmus

> Es ist nicht genug zu wissen –
> man muss auch anwenden.
> Es ist nicht genug zu wollen –
> man muss auch tun.
>
> Johann Wolfgang von Goethe (1749–1832, dt. Dichter)

 Kennen Sie dieses Zeichen? Es ist das chinesische Qi. Es steht für Energie und Lebenskraft und ist eine der Säulen der Traditionellen Chinesischen Medizin (TCM). Qi ist dynamisch, es befindet sich im Fluss. Wenn dieser unterbrochen wird, können nach der TCM Krankheiten zutage treten – ist er zum Stillstand gekommen, dann bedeutet dies den Tod.

Mit diesem kurzen Exkurs in die fernöstliche Philosophie soll deutlich werden, wie entscheidend eine auf Motivation beruhende Energie für unser Leben ist. Eine westliche Entsprechung findet sich im sogenannten Vitalismus, bei dem allem Lebenden eine innere Kraft zugesprochen wird. Diese kann die Seele selbst sein oder auch einen göttlichen Einfluss offenbaren. Der Begriff Vitalismus ist kaum noch gebräuchlich, war aber viele Jahrhunderte lang Gegenstand intensiver Kritik derjenigen in der Biologie, die Leben als rein mechanisch auffassten und vollständig durch Naturphänomene und -gesetze zu erklären versuchten. In der Philosophie hingegen geht der Begriff auf Aristoteles zurück. Nach seiner Auffassung existiert eine „aufbauende Entstehung" – also eine Entwicklung vom Einfachen zum Komplexen. Diesen Prozess nennt er *Epigenesis*. Epigenesis setzt die alles bestimmende und zum Ziel führende Lebenskraft voraus.

Wieso aber werden bei Seligman die Vitalität, der Tatendrang oder der Enthusiasmus unter der Tugend „Mut" subsummiert? Die Antwort: Tatendrang, Enthusiasmus und Begeisterungsfähigkeit werden insbesondere dann als besonders lobenswert und mutig aufgefasst, wenn sie unter widrigen oder mühsamen Umständen gezeigt werden. Ich frage mich manchmal, woher manche Menschen auch im höheren Lebensalter diese Vitalität und Lebenskraft nehmen. Ziemlich genau vor einem Jahr wurde der 46. Präsident der Vereinigten Staaten von Amerika, Joseph (Joe) Biden, gewählt. Zu diesem Zeitpunkt war er 79 Jahre alt. Mal ehrlich: Würden wir in diesem Alter noch eine solche Position wahrnehmen wollen? Uns permanent Jetlags nach Transatlantikflügen aussetzen, kaum Freizeit oder Privatleben haben und vor allem dieses Maß an Verantwortung tragen? Wenn man Joe Biden beobachtet, scheint er seine psychische Vitalität durch körperliche untermalen zu wollen, indem er stets besonders zügig zum Rednerpult eilt. Ohne körperliche Fitness wird auch mentale Vitalität schwierig. Das weiß er offensichtlich.

Vitalität ist etwas anderes als bloßer Aktivismus, ständiges Unterwegssein oder das „Hans Dampf in allen Gassen"-Syndrom. Die hier gemeinte Vitalität ist nicht nur ein wichtiger Ausgangspunkt, um Ziele zu erreichen, Interessen zu verfolgen und sich aktiv (auch für andere) einzubringen. Sie ist zugleich auch ein Ergebnis verschiedener Charaktermerkmale. Besonders deutlich wird dies in Situationen, in denen wir eine perfekte Passung wahrnehmen zwischen dem, was wir gerade tun, und dem, was uns wirklich wichtig ist. Wir kommen in *„flow"* – einen überaus energetischen Zustand, bei dem die Zeit nur so verfliegt, wir unaufhaltsam unsere Tätigkeit fortsetzen und kaum müde werden. Dieser Zustand ist auch eine Form von Vitalität – hier aber als Ergebnis.

Ohne Enthusiasmus geht das alles nicht. Enthusiasten sind in gewisser Hinsicht „besessen" von Ideen oder Aktivitäten. In der Antike waren Enthusiasten von Gott besessene Personen – man könnten auch sagen, dass sie „be-geist-ert" waren. Der Zustand der Begeisterung erfüllt uns mit Freude und macht uns glücklich. Und, ganz wichtig: Er hilft uns beim Lernen!

Schule und auch Hochschule sind für viele Lernende leider oft nicht gerade Orte der Freude und Lebensenergie. Oftmals fällt es den Lehrenden schwer, Begeisterung für ihre Fächer zu vermitteln und Freude am Lernen anzufachen, auch wenn sie das gern tun würden. Klassenziele, Lehrpläne, Benotungen, Versetzungen und Bürokratie sind häufig Hemmnisse, weil sie von extern wirken und die intrinsische Motivation behindern. Kommt Ihnen das bekannt vor?

Ich bin sicher, dass die meisten von uns ihre Schulzeit so oder ähnlich in Erinnerung haben. Tatsache ist aber, dass insbesondere starke Emotionen das Lernen und Behalten enorm beflügeln. Nicht ohne Grund erinnern wir uns meist sehr gut an die Menschen oder Erlebnisse, die uns bewegt haben. Wir erinnern uns an den Vornamen unserer ersten Liebe, an besonders schöne Ereignisse – manchmal auch an solche, die uns verängstigt haben. Alldem ist eines gemeinsam: Immer sind Emotionen beteiligt.

Folgerichtig ist es auch so, dass wir besonders gut lernen, wenn die Lernsituation mit positiven Emotionen verbunden ist. Es fängt schon vor dem Schulbesuch an: Bevor sich Kinder auf den Schulweg machen, wird gefragt, ob sie die Hausaufgaben und das Schulbrot eingepackt haben und natürlich, ob sie nicht Gefahr laufen, zu spät zu kommen. Kaum jemand fragt, worauf sich die Kinder freuen, wenn sie an den bevorstehenden Schultag denken. Würde der Morgen mit einem positiven Gedanken beginnen, könnte das für den Rest des Tages tragen.

Lernbereitschaft ist ohne Motivation zum Lernen nicht vorstellbar, und einen Motivationsschub dafür erhalten wir durch Begeisterung für das, was wir tun. Das gilt nicht nur für die Schule, sondern auch für den Arbeitsplatz. Der Psychiater und Neurowissenschaftler Gerald Hüther bezeichnet Begeisterung als „Dünger für das Gehirn". Und: Begeisterung ist mit äußerst positiven Gefühlen verbunden. Wenn es uns gelingt, Begeisterung zu empfinden (und das lässt sich üben), dann fühlen wir uns gut und beschwingt. Und je öfter wir so etwas erleben, desto glücklicher werden wir.

Was haben Tapferkeit, Beharrlichkeit, Integrität und Vitalität/Begeisterungsfähigkeit gemeinsam? Es sind Charakterstärken, die innere und äußere Hürden zur Erreichung von Zielen überwinden können. Ja, man könnte auch sagen, dass sie alle unsere Komfortzonen – also die Verhaltensweisen, mit denen wir uns gut und vor allem bequem eingestellt haben – erweitern. Wenn wir tapfer sind, kehren wir nicht schnell in die Komfortzone zurück, sondern halten den Missstand noch ein bisschen länger aus. Die Beharrlichkeit ist der Feind des Aufgebens; Integrität ist nicht immer einfach, und die damit verbundene Aufrichtigkeit fühlt sich manchmal auch nicht komfortabel an (für andere ja auch nicht). Und Begeisterungsfähigkeit, Vitalität und Tatendrang passen nur schwerlich mit Bequemlichkeit zusammen. Das Verlassen oder verzögerte Wiederaufsuchen unserer Komfortzone erfordert Mut, und daher sind alle dem Mut zugeordnet.

Aber was hindert uns, mutig zu sein? Häufig sind es unsere eigenen Überlegungen, Glaubenssätze oder: Kognitionen. Im stillen Dialog mit uns selbst sagen wir uns viel zu oft „Das schaffst du doch nie", „Das führt zu nichts", „Dafür bist du nicht gut genug", „Das würde ein böses Ende nehmen" und Ähnliches. All diesen Sätzen ist eines gemeinsam: Sie tragen in keiner Weise dazu bei, dass wir unsere Ziele erreichen. Mut ist nicht, frei von Ängsten zu sein. Mut ist, Ängste zu überwinden.

Es ist also ein erster, ganz wichtiger Schritt, sich dieser Kognitionen überhaupt bewusst zu werden, um sie danach zu hinterfragen: „Ist das wirklich so?", „Stimmt das, was ich da von mir selbst denke?", „Wie komme ich eigentlich darauf?" Oftmals sind es genau diese Fragen, auf die wir keine Antwort finden. Diese Kognitionen – man kann sie auch „dysfunktionale Kognitionen" nennen, weil sie keine gesunde Funktion erfüllen – sind oftmals entstanden, weil wir schlicht zu selten ermutigt wurden. Vielleicht führt diese Erkenntnis dazu, unseren dysfunktionalen Kognitionen weniger Glauben zu schenken und uns ihnen *mutig* in den Weg zu stellen.

Mut beziehungsweise alle ihm zugeordneten Charaktereigenschaften aber waren doch definiert als Verhalten zur Überwindung von Hemmnissen, oder? Wenn wir also diese „behindernden" Kognitionen verändern, haben wir schon einen großen Schritt in Richtung Zielerreichung geschafft. Manchmal ist es eben hilfreich, sich selbst nicht alles zu glauben: *„Das* soll ich nicht schaffen? Glaube ich nicht!"

4.
Weisheit

Was fällt Ihnen als Erstes zu „Weisheit" ein? Vielleicht denken Sie jetzt an Eulen. Die Eule hat sich aufgrund verschiedener Merkmale angeboten: Auf der einen Seite ist sie bedächtig, ruhig und wirkt reflektiert. Andererseits verfügt sie auch über die Fähigkeit, im Dunkeln zu sehen und Wege zu finden, die anderen verborgen bleiben. „Dunkelheit" muss nicht nur Mangel an Licht, sondern kann auch Kummer und Not bedeuten.

Vielleicht denken Sie an einen alten Mann mit weißem Bart? Muss man, um weise zu sein, auch alt und männlich sein? Die meisten theoretischen Überlegungen gehen zumindest was das Alter betrifft in der Tat davon aus. Es käme uns seltsam vor, einem 5-jährigen Weisheit zu attestieren. Andererseits ist Alter natürlich kein Garant für Weisheit, denn „Alter schützt vor Torheit nicht". Die Frage, welche Rolle das Alter spielt, lässt sich am ehesten beantworten, wenn man sich damit befasst, was Weisheit eigentlich ist, und dann werden wir auch sehen, dass Weisheit nicht „männlich" ist.

Wenn sich die Philosophie diese Frage stellt, dann beschäftigt sie sich gewissermaßen mit sich selbst, denn das Wort Philosophie setzt sich zusammen aus *philos* (Liebe) und *so-*

phia (Weisheit). Die Beschäftigung mit der Weisheit ist das, was den Philosophen auszeichnet. In der Tat geht die Frage nach der Weisheit weit zurück und findet sich bereits bei Sokrates (auch der „Geburtshelfer des Wissens" genannt), etwa 450 Jahre vor Christi Geburt. Es dürfte wohl außer Zweifel stehen, dass Sokrates ein weiser Mann war. Seine Einstellung „Ich weiß, dass ich nichts weiß" (überliefert von Platon) ist möglicherweise ein Ausdruck von Bescheidenheit. Viel wahrscheinlicher ist aber, dass er das hinterfragt, was man zu wissen *glaubt*. Er relativiert damit sein Wissen und zeigt auch Demut.

Weisheit ist nach Platon eine Kardinaltugend, also – und das ist nicht ganz unwichtig – weit mehr als Wissen oder Intelligenz. Bei ihm ist Weisheit die Erkenntnis der realen Welt, losgelöst von Vorurteilen, Täuschungen, gängigen Meinungen und Irrtümern. Platons Vorstellung findet sich in seinem berühmten Höhlengleichnis.

Stellen Sie sich vor, Sie würden zusammen mit anderen gefesselt in einer Höhle leben und hätten noch nie etwas anderes gesehen. Diese Höhle ist dunkel, aber ein Licht/ Feuer hinter Ihnen, zu dem Sie sich aber nicht herumdrehen können, erhellt zumindest eine Wand neben Ihnen. Diese Wand ist eine Projektionsfläche für alle möglichen Schattenfiguren, die von anderen zwischen Ihnen und der Lichtquelle bewegt werden. Wer sie bewegt, sehen Sie auch nicht; nur *dass* sie sich bewegen. Es sind Schatten von Menschen, Tieren, Gegenständen und so weiter. Für Sie ist das die reale Welt – etwas anderes kennen Sie nicht. Sie fangen an, die Bewegungen zu studieren und lernen das Wesen der Gegenstände kennen. Sie erlangen Wissen über die Gegenstände, über „Ihre" Welt.

Doch dann kommt jemand und führt Sie nach draußen. Sie blicken in das Feuer und sind geblendet, verstehen aber allmählich, wo die Schatten herkommen, beziehungsweise, wie sie entstanden sein könnten. Sie verlassen die Höhle. Jetzt sehen Sie die wirklichen Gegenstände, Menschen und Tiere – und stellen fest, dass alles, was Sie in der Höhle wahrgenommen haben, nicht viel mit der Realität zu tun hatte. Jetzt erst haben Sie das Wesen der Dinge gesehen und nicht nur deren Schattenbilder. Wollten Sie nach dieser Erkenntnis wieder in die Höhle zurück?

Beantworten Sie diese Frage bitte nicht vorschnell. Die Höhle war einfach. Alle Schatten waren dunkel. Ein Apfel war immer schwarz. Nicht mal grün, mal rot, mal gelb oder nur nachts mal schwarz. Die Erkenntnis der wahren Natur von Dingen, aber auch die von deren verschiedenen Erscheinungsformen, ist ein maßgebliches Element der Weisheit. Diese Erkenntnisse wieder abzulegen und zurück in die Höhle zu gehen wäre ein hoher Preis. Täten Sie es aber, dann müssten Sie sich nach all dem Sonnenlicht erst wieder an die Dunkelheit gewöhnen und würden vorsichtig und vielleicht sogar unsicher zu den anderen Höhlenbewohnern zurückkehren. Was wäre von diesen zu erwarten? Im Höhlengleichnis würde ihre Unsicherheit wahrgenommen, Sie würden verlacht und gemieden, und die anderen wären der Auffassung, dass die Abwesenheit Sie verwirrt habe. Sie würden darauf bestehen, dass Sie Ihre Meinung ändern und wieder nur auf die Schatten blicken.

Das Höhlengleichnis ist nicht nur in der Philosophie sehr bekannt, sondern auch die Grundlage für andere Geschichten und Filme wie *Matrix* („Wähle zwischen der roten und blauen Pille"). Und insbesondere der letzte Teil des Gleichnisses hat einen traurigen Bezug zur Gegenwart: Ob es nun Wissenschaftler sind, die schon lange die Wahrheit des Klimawandels gesehen haben, oder solche, die eine Pandemie nach allem, was sie ein Leben lang in der Immunologie und Epidemiologie erforscht haben, nur mittels einer Impfung für besiegbar erachten – immer wieder treffen sie auf „Höhlenmenschen", die all das für Unsinn halten und darauf bestehen, nur die Schatten der Dinge an der Wand zu betrachten.

Für Aristoteles ist die Weisheit eine zwingende Voraussetzung, um ein erfülltes und glückliches Leben zu führen (*Eudaimonia*). Sie schafft Ganzheitlichkeit in der Lebensführung – nicht eine auf den Moment ausgerichtete Genussfreude oder Genugtuung. Weisheit, so im Gedicht „Wisdom" von Sara Teasdale[1] nimmt aber auch den Preis in Kauf, jugendliche Leichtigkeit zu verlieren.

Weisheit setzt in gewisser Hinsicht auch die Überwindung schwieriger Lebensphasen voraus. Wenn wir gelernt haben, wie sich Probleme bewältigen lassen, welche Wege erfolgreich waren, und dass anfängliche Besorgnis der Erleichterung weichen kann, dann haben wir reiche Erfahrungen gesammelt. Erfahrung ist essenziell zur Erlangung von Weisheit. Wir haben damit eine „Lebens-Expertise" erworben, die Kenntnisse über das Leben, seine Herausforderungen und Unvorhersehbarkeiten erfordert. Ja, Weisheit kann auch eine Problemlösekompetenz sein, die sich als Balance zwischen Denken, Wollen und Affekt darstellt und als Produkte gutes Planen, gutes Entscheiden und gute Ratschläge hervorbringt.

Viele der hier genannten Aspekte zeigen, dass Weisheit Bezüge zum Wissen hat. Nur ist mit Weisheit nicht das klassische Spezialistenwissen gemeint. Natürlich können brillante

Programmierer auch weise sein, aber Weisheit umfasst doch mehr als bestimmte Qualifikationen. Sie gilt eher ganzheitlich für viele Lebensbereiche und ist immer gekennzeichnet durch eine gesunde Balance aus Wissen und Zweifel. Menschen, die wir als weise betrachten, würden wohl nie sagen, dass sie sich ihrer Einschätzung zu 100 % sicher seien. Das kennen wir eher in Verbindung mit Allmächtigkeitsfantasien und Narzissmus.

Ein weiser Mensch ist sich seiner Fehlbarkeit bewusst, kennt die eigenen Grenzen, findet sich nicht selten im Raum zwischen Wissen und Zweifel, hört gut zu und redet eher wenig. Weisheit zeigt sich auch in dem Bestreben, andere gut zu beraten, ihnen uneigennützig gute Wege aufzuzeigen oder sie richtig zu *weisen*, was ja auch in dem Wort *Weis*heit steckt. Damit wird der Wertebezug der Weisheit besonders deutlich. Weisheit wird auch als Metawert bezeichnet, also als ein Wert, der über den anderen steht.

Nachdem in der Psychologie deutlich wurde, dass sich Entwicklung nicht nur im Kindes- und Jugendalter, sondern über die ganze Lebensspanne vollzieht, gerieten auch spätere Entwicklungsprozesse in den Blick der Entwicklungspsychologie. Ein verdienstvoller Vertreter dieser Ausdehnung[2] ist der Psychologe Paul Baltes, der mit dem „Berliner Weisheitsparadigma" fünf zentrale Aspekte von Weisheit nennt:

- Faktenwissen über Lebensverlauf und verschiedene Lebenslagen,
- Handlungswissen über Lösungsstrategien für verschiedene Lebensprobleme,
- Kenntnis von Lebenskontexten und -bezügen,
- Wissen um Persönlichkeitsunterschiede zwischen Men-

schen vor allem hinsichtlich unterschiedlicher Werte und

- Wissen um Unvorhersagbarkeit des Lebens und die Art und Weise, wie man mit diesem umgehen kann.

Aus der Aufstellung wird erneut deutlich, dass Wissen und Erfahrung eine Rolle spielen. Aber auch das Handlungswissen ist von Bedeutung. Es geht letztlich auch um Know-*how*.

Weisheit verbindet sich nicht selten mit Gelassenheit – aber nicht mit Gleichgültigkeit! Gelassenheit kann das Resultat einer Abwägung zwischen Aktion und Reflektion sein. Vielleicht ist es das, was wir nach Wilhelm Schmid[3] im Alter am ehesten dazu erwerben. Wie sagt der weise Kölner?: „Et kütt, wie et kütt."

Die Tugend Weisheit umfasst nach Seligman und Peterson verschiedene Charakterstärken, die wir in gewohnter Weise betrachten wollen: Neugier, Liebe zum Lernen, Kreativität und Weitblick.

Neugier/Offenheit

Ich habe keine besondere Begabung,
sondern bin nur leidenschaftlich neugierig.
Albert Einstein (1879–1955, dt. Physiker)

Ich habe den Zusatz „Offenheit" beigefügt, um gleich zu Beginn darauf hinzuweisen, dass es nicht um die Form der Neugier geht, die wir vielleicht von Nachbarn kennen, wenn sie schauen, wer uns da gerade besucht. Es geht um die Art Neu-

gier, die wir als Wissbegierde bezeichnen wollen. Sie treibt
uns dazu an, Neues kennenzulernen und Offenheit für Veränderungen zuzulassen. Gemeint ist also Neugier im Sinne
von Gottfried Wilhelm Leibniz (1646-1716).

Leibniz war in seiner Zeit wohl das, was man heute einen
„Allrounder" nennen würde. Philosoph, Mathematiker,
Jurist und Historiker waren nur einige seiner Professionen.
Es würde zu weit führen, an dieser Stelle alle seine Errungenschaften, Erfindungen oder Einflüsse auf die weitere Wissen-
schaftsentwicklung aufzuführen. Tatsache ist aber, dass sein
wissenschaftlicher Nachlass als der wohl umfangreichste
überhaupt bezeichnet wird. Was hat ihn so rastlos angetrie-
ben? Die Neugier und die optimistische Haltung, dass Wissen
die Welt verbessern kann.

Während die Neugier lange Zeit im Sinne von Augustinus (um 400 n. Chr.) als Laster und im Grundsatz verwerfliche Begehrlichkeit der Augen betrachtet wurde, erfuhr sie
durch Thomas Hobbes (1588-1679) eine gewisse Rehabili-
tation. Neugier ist nach seiner Auffassung eine fundamental menschliche Eigenschaft, die ebenso wie bei Augustinus
zwar eine Art der Begierde ist, aber eine im Sinne einer intrinsischen (von innen kommenden) Motivation. Damit, und
das wusste auch schon Hobbes, verbindet sich die Empfindung von Neugier bereits mit einem positiv emotionalen Zustand. Wenn wir neugierig darauf sind, etwas zu verstehen,
dann macht uns bereits der Weg zum Verständnis Spaß. Neugier ist also die freudige Erwartung, etwas dazuzulernen, und
damit eine wichtige Voraussetzung zur Erlangung von Weisheit.

Neugierig können wir auch auf die reine Information
selbst sein. Wir wissen dann eben etwas mehr, aber es nutzt

uns eigentlich nichts. Wahrscheinlich werden wir es schnell wieder vergessen. Diese Form der Neugier kann durchaus auch Spaß machen. Wieso sonst sollten wir stundenlang auf unseren Smartphones Neuigkeiten, Videos oder andere Beiträge verfolgen, in Nachrichtenportalen angemeldet sein oder gleich mehrere Zeitungen digital abonniert haben? Wie sonst wäre es zu erklären, dass wir es kaum aushalten, nicht unmittelbar nachzuschauen, wenn wir eine Sprachnachricht, WhatsApp, oder E-Mail erhalten haben?

Neuere Studien zeigen eindrücklich, dass es unterschiedliche Motive für Neugier geben kann. Man kann neugierig sein, um die eigene Unsicherheit zu reduzieren – zum Beispiel, wenn wir jede E-Mail sofort lesen oder argwöhnisch über den Zaun zu unseren Nachbarn blicken: „Was machen die da? Was verändert sich hier? Welche Bedeutung kann das für mich haben? Ist das erlaubt?" All diese Fragen signalisieren ein geringes Maß an Selbstsicherheit und Souveränität. Diese Form der Neugier ist eine Kompensation der eigenen Defizite und im Sinne der Positiven Psychologie nicht sonderlich gesund.

Anders ist das bei der Form von Neugier, deren Motiv die Vorfreude auf eine in der Zukunft eintretende Belohnung darstellt. Wobei diese Belohnung vieles sein kann. Da wir die Neugier hier im Kontext der Weisheit behandeln, wäre auch „Neues lernen" oder „etwas verstehen, was man vorher nicht verstanden hat" eine Belohnung. Diese Form der Neugier können wir bei Kindern beobachten, die ihre Welt erkunden und ganz vertieft sind in ihre Entdeckungsreise. Unsere Neugier ist oft kurzlebiger, weil wir uns nicht die Zeit für unsere eigenen Entdeckungsreisen einräumen. Blumen, Insekten, Steine – alles Mögliche ist interessant für Kinder und will erkundet werden. Eine unstillbare Neugier, die durch ein „Zurechtfinden" in der Welt belohnt wird. Diese Form der Neugier, die schlicht mehr verstehen will, ist wie der Blick durch ein Schlüsselloch auf die Welt.

Neugier wird auch dann geweckt, wenn unsere Beobachtung nicht mit unserer Erwartung übereinstimmt. Stellen Sie sich einen Justizminister vor, der neben seiner Haupttätigkeit selbst produzierte Computermusik macht und sich in der Soundcloud unrasiert und mit verspiegelter Sonnenbrille präsentiert.[4] Deckt sich das mit unserem Bild von einem Justizminister? Wenn nicht, kann das durchaus Interesse an der Person oder an deren Musik oder an beidem wecken. Wir werden neugierig, was das für ein Mensch ist, wie seine Biografie aussieht, und wir ändern daraufhin vielleicht bestimmte Annahmen oder Überzeugungen. Das Ergebnis ist ganz einfach: Wir lernen dazu.

Wie können wir die „gute" Neugier kultivieren oder wieder aktivieren? Dass dafür *Zeit* eine Rolle spielt, haben wir bereits festgehalten. Diese Zeit sollten wir uns nehmen und zum Beispiel ausgedehnte Spaziergänge machen und die Natur so wahrzunehmen versuchen, wie es Kinder tun. Pflücken Sie doch mal eine Blume oder ein Blatt und schauen es sich in Ruhe an. Sie werden Strukturen sehen, auf die Sie nie geachtet haben. Vielleicht kommen Ihnen Fragen: Woher „weiß" eine Wurzel, dass sie nach unten in die Erde wachsen muss, und der Trieb, dass er nach oben zum Licht muss?

Es ist völlig egal, wo und was wir beobachten. Wichtig ist, dass wir es *mit Zeit* und ohne Bewertung oder den schnellen Versuch einer Erklärung tun. Wir erlauben Gegenständen, Menschen, Anblicken oder Panoramen, *auf* uns zu wirken, und nehmen uns selbst ein Stück weit zurück. Natürlich kennen wir das Objekt unserer Betrachtung vermutlich schon. Neugier ist aber nicht nur ein Zustand *vor* Wissen, sondern viel häufiger ein Motor für *mehr* Wissen.

Neugier wird auch als der Kern der Kreativität (auf die später noch eingegangen wird) bezeichnet. Auch Kreativität benötigt Zeit, und die besten Einfälle kommen uns oft genau in den Situationen, in denen wir unsere Neugier entfalten können: in Ruhe und mit dem Fokus auf das Neue und Interessante. Wie Neugier kultiviert oder aktiviert werden kann?

1. Hören Sie nie auf zu lesen und lesen Sie das, was Sie wirklich interessiert. Lesen Sie aber nicht alles, was Tag für Tag an News, Posts usw. auf Sie einströmt. Das ist Zeitverschwendung und hindert Sie aktiv an Punkt 2.

2. „Entschleunigen" Sie Ihre Zeit. Verbringen Sie Ihre Freizeit langsam. Nehmen Sie sich diese wichtige Zeit und sagen Sie nicht, dass Sie für einen Spaziergang keine Zeit haben. Das ist unlogisch. Da wir alle pro Tag 24 Stunden Zeit haben und zumindest in dieser Hinsicht nicht ungerecht behandelt werden, kann an dieser Einstellung etwas nicht stimmen.

3. Verbringen Sie, wenn möglich, Zeit mit unseren Vorbildern für Neugier: Kindern. Ertragen Sie ihr ständiges „Warum?" und fangen Sie an, selbst mehr zu (hinter-)fragen.

4. Lassen Sie sich nicht abspeisen mit Argumenten, die nicht einleuchten. Gehen Sie den Dingen auf den Grund. Versuchen Sie, viel aktiver zu hören und zu verstehen. Denken Sie an Epiktet (ca. 100 n. Chr.): *„Die Natur hat dem*

Menschen eine Zunge gegeben und zwei Ohren, damit wir doppelt so viel von anderen hören, als wir selbst reden."

Wie sagte es Walter Moers in *Die Stadt der Träumenden Bücher*? „Die Neugier ist die mächtigste Antriebskraft im Universum, weil sie die beiden größten Bremskräfte im Universum überwinden kann: die Vernunft und die Angst."[5]

Sie würden gern wissen, ob Sie neugierig in diesem Sinne sind? Die Antwort kann ich Ihnen geben. Sie lautet: „Ja, sind Sie!" – denn sonst würden Sie dieses Buch nicht lesen. Es geht wie so oft nicht darum, wie wir von uns reden oder was wir oder andere über uns denken. Es geht allein um das, was wir tun.

Liebe zum Lernen

Entwickle eine Leidenschaft für das Lernen
und du wirst niemals aufhören zu wachsen.

Anthony D´Angelo (Syracuse Univ, USA)

Im Auftrag der Deutschen Telekom Stiftung hat das Institut für Demoskopie Allensbach eine repräsentative Erhebung an Schülerinnen und Schülern sowie an Eltern mit dem Titel „Wie lernen Kinder und Jugendliche heute?" durchgeführt. Die Umfrage war *vor* Beginn der Coronapandemie erhoben worden, reflektiert also nicht die aktuellen Probleme durch Online-Unterricht, Maskenpflicht, tägliches Testen und Homeschooling. Die Ergebnisse[6] sind eindeutig: Nur rund ein Drittel der befragten Schülerinnen und Schüler gibt an, gern für die Schule zu lernen und Freude daran zu haben. Jungen noch weniger als Mädchen. Geändert hat sich offensichtlich nicht so viel, denn auch 33 % der befragten Eltern gaben an, nicht viel Freude an der Schule beziehungsweise am Lernen gehabt zu haben.

Die Gründe könnten zwischen den beiden Generationen natürlich ganz unterschiedlich sein. Vielleicht spielten in der Elterngeneration wenig hilfreiche pädagogische Konzepte eine Rolle. Heute hingegen sind 25 % der befragten Kinder der Auffassung, dass man ja im Internet alle Informationen bekomme könne und es daher gar nicht *wichtig* sei, sich selbst Wissen anzueignen. Gerade einmal 20 % geben an, dass Lernen sich lohnen würde.

Lernen wird leider von vielen Kindern als eine von außen vorgegebene, lästige Notwendigkeit betrachtet und ist kein von innen kommendes Bedürfnis zum eigenen Wohl und Wachstum – zumindest in der Schule. Diese Einschränkung ist wichtig, denn viele Kinder, die der Auffassung sind, dass sechs Stunden Schule besser sind als gar kein Schlaf, blühen in anderen Lernumgebungen geradezu auf. Mit Akribie, Ehrgeiz und Freude erlernen sie das Spielen eines Instrumentes, die Funktionen eines neuen Computerspiels oder auch sportliche Aktivitäten. Und in der Tat sagen 83 % aller Befragten, dass Lernen außerhalb der Schule Spaß macht. Na, Gott sei Dank!

Es geht also um die Frage, welche Bedingungen die Liebe zum Lernen fördern. Mit Blick auf das zuvor Behandelte dürfte eine wesentliche Bedingung die Neugier sein. Liebe zum Lernen ist natürlich nicht auf unsere Schulzeit begrenzt, sondern das ganze Leben ist ein Lernprozess. Liebe zum Lernen ist also auch ein Thema für unsere Berufsausbildung, unseren Beruf und auch für die Zeit danach.

Um diese zu entfachen, braucht es gute Lehrende. Wir selbst sind in vielen Lebensbereichen „Lehrende" und – das sollte man nicht vergessen – immerhin auch die ersten für unsere Kinder. Wie kann man Liebe zum Lernen bei Kindern wecken? Ein Beispiel: Am Ende des Tages bringen Sie Ihr 4-jähriges Kind zu Bett und lesen ihm noch etwas vor. Nicht nur, weil das Kind noch nicht selbst lesen kann, sondern auch, um ihm Liebe zum Lesen zu vermitteln. Wieso kann das funktionieren? Sie nehmen sich Zeit. Sie legen Ihren Arm um das Kind und drücken es an sich. Das Kind spürt die wohltuende Wärme und Nähe. Das Buch selbst, gerade dann, wenn es nicht bebildert ist oder keinen bunten Umschlag hat, wird kaum Wohlbefinden beim Kind auslösen. Es ist eigentlich ein „neutraler Stimulus", wie wir Psychologen das nennen würden. Nein, es ist die Situation, die Wohlbehagen auslöst. Wenn möglich, lesen Sie dem Kind jeden Abend in dieser Art und Weise vor. Was wird wohl passieren? Es ist sehr wahrscheinlich, dass das Kind die wohltuende Situation mit dem Buch verbindet und das Lesen selbst – mit der Zeit – mit angenehmen Gefühlen verbindet. Die „Aufladung" eines ursprünglich neutralen Gegenstandes (das Buch) mit einer positiven Erfahrung, die durch die Begleitumstände gewachsen ist, können wir mit klassischer Konditionierung – einem sehr grundsätzlichen Lernparadigma – erklären. Das Kind „lernt", dass Lesen guttut.

Wie können wir bei uns selbst die Freude am oder gar Liebe zum Lernen fördern? In der psychologischen Forschung kommt an dieser Stelle ein Begriff ins Spiel, der sich zunehmenden Interesses erfreut: *Mindset*.

Unter Mindset versteht man eine bestimmte Denkweise

und Einstellung zu verschiedenen Aspekten des Lebens. Sie steuert letztlich unser Verhalten und Erleben. Im Kontext des Lernens wird ein statisches (*fixed*) von einem beweglichen (*growth*) Mindset unterschieden. Menschen mit einem statischen Mindset sind der Überzeugung, dass bestimmte Faktoren unser Denken und Handeln bestimmen. So zum Beispiel, ob man intelligent ist oder nicht. Bei dem beweglichen Mindset sind es letztlich wir selbst, die unsere Entwicklung in die Hand nehmen. Wir lassen uns auf bestimmte (Lern-)Erfahrungen viel eher ein, weil wir grundsätzlich der Überzeugung sind, dass es an uns selbst liegt, ob wir eine Aufgabe bewältigen können. Wir würden Fehler, die uns unterlaufen, nicht als Bestätigung unserer festgelegten Schwächen sehen, sondern als Herausforderung, es beim nächsten Mal anders zu versuchen. Fehler sind demnach nichts Schlechtes, sondern ein Motor für Verbesserung.

Carol Dweck, die man üblicherweise mit der Mindset-Forschung verbindet, konnte in einer umfangreichen Studie mit über 12.000 Neuntklässlern zeigen, dass eine nur einstündige Intervention zur Förderung eines beweglichen Mindsets die Schulleistungen verbessern und die Motivation steigerte, sich mit bestimmten Inhalten weiter zu beschäftigen.[7] Besonders profitierten davon Schüler mit weniger guten Leistungen.

Ein weiterer Aspekt der Forschungsarbeiten von Carol Dweck ist ebenfalls bedeutsam: Die Entwicklung eines bewegten Mindsets bei Schülerinnen und Schülern setzt auch ein solches bei deren Lehrenden voraus. Wenn ein Lehrender selbst ein statisches Mindset hat und zum Beispiel zu einem Schüler sagt: „Mach dir keine Sorgen, bei der nächsten Mathearbeit wird es bestimmt besser – du bist doch intelligent", dann behindert er letztlich die Entwicklung des Schülers.

Besser wäre es zu sagen: „Mach dir keine Sorgen, ich weiß, dass du das beim nächsten Mal besser hinbekommen wirst."

In der Regel haben wir – je nachdem, um welchen Bereich es geht –, eine Mischung aus stabilem und beweglichem Mindset. Oftmals ist das Wörtchen „noch" der entscheidende Unterschied: „Das kann ich (noch) nicht."

Verschiedene Studien haben zudem gezeigt, dass Lernen aus der Perspektive des beweglichen Mindsets mehr Freude macht und auch, dass Personen, die diesem Muster folgen, eine höhere Lebenszufriedenheit aufweisen als solche mit einem stabilen Mindset. Liebe zum Lernen wird also mit dem beweglichen Mindset sehr viel wahrscheinlicher, und das fördert unsere Entwicklung. Nicht ohne Grund steckt dieser Aspekt auch in der amerikanischen Originalbezeichnung *Growth Mindset* – also etwas, was uns wachsen lässt.

Wie sieht Ihr Mindset aus? Beantworten Sie die folgenden Fragen[8] und überlegen Sie dabei, welche Antwort für ein eher stabiles oder ein bewegliches Mindset stehen könnte.

1. Würden Sie lieber bei einem Spiel gegen jemanden gewinnen, der schwächer ist als Sie, oder gegen jemanden verlieren, der stärker ist?

2. Würden Sie lieber für eine abgegebene Aufgabe ein abschließendes Lob erhalten oder ohne Lob eine anspruchsvollere Aufgabe anvertraut bekommen?

3. Würden Sie lieber bei einer Geburtstagsrede für einen guten Freund etwas stocken und ein Manuskript zu Hilfe nehmen müssen oder in Kenntnis, dass das passieren könnte, erst gar keine Rede halten?

4. Wären Sie, wenn Sie etwas falsch gemacht haben und von Ihrem Vorgesetzten darauf hingewiesen werden, verärgert oder dankbar?

In der Regel erinnern wir uns besser an die Person als an die Inhalte, die sie vermittelt hat. Wenn wir Lehrende hatten, die uns aktiv geholfen haben, unseren Interessen und Neigungen nachzugehen, und Angebote gemacht haben, die über den Schulalltag hinausgingen (zum Beispiel Exkursionen, Museums- oder Zoobesuche, Theateraufführungen oder gemeinsame Kinobesuche), werden wir uns an diese Aktivitäten erinnern, weil Lernen mit Freude, Abwechslung und Sinneseindrücken auf verschiedenen Ebenen schlicht bessere Gedächtnisleistungen mit sich bringt. Wenn unsere Lehrerinnen und Lehrer uns auch mal zum Lachen gebracht haben, hat Lernen uns mehr Freude gemacht als bei nüchternem „Standardunterricht". Wenn wir Lerninhalte selbst erarbeitet haben, kamen wir weiter, als wenn diese strikt vorgegeben waren. Und wenn unsere Lehrenden uns Geschichten aus ihrem Leben erzählt haben, dann wirkten sie auf uns authentisch und nahbar. Vielleicht gelang es ja auch dem einen oder anderen, für uns ein Vorbild für Freude am Lernen zu sein.

All das sind Voraussetzungen für Liebe zum Lernen, die uns möglicherweise durch Lehrerinnen und Lehrer, Vorgesetzte oder Eltern mitgegeben wurden, die wir aber auch für uns selbst umsetzen können – jetzt, wo wir um ihre Bedeutung wissen.

Urteilsvermögen

Nenne niemanden weise,
ehe er nicht bewiesen hat,
dass er eine Sache von wenigstens acht Seiten
her beurteilen kann.
Konfuzius (551–479 v. Chr., chinesischer Lehrmeister)

Willie Stokes wurde 1984 in den USA zu lebenslanger Haft verurteilt, weil ein Zeuge namens Franklin Lee behauptete, Stokes habe zugegeben, beim Würfelspiel einen Mann getötet zu haben. Nach Stokes' Verhaftung stellte sich heraus, dass dieser Zeuge gelogen hatte, um dem Bestreben der Polizei in Philadelphia nachzukommen, den Mordfall abzuschließen. Dieser Zeuge befand sich wegen Mord- und Vergewaltigungsverdachts selbst in Untersuchungshaft. Die Polizei habe ihm als „Belohnung" für seine Falschaussage die Möglichkeit für Sex mit seiner Freundin und Drogen im Gefängnis angeboten. Obwohl der falsche Zeuge noch vor Stokes' Prozess seine Aussage widerrief und wegen Meineids selbst bestraft wurde, wurde Stokes verurteilt. Stokes erfuhr von der Falschaussage erst im Jahr 2015. Nach entsprechenden Bestrebungen seines Anwalts wurde er dann am 27. Januar 2021 aus der Haft entlassen: nach 37 Jahren!

Urteilsvermögen spielt in der Gerichtsbarkeit eine zentrale Rolle. Natürlich ist Irren menschlich, und der Fall von Willie Stokes ist ein Beispiel dafür, wie schwer es offensichtlich ist, Urteile zu revidieren.

Wir alle urteilen nahezu täglich über irgendetwas. Es

scheint uns ein Bedürfnis zu sein, still oder auch im Gespräch darüber zu reflektieren, was gut und richtig ist, was gut aussieht oder jemandem nicht steht, ob das Verhalten (vorzugsweise anderer) angemessen ist, wie Politiker oder Politikerinnen ihr Amt ausführen, ob ein Hund gut erzogen ist oder nicht und so weiter. Unsere Urteile sind beschreibend („Der Bürgermeister macht Fehler"), emotional („Wie kann man nur so inkompetent sein!") oder auch appellierend („Der muss des Amtes enthoben werden!"). Bei moralischen Urteilen (und um diese soll es hier gehen) spielen unsere *Wertvorstellungen* eine zentrale Rolle. Es sollte aber auch bedacht werden, dass wir meist nicht das ganze Bild einer Situation kennen und unsere sozialen Urteile daher letztlich nichts anderes sind als Wahrscheinlichkeitsaussagen.

Obwohl Urteile kognitive Prozesse sind, können sie durch unsere momentane Befindlichkeit beeinflusst sein. Wir sollten uns darüber im Klaren sein, dass wir Menschen immer bestrebt sind, unsere Einschätzungen mit unseren gegenwärtigen Emotionen „stimmig" zu machen. Ein Beispiel: Man kann es grundsätzlich durchaus als sinnvoll erachten, dass Fahrzeuge, die in der Innenstadt so unglücklich parken, dass Radfahrer behindert oder gefährdet werden, abgeschleppt werden. Aber sehen wir das noch genauso, wenn unser eigenes Auto abgeschleppt wird?

Wenn wir an das obige Zitat von Konfuzius denken, dann plädiert er offensichtlich dafür, für eine gute Entscheidung nicht nur *eine* Perspektive oder einen Hinweis, sondern stets *mehrere* hinzuzuziehen, was aber anstrengend werden kann, insbesondere dann, wenn sich unterschiedliche Perspektiven vielleicht sogar widersprechen.

Der Film „8 Blickwinkel" (engl. *Vantage Point*) greift genau dieses Vorgehen auf: Im Film werden sechs unterschiedliche Perspektiven von Personen gezeigt, die einem Attentat auf den amerikanischen Präsidenten auf dem Marktplatz von Salamanca beigewohnt hatten. Alle haben eine etwas andere Sichtweise auf das Geschehen, und erst nach einiger Zeit wird dem Zuschauer klar, welche Hintergründe und Abläufe tatsächlich von Bedeutung sind. Sie fragen sich, ob der Film „8 Blickwinkel" heißt (obwohl ja nur sechs gezeigt werden), weil damit auf Konfuzius Bezug genommen wird? Möglich wäre es. Der siebte Blickwinkel ist wohl der des Opfers und der achte der des Zuschauers, der sich sein eigenes Bild macht.

Unsere Urteile hängen auch von unseren Erwartungen und Vorkenntnissen ab. Wenn Sie jemandem vorgestellt werden und bereits gehört haben, dass diese Person äußerst zugewandt und freundlich sei, wird dies Ihr Urteil ebenso beeinflussen wie eine negative Vorinformation. Zahlreiche Experimente aus der Sozialpsychologie können dies belegen.[9] Das ist nicht nur ein interessantes Phänomen, mit dem sich Psychologen gern beschäftigen, sondern es ist auch von großer Relevanz für alle Entscheidungen und Urteile, die zum Beispiel auf Zeugenaussagen beruhen. Die oftmals geringe Glaubwürdigkeit von Zeugenaussagen mag wohl dazu beigetragen haben, dass sie vor Gericht weniger zählen, als man denkt.

Der Faktor Zeit ist uns ja schon mehrfach begegnet. Die Art, wie wir urteilen, hängt auch davon ab, wie viel Zeit wir für eine Urteilsbildung überhaupt haben. Unter extremem Zeitdruck neigen wir dazu, gar kein Urteil abzugeben. Die verfügbaren Informationen sind nicht voll zu erfassen, und wir möchten keine groben Fehler machen. Dann konzentrieren wir uns eher auf Nachteile, die entstehen könnten, Missverständnisse, denen es vorzubeugen gilt, oder Ungerechtigkeiten, die man ja schließlich auch nicht will. Nur wenn wir keine negativen Konsequenzen für unsere Urteile erahnen, kann Zeitdruck zu impulsivem Verhalten führen – das aber nicht selten später bedauert wird, denn: „Schneller Entschluss bringt oft Verdruss."

Oftmals tun wir uns schwer damit, Urteile zu fällen. Nur zu häufig stellen wir fest, dass die „Fürs und Widers" vielfältig und komplex sind und einiges sowohl für die eine als auch die andere Sichtweise spricht. Immer wieder erleben wir Debatten, bei denen mehr oder weniger leidenschaftlich Argumente für oder gegen etwas ausgetauscht werden. Die Schwierigkeit, sich selbst bei solchen Themen zu positionieren, kann dazu führen, dass wir uns lieber gar nicht damit auseinandersetzen. Insofern hat Urteilsbildung durchaus auch wieder etwas mit Mut und Selbstbewusstsein zu tun.

Relativieren wir uns nicht „zu Tode" – manchmal hilft tatsächlich das Bauchgefühl. Und machen Sie sich bewusst: Die höchste Instanz für die moralische Urteilsbildung ist nicht die Meinung anderer, nicht einmal die Gesetzgebung, die völlig entgleisen kann, wie wir schmerzlich zur Zeit des Nationalsozialismus erleben mussten. Die höchste Instanz ist unser Gewissen, das – wie der Philosoph Adam Smith schon 1759 bemerkte – unsere *innere Gerichtsbarkeit* ist. Wenn wir dieser bei unseren Urteilen folgen, wird klar, warum Urteilsvermögen eine Charakterstärke sein kann.

Bei der Überlegung, was diese Charakterstärke Urteilsvermögen tatsächlich ausmacht, fallen bestimmte Merkmale auf. Zunächst geht es um die Fähigkeit, Wissen in Verständnis zu überführen. Personen mit hervorragendem Urteilsvermögen hören gut zu. Sie sind aufmerksam für viele Details, sind interessiert, fragen nach und sind in der Lage, alle Voreingenommenheit nahezu vollständig auszublenden. Mehr noch: Sie haben die grundsätzliche Bereitschaft, ihre eigenen Überzeugungen und Einstellungen zu hinterfragen, vielleicht sogar zu ändern, und sind interessiert an anderen Perspektiven. Sie machen es sich zum Prinzip, Sachverhalte aus verschiedenen Blickwinkeln zu betrachten. Sie sind selbstsicher, und nur dann *bedrohen* uns die Sichtweisen anderer nicht.

Urteilsvermögen ist also die Fähigkeit, Situationen und Menschen korrekt einzuschätzen, wobei sich die Richtigkeit der Einschätzung oftmals erst später offenbart. Erforderlich dafür sind Flexibilität im Denken und Handeln, Erfahrung und natürlich Menschenkenntnis.

Kann man sich im Urteilsvermögen trainieren? Was benötigen wir, insbesondere wenn unsere Familie, Freunde oder Bekannte unser Urteil (und in der Folge Ratschläge) von uns erbitten?

In der folgenden Abbildung ist schematisch dargestellt, welche Effekte bestimmte Verhaltensweisen des Urteilenden oder auch Beratenden (links) auf den Empfänger oder die Empfängerin (rechts) haben können. Eine solche Form des Dialogs erleichtert die eigene Urteilsfindung enorm.

Ich interessiere mich für mein Gegenüber und versuche stets das direkte Gespräch zu suchen. Ich verzichte auf WhatsApp, Sprachnachrichten, Facebook etc. – wenn möglich auch auf das Telefonat.	Es ist schön, dass wir uns heute sehen. Mein Gegenüber hat eine zugewandte Haltung, schaut mich an und es fühlt sich angenehm an. Ich glaube, dass das ein gutes Gespräch wird.
Ich bin offen für alles was in dem Gespräch kommt und achte auf die Mimik und Gestik meines Gegenübers. Ich achte nicht nur darauf, was gesagt wird, sondern auch wie. Ich versuche im Gespräch nicht „bei mir" sondern bei meinem Gegenüber zu sein.	Ich habe die Gelegenheit, unkommentiert zu berichten, was mich bewegt. Ich erhalte Zustimmung durch ein Nicken oder so und werde nicht unterbrochen. Ich werde gefragt und nicht belehrt. Das kenne ich so gar nicht.
Ich nehme mir viel Zeit und versuche viele Seiten in meinen Eindruck einzubeziehen. Um diese auch kennen zulernen, gebe ich zunächst keine Ratschläge, sondern lasse mein Gegenüber reden. Ich vermeide Sätze wie „ja, aber..." sondern bestätige eher durch ein „ja, und...".	Das Gespräch hilft mir, verschiedene Perspektiven – auch die von anderen – einzubeziehen. Ich merke, dass mir vieles klarer wird. Ich bin ganz bei „mir", weil mein Gegenüber nie sagt wie „man" etwas machen sollte, oder wie er/sie es selbst machen würde.
Ich bilde mir mit allen Informationen, den Emotionen, die ich wahrgenommen habe, den pro und contra Argumenten ein umfassendes Urteil, welches vielleicht zu einem Ratschlag führen kann, wenn das gewünscht ist.	Mir fällt es jetzt leichter, mir ein eigenes Urteil zu bilden. Mir tat es gut, dass ich reden konnte und nicht sofort irgendwelche Ratschläge erhalten habe. Mal sehen, vielleicht bitte ich ihn/sie aber doch darum.

Kreativität

Gedanken wollen oft –
wie Kinder und Hunde –,
dass man mit ihnen im Freien spazieren geht.

Christian Morgenstern (1871–1914, deutscher Dichter)

Im August 2020 wurde in Russland der erste Impfstoff gegen das SARS-CoV-2-Virus (Corona) zugelassen. Der Impfstoff trägt den Namen *Sputnik*. Möglicherweise ist diese Namensgebung ein Zufall – das glaube ich aber nicht. Meiner Vermutung nach geht dieser Name auf den Erdsatelliten *Sputnik 1* zurück, der am 4. Oktober 1957 erfolgreich aus der damaligen Sowjetunion ins All geschossen wurde. Nur: Was hat ein Impfstoff mit einem Satelliten zu tun?

Zunächst einmal nichts. Es sei denn, man bedenkt, was *Sputnik 1* weltweit und insbesondere in den USA ausgelöst hat. Damals lagen die USA und die Sowjetunion in einem prestigeträchtigen Wettkampf um Erfolge in der Raumfahrt, und die Erkenntnis, dass die UdSSR eine Trägerrakete konstruiert hatten, die bis ins All fliegt, beruhigte in Zeiten des Kalten Krieges auch nicht. Es galt also für die USA, besondere Anstrengungen zu unternehmen, um ebenfalls solche Erfolge zu erzielen. Dazu wurden verschiedene Programme aufgesetzt, die unter anderem zum Ziel hatten, die Kreativitätsforschung zu fördern. Joy Paul Guilford, der nicht nur 1949 zum Präsidenten der American Psychological Association gewählt wurde, sondern sich auch um ein neues Verständnis von Intelligenz bemühte, erhielt substanzielle Forschungsgelder zur Untersuchung der Kreativität. Damit beantwortet

sich die Frage wohl selbst, warum der erste russische Impfstoff *Sputnik* getauft wurde.

Guilfords Bestreben war es, Kreativität mehr in den Kontext
der Intelligenz und auch der Intelligenztests zu rücken (dazu
später mehr). Es gibt sicherlich einen Zusammenhang zwischen Kreativität und Intelligenz, nur: so ganz einfach ist er
nicht. Hochkreative Menschen sind in der Regel auch intelligent, hochintelligente aber nicht unbedingt kreativ – schade.

Bei Intelligenztests in unserer Kultur ist es üblicherweise
so, dass Sie für ein bestimmtes Problem oder eine bestimmte
Aufgabenstellung die *eine richtige* Lösung finden müssen.
Also ähnlich einer Sanduhr vom Breiten hin zum (richtigen)
Schmalen. Wir nennen das *konvergentes* Denken. Kreativität
erfordert aber nach Guilford *divergentes* Denken, also möglichst viele Lösungen für ein Problem oder viele Verwendungsmöglichkeiten für einen Gegenstand zu finden, wobei manche vielleicht *nützlich*, aber nicht unbedingt *richtig*
sind. Was zum Beispiel kann man alles mit einer Kaffeetasse
anstellen[10]? Sie könnten Erde hineinfüllen und sie bepflan-
zen. Sie könnten sie auch mit Sand beschweren und als Buch-
stütze benutzen. Warum nicht als Zahnbürstengefäß oder
liegend als Übungsgegenstand für Minigolf nehmen? Fallen
Ihnen noch weitere alternative Verwendungsmöglichkeiten
ein? Dank Überlegungen dieser Art kann es passieren, dass
die triviale Kaffeetasse plötzlich interessant wird.

Aber ist das alles, was zur Kreativität zu sagen ist? Konnten
Mozart, Michelangelo, Leonardo Da Vinci, Marie Curie (die
einzige Person bislang, die zwei Nobelpreise in unterschiedlichen Disziplinen erhielt) oder Pablo Picasso – um nur wenige
hochkreative Menschen zu nennen – möglichst viele alternative Verwendungsmöglichkeiten für Gegenstände ihrer

Zeit nennen? Kann sein – aber alle zeichnet noch etwas viel Weitreichenderes aus: der Schaffensprozess.

Der Begriff Kreativität geht immerhin auf das lateinische Wort *creare* zurück, was genau diesen meint. Somit ist klar, dass Kreativität etwas Neues erfordert. Aber nicht alles, was neu ist, muss auch sinnvoll, nützlich oder hilfreich sein. Kreativität bewegt sich also in der Schnittmenge von Neuartigkeit und Nützlichkeit, wobei Nützlichkeit nicht nur die Brauchbarkeit im Alltag, sondern auch das Fortkommen in Wissenschaft und Kunst umfassen kann. Zudem verbindet sich mit einem kreativen Produkt auch immer ein gewisses Überraschungsmoment. Natürlich kann auch die Zeichnung eines Kindes oder die Variation eines Kochrezeptes eine Überraschung mit sich bringen, die je nach Ergebnis als kreativ bezeichnet werden kann.

Einigkeit besteht darüber, dass grundsätzlich jeder Mensch zu kreativen Leistungen in der Lage ist. Dabei sind die Voraussetzungen für Kreativität nicht unabhängig vom jeweiligen Bereich, in dem sie entfaltet wird. Ein neuer, kreativer Ansatz in der Mathematik dürfte möglicherweise mehr an Vorerfahrungen und Wissen erfordern als eine gute Idee im Marketing. Generell ist der Zusammenhang zwischen Wissen und Kreativität kompliziert.

Ich erinnere mich noch gut an meinen Musiklehrer in der Schule, der nicht nur verzaubernd schön Klavier spielte, sondern auch Faszinierendes über Musikstücke zu berichten wusste. Als ich ihn einmal fragte, warum er nicht selbst komponieren würde, antwortete er: „Ich weiß zu viel über Musik." Kenntnisse können in der Tat kreativitäts*hemmend* sein.

Andererseits hat meines Wissens bei bestimmten kreativen Leistungen in den Naturwissenschaften oder der Medizin, die zum Beispiel zur Vergabe von Nobelpreisen führen, noch nie ein Laie brilliert. Der Preis für diese kreative Leistung ist ein Leben für die Wissenschaft, in dem Stück für Stück und Jahr für Jahr an einem Problem gearbeitet wurde. Hier fallen mehrere Charakterstärken synergistisch mit der Kreativität zusammen: Weisheit, Neugier und Beharrlichkeit.

Kreativen Personen ist über verschiedene Bereiche ihrer Kreativitätsentfaltung hinaus doch einiges gemeinsam. Neben den bereits genannten Merkmalen ist die Motivation, Veränderungen oder Verbesserungen umzusetzen, ebenso von Vorteil wie große Offenheit für neue Erfahrungen, die wir als ein zentrales Maß der Persönlichkeit auffassen dürfen. Des Weiteren sind kreative Personen selbst reflektiert. Sie denken nicht nur über die Verbesserung oder Veränderung von bereits Bestehendem nach, sondern erkennen auch oftmals eine Notwendigkeit zum Handeln, die auf eine eigene Wahrnehmung von Unzulänglichkeiten zurückgeht („Not macht erfinderisch").

Gibt es noch andere weitere Merkmale kreativer Personen? Kreativität – insbesondere dann, wenn sie wirklich Neues und Nützliches hervorbringt – benötigt auch eine gewisse Unabhängigkeit, oder, wie Raymond Cattell es 1965 bezeichnet hat, eine Unabhängigkeit der Meinungsbildung.[11] So ganz unproblematisch ist auch diese Eigenschaft häufig aber nicht.

Joseph Beuys (1921-1986) gilt als einer der bedeutendsten und kreativsten Aktionskünstler des 20. Jahrhunderts. Nach dem Krieg, der ihm traumatische Erlebnisse beschert hatte, studierte er Malerei und Bildhauerei in Düsseldorf. Im Jahr 1961 wurde er auf eine Professur an der Kunstakademie in Düsseldorf berufen.

Beuys war der Auffassung, dass jeder Mensch Zugang zu einem Kunststudium erhalten solle – also ohne Aufnahmekriterien, Kunstmappen und Ähnliches. 1971 nahm er alle von der Hochschulleitung abgelehnten Bewerberinnen und Bewerber in seine Klasse auf. Es kam sogar zu einer Besetzung des Sekretariats der Kunstakademie, um die Immatrikulation zu erzwingen. Ferner gründet Beuys die „Organisation für direkte Demokratie durch Volksabstimmung", später „Partei für Nichtwähler. Freie Volksabstimmung". Bei einer späteren erneuten Besetzung des Sekretariats mit dem gleichen Ziel (Aufnahme von Studierenden) platzte dem damaligen Wissenschaftsminister von Nordrhein-Westfalen, Johannes Rau, schließlich der Kragen. Der spätere Bundespräsident entließ Josef Beuys fristlos aus dem Hochschuldienst – was im öffentlichen Dienst weiß Gott kein einfaches Unterfangen ist. Aktionen wie die zuvor genannte waren für Beuys *künstlerische Prozesse* auf dem Weg der „Menschenbildung".

Was uns das alles sagen will? Nach meiner Einschätzung ist Beuys ein sehr gutes Beispiel dafür, was „Unabhängigkeit der Meinungsbildung" bedeuten kann. Und auch, dass hochkreative Menschen durchaus unangenehm für die eher konventionellen Zeitgenossen sein können.

Kreativität kann aber noch mehr sein als „unbequem". Es ist ja beispielsweise kaum vorstellbar, dass *alle* Gesetze, die wir haben, klugen Köpfen aus dem Justizministerium, Bundesgerichtshof oder Bundesverfassungsgericht entwichen sind. Oftmals sind Gesetze eher Anpassungsleistungen an kreatives Handeln von Kriminellen. In diesem Fall würden wir von den Schattenseiten der Kreativität[12] sprechen, die mit Charakterstärken nicht viel zu tun hat.

Häufig hört man, dass Genie und Wahnsinn nahe beieinanderlägen. In der Tat gibt und gab es hochkreative Menschen, die erhebliche psychische Probleme hatten. So malte zum Beispiel Vincent van Gogh 1889 sein vielleicht berühmtestes Bild „Die Sternennacht" (siehe Bildteil, Bild 1) während eines selbst gewählten Aufenthaltes in einer psychiatrischen Klinik. Dieses Bild ist nur eines von insgesamt rund 900 Gemälden, die Van Gogh nach nur zehn Jahren aktiven Schaffens der Nachwelt hinterließ, Zeichnungen gibt es noch viel mehr. Van Gogh war zweifelsohne psychisch krank. Immer wieder erlebte er Phasen wahnhafter Vorstellungen, Depressionen und Autoaggression. Inwieweit aber seine Kreativität mit der Krankheit einherging, oder – was auch sehr gut vorstellbar ist – ob er trotz seiner psychischen Probleme diese Werke schaffen konnte, ist bis heute Gegenstand anhaltender Kontroversen.

Bereits 1926 hatte der Sozialpsychologie Graham Wallas die Phasen des kreativen Prozesses charakterisiert.[13] Ihm zufolge sind für Kreativität mehrere Stufen nötig: *Vorbereitung* (sich Befassen mit dem zu lösenden Problem), *Einsicht* (Lösungsidee nicht selten mit Überraschung verbunden), *Bewertung* (Reflektion über Lösung bzw. deren Nützlichkeit), *Ausführung* (Umsetzung der neuen Idee in sinnvolle Handlungen).

Thomas Edison, der Erfinder der Glühbirne, soll einmal gesagt haben, dass Genie 1% Inspiration und 99% Transpiration bedeute, was den Aufwand und die Anstrengung beschreibt, die für eine Umsetzung nötig sind.

Wie kann man Kreativität fördern? Ich möchte zunächst einmal darstellen, wie man es *nicht* kann. Stellen Sie sich den Leiter der Marketingabteilung eines großen Unternehmens vor, der an einen Mitarbeiter oder eine Mitarbeiterin mit den Worten herantritt: „Schröder, die Verkaufszahlen gehen in den Keller. Jetzt lassen Sie sich für die nächste Werbekampagne endlich mal was Kreatives einfallen! Sie erhalten dann auch einen Bonus." Ob das funktioniert? Nein, eine solche „Ansage" dürfte wohl der sicherste Weg sein, Kreativität zu *unterbinden.* Kreativität entsteht nicht nach Druck von außen und lässt sich auch nicht fördern, indem Belohnungen in Aussicht gestellt werden. Kreativität entsteht am ehesten in *Freiräumen* und durch intrinsische Motivation.

Freiräume – das können Sie wörtlich nehmen! Räume, die frei sind von der alltäglichen Routine, frei von Druck und frei von Sachzwängen und letztlich auch frei von aktiver Arbeit. Wenn Sie glauben, dass Sie an Ihrem Schreibtisch brütend irgendwann einmal eine kreative Idee entwickeln, befürchte ich, dass ich Sie enttäuschen muss. Die Wahrscheinlichkeit dafür ist denkbar gering. Viel wahrscheinlicher ist es, dass Ihnen diese Idee völlig unerwartet kommt. Zahlreiche Menschen berichten, dass sie unmittelbar vor dem Einschlafen, beim Spaziergang mit dem Hund, beim Duschen – ja, sogar beim Toilettengang *die* zündende Idee hatten.

Innovative Firmen haben das längst verstanden und tatsächlich solche „Freiräume" eingerichtet. Dort findet sich ein gemütliches Sofa, ein Tisch, eine Kaffeemaschine, kalte Getränke, vielleicht ein Billardtisch, bestimmt auch eine Tafel (oder ein Whiteboard) – aber mit Sicherheit kein Computer, Fernseher oder Spielkonsole. Wenn Menschen sich hier treffen und losgelöst von ihrem alltäglichen Arbeitsplatz, den üblichen Ablenkungen und ihrem Terminkalender ins Gespräch kommen, ist die Wahrscheinlichkeit hoch, dass dabei etwas Kreatives herauskommt.

Aus den Neurowissenschaften wissen wir, dass Kreativität nicht mit Aktivierungen bestimmter Hirnareale oder gar Hirnhälften verbunden ist, sondern dass die Gesamtvernetzung des Gehirns eine entscheidende Rolle spielt.[14] Daneben bestätigen aber auch andere Befunde, dass Geistesblitze häufiger im entspannten Wachzustand vorkommen.

Was meine ich mit Geistesblitzen? Nehmen wir mal die Zahlenfolge: 0, 1, 1, 2, 3, 5, 8, 13, 21. Gibt es ein System, wie sie sich fortsetzt? Nehmen Sie sich einen Moment Zeit, um diese Zahlenfolge zu betrachten. Ja, es gibt ein System – aber welches ist das?

Wenn Sie das System erkannt haben, könnte der sogenannte „Aha-Effekt" eintreten – das wäre eine Art Geistesblitz. Diese Zahlenfolge habe ich nicht zufällig gewählt. Sie hat sogar einen Namen: Fibonacci-Folge, benannt nach Leonardo Fibonacci, der im Jahr 1202 damit die Wachstumsentwicklung einer Kaninchenpopulation beschrieben hat. Heute weiß man, dass die Zahlenfolge weit darüber hinausgeht und eher ein generelles System beschreibt, das in der Natur zu beobachten ist.

Aber zurück zur Lösung: Richtig, die Folgezahl ist immer die Summe aus den beiden vorherigen. (0+1=1) (1+1=2) ... (8+13=21). „Aha-Effekte" sind also nichts Außergewöhnliches, nein – sie können fast schon alltäglich auftreten. Wir müssen uns „nur" im Alltag darauf einlassen oder uns die oben genannten Freiräume schaffen, um die Wahrscheinlichkeit für gute Ideen zu erhöhen.

Die hier gemeinte „Alltagskreativität" steht in einem positiven Verhältnis zu unserem Wohlbefinden. Ich meine nicht den Moment der Freude, wenn wir ein „Aha-Erlebnis" haben, sondern die Form der zielorientierten Kreativität, wenn wir versuchen, Lösungen für wichtige Aufgaben oder Probleme zu finden. Hierzu kann auch kreative Tischdekoration im Vorfeld des Besuchs von Freunden gezählt werden, das Arrangement von Gräsern und Moosen, die wir im Wald gesammelt haben, eine Kurzgeschichte, die wir niedergeschrieben oder eine Strichzeichnung, die wir beim Telefonieren angefertigt haben.

In einer australischen Studie wurden mehr als 600 Personen gebeten, über 13 Tage ein Tagebuch zu führen, in das sie eintragen sollten, ob sie kreative Einfälle hatten, wie ihre Befindlichkeit war und ob sie ein Gefühl von Entwicklung/ Wachstum (*flourishing*) an den jeweiligen Tagen verspürt haben.[15] Die Ergebnisse zeigten, dass Kreativität am Vortag mit positiver Stimmung am Folgetag einherging; diese aber nicht die Kreativität am nächsten Tag gefördert hat. Dies bedeutet, dass uns Kreativität offensichtlich guttut und uns in unserer Entwicklung unterstützt. Sie bekräftigt uns und zeigt uns, dass wir selbst Lösungen finden können, nicht völlig abhängig sind und *Einfluss* nehmen können. Wenn wir uns darauf einlassen, dann brauchen wir dafür nicht allzu viel (siehe Bildteil, Bild 2).

Weitsicht/Perspektive

Wer Einblick hat, kann verstehen.
Wer Durchblick hat, kann entscheiden.
Wer Weitblick hat, weiß die Dinge
zu entscheiden.

Peter Amendt (*1944, Franziskaner)

Derzeit hört man allerorten, dass sich Deutschland zu sehr von Russland abhängig gemacht hätte, bezogen auf den Import von Gas, Öl und auch Steinkohle, die immerhin 75 % am Gesamtimport aus Russland ausmachen. Und allein Deutschland erhält gut ein Drittel der Gesamtmenge des nach Europa gelieferten Erdgases.

Was tun, wenn ein Machthaber wie Wladimir Putin die Ukraine überfällt, unvorstellbares Leid auslöst und ein derartiges Machtmonopol im Energie- und Rohstoffmarkt innehat? Wie schwer diese Frage zu beantworten ist, lässt sich an den anhaltenden Diskussionen darüber sehen, ob wir auf unserer Seite der Pipeline den „Gashahn zudrehen" sollten, denn immerhin fließen im Gegenzug 30 Milliarden Euro *täglich* aus Europa nach Russland.

Diese Entwicklung konnte keiner vorausahnen? Doch – wollte aber niemand. Wer Putin schon einige Zeit bei seinem Wirken beobachtet, kann nicht allen Ernstes sagen, dass ihn die neueste Entwicklung überrascht. Tschetschenienkriege, Annexion der Krim, Kriegsbeteiligung in Syrien zur Unterstützung von Assad (und vor allem, um neue Waffensysteme „auszuprobieren"), Vergiftung von Oppositionellen, Unterbindung der Pressefreiheit, Cyberangriffe, Versuche der Wahlmanipulation im Ausland und wohl noch viel, viel mehr: All das geschah *vor* dem Einmarsch in die Ukraine! Fehlte es in der Politik der letzten Jahre an Weitsicht? Die Antwort kann nur „Ja" lauten – zumindest bezogen auf eine bestimmte Art von Weitsicht.

Weitsicht ist ein schwieriger Begriff. Nicht selten wird Weitsicht mit Weitblick gleichgestellt. „Weitsichtigkeit" fällt in unserem Sprachgebrauch mehr in die Zuständigkeit von Augenärzten.

Wenn wir einen Kredit aufnehmen, schauen wir uns sicherlich den Tilgungsplan an, um zu erkennen, wann dieser abbezahlt ist. Wenn wir überlegen, uns einen Hund anzuschaffen, fragen wir uns auch, ob wir die Haltung des Hundes mit unserer beruflichen Tätigkeit in Einklang bekommen, wer wann mit ihm Gassi geht, ob man ihm, wenn er älter ist, das tägliche Treppensteigen in die dritte Etage zumuten kann, ob wir die Möglichkeit und Zeit haben, mit ihm die Hundeschule zu besuchen, ob wir die finanziellen Voraussetzungen für Tierarztbesuche und vielleicht teure Operationen haben, und so weiter. Kurz: Wir blicken in die Zukunft und unternehmen eine mentale Reise. Bei dieser handelt es sich um eine Leistung unseres Verstandes (daher im Kapitel Weisheit), also anders als bei einem Vogel, der ein Nest baut und damit auch eine gewisse Weitsicht beweist – aber eine instinktive und nicht kognitive.

Weitsicht ist die Antizipation von künftigen Ereignissen. Nicht im Sinne einer Vorhersage, sondern im Sinne einer kritischen Auseinandersetzung mit unseren Eigenschaften und Möglichkeiten, die Zukunft mitzugestalten. Dies setzt ein „Insichschauen" (Introspektion) und damit nicht nur ein Bewusstsein, sondern auch ein (episodisches) Erinnerungsvermögen daran voraus, wie wir uns in bestimmten Situationen *bisher* verhalten haben. Erinnerungen an die Vergangenheit aktivieren auch diejenigen Hirnareale, die bei Vorstellungen über die Zukunft benötigt werden.[16] Helmut Kohl sagte 1995 vor dem Deutschen Bundestag: „Wer die Vergangenheit nicht kennt, kann die Gegenwart nicht verstehen und die Zukunft nicht gestalten."

Natürlich unterscheiden wir uns darin, *wie* Weitsicht individuell gelebt wird. Einige sind eher individualistisch orientiert und planen ihre persönliche Zukunft, andere denken eher kollektivistisch und fokussieren gesellschaftliche Entwicklungen, Klimawandel, Friedensperspektiven oder anderes. Hier finden sich auch oft kulturelle Unterschiede. In der westlichen industrialisierten Welt dominieren häufig individualistische Konzepte, im asiatischen Raum eher kollektivistische.

Zurück zu Russland: Möglicherweise gab es ja eine Form von Weitsicht der Bundespolitik in den vergangenen Jahren. Dann war es aber wohl eher die individuelle, auf Deutschland bezogene (im Hinblick auf Export und Wirtschaftswachstum, was auch sonst) und weniger die kollektive (Frieden und Gerechtigkeit in der Welt). Aber genau um diese Weitsicht muss es doch gehen! Wir benötigen ein Zurücknehmen (nicht Aufgeben!) der individuellen Weitsicht, die sich nur auf uns selbst oder einzelne Staaten oder Verbünde (NATO, EU, etc.) beschränkt, zugunsten einer Perspektive, die unseren Planeten und die Menschheit als Ganzes sieht.

Wie gehen wir mit Weitsicht an die Zukunft heran? Es gibt einige Modelle, die verschiedene Typen von „Weitsichtigkeit" unterscheiden. Ich möchte eine Klassifikation von Natalie Dian[17] heranziehen und Sie bitten, sich bei der näheren Erläuterung dieser Typen zu fragen, welcher zu Ihnen passt. Vielleicht sind je nach Gegenstand der Weitsicht auch Kombinationen für Sie denkbar:

Typus der Weitsicht	Beschreibung
futuristisch	Dieser Typ befasst sich sehr stark mit der Zukunft, erkennt schnell positive wie negative Trends und schöpft dabei aus dem Wissen aus der Vergangenheit. Er wird gern als Ratgeber hinzugezogen, weil er „das große Bild" sieht. Er verliert sich nicht in Details. Er weiß: Wenn sich eine Tür schließt, öffnet sich meist eine andere. Dieser Typus ist ausschließlich zukunftsorientiert.
aktivistisch	Dieser Typus lässt sich vom Futuristen inspirieren und bringt Ideen oder Konzepte „auf die Straße". Er oder sie ist enthusiastisch und erwartet eine solche Haltung auch von anderen. Menschen dieses Typs wollen Veränderung und kämpfen dafür. Sie blicken in die Zukunft, haben aber auch ein gutes Auge für die Machbarkeit von Veränderungen basierend auf Gegebenheiten der Gegenwart.

Typus der Weitsicht	Beschreibung
opportunistisch	Was an Entwicklungen für die Gegenwart gut ist, wird favorisiert und vorangetrieben; was negativ sein könnte, wird blockiert. Beides kann je nach Inhalt sinnvoll sein. Der Fokus liegt aber nicht auf der Zukunft, sondern letztlich auf dem Wohlergehen in der Gegenwart.
flexibel	Dieser Typus kann schnell auf Veränderungen oder Ideen (meist von Futuristen oder Aktivisten) reagieren. Er hat auch die Kompetenzen für die Umsetzung und ist in der Lage, andere effektiv einzubeziehen. Dies kann initiativ (Neues ausprobieren) oder reflexiv sein, indem zunächst abgewartet wird, ob Veränderungen andernorts zu Erfolgen führen.
integrierend	Dieser Typus ist zumeist bestrebt, Veränderung in Bestehendes zu integrieren. Auch er ist primär gegenwartsorientiert. Das Motiv ist ausgleichend: Neuerungen sollten nicht „wehtun", aber auch nicht grundsätzlich ausgeschlossen werden. Harmonie ist sein Grundbedürfnis.

Typus der Weitsicht	Beschreibung
konservierend	Dieser Typus ist zumeist skeptisch. Veränderungen oder neue Ideen werden eher als bedrohlich erlebt denn als Chancen. „So etwas haben wir hier noch nie gemacht", wäre eine typische Äußerung, die zeigt, dass der Fokus auf der Vergangenheit liegt. Das Bestreben dieses Typs ist das „Bewahren", nicht das „Verändern". Da sich vieles in der Vergangenheit ja auch bewährt hat, kann dieser Typus ein wichtiges Regulativ bei zu spontanen Veränderungswünschen sein.

Diese Typen sind unterschiedlich, aber in einer funktionierenden Gemeinschaft alle auf ihre jeweilige Art wichtig. Es geht also hier nicht um eine Bewertung. Zudem können unterschiedliche Aspekte der Weitsicht (Versorgungssicherheit, Gesundheitsvorsorge, familiäre Entwicklungen) durchaus mit verschiedenen Strategien verbunden sein. Wichtig bleibt aber die Funktion der Weitsicht: Sie ordnet uns ein, verbindet sich mit Handlungsplänen, lässt uns aktiv unser Leben gestalten und erhöht unsere Lebenszufriedenheit.

5.
Mäßigung

Mäßigung ist eine der von Platon aufgestellten Kardinaltugenden und wohl auch eine der am wenigsten verstandenen oder – gerade in der heutigen Zeit – nachvollziehbaren Stärken. Es bedarf daher zunächst einer Einordnung, was unter Mäßigung überhaupt zu verstehen ist, um später darzulegen, wieso sie uns helfen kann, ein erfülltes Leben zu führen.

Mäßigung, so die antiken Vorstellungen und Auffassung aller Religionen, hilft uns dabei, das richtige Maß zu finden. Darunter ist nicht völliger Verzicht zu verstehen, sondern eher ein Zustand innerer Harmonie, der unsere Bedürfnisse berücksichtigt, uns aber vor Exzessen schützt. Einfach ist es nicht, Mäßigung zu erreichen, zumal die Exzesse ja selbst ihre Attraktivität haben können. Man denke an dieser Stelle an „übermäßige" Besitztümer und die Tatsache, dass wir deren Besitzern für ihren „Erfolg" oft Respekt, wenn nicht Hochachtung zollen.

Wir haben bereits das Konzept der „Mitte" von Aristoteles kennengelernt. Mäßigung können wir uns als einen Weg vorstellen, der links und rechts durch Ablenkungen, Gewinnmaximierung, Übertreibungen und ähnliches gekennzeichnet ist. Wir brauchen die Fähigkeit, trotz allem die Mittelspur

nicht zu verlassen oder recht schnell wieder auf diese zurück-
zufinden, weil kurzfristige Schwenker nach links oder rechts
durchaus situationsangemessen sein können. Dieses Schwin-
gen immer wieder hin zu einer Mitte wird auch als Merkmal
von Weisheit betrachtet. Streng genommen wird eine positive Form von „Mittelmäßigkeit" angestrebt.

Wenn wir ehrlich auch gegenüber uns selbst sind, dann
ist es wohl so, dass unser Leben durch ein ständiges „Mehr
wollen" gekennzeichnet ist. Es gibt bereits zahllose Sender
im Fernsehen, dennoch werden die Onlinedienste wie Net-
flix, Sky und Konsorten in zunehmendem Maß kostenpflich-
tig dazugebucht. Unser Alltag ist auch dadurch bestimmt,
dass wir jederzeit und überall, wo wir gerade sind, Zugriff auf
unsere Lieblingsfilme haben. Zudem wird unser Bedürfnis,
ebendiese Angebote auch *regelmäßig* wahrzunehmen, durch
die dramatisch angestiegene Anzahl von Serien unterstützt,
um nicht zu sagen ausgelöst. Unsere Bedürfnisse werden
nicht etwa bedient, sie werden in Richtung eines ständigen
„Mehr" getrieben.

Der Philosoph Josef Pieper beklagte zu Recht, dass der Begriff der Mäßigung elendig zusammengeschrumpft sei und
nur noch mit Verzicht oder Einschränkung verbunden wird.
Mit dem Bedeutungsumfang der antiken Tugend *temperan-
tia* habe das alles aber nicht viel zu tun.[1] Möglicherweise findet sich die Grundlage für diesen Bedeutungsverfall auch im
Christentum, das die Tugend Mäßigung primär mit Keusch-
heit gleichsetzte.

In unserer gegenwärtigen Welt ist der Nutzen von Verzicht schlecht zu begründen. Zumindest auf der individuellen Ebene leuchtet vielleicht nicht ein, warum wir nicht alle
Möglichkeiten unserer Freiheit auch nutzen sollten. Wir kön-

nen unbegrenzt reisen, essen und trinken oder Risiken eingehen – und verkennen dabei nur zu leicht, dass der Preis dafür
nicht günstige Flüge oder Lieferservices sind, sondern bedrohliche Umweltschäden, Klimaveränderungen, aber auch
unsere eigene physische oder psychische Gesundheit.

Wie kann es sein, dass in dieser Zeit, in der es uns doch
eigentlich an nichts fehlt, die Zahlen bei psychischen und
psychiatrischen Erkrankungen derart dramatisch steigen? Im
Psychreport der DAK wurden 2021 die Krankheitsdaten der
2,4 Millionen Versicherten ausgewertet. Arbeitsunfähigkeit
aufgrund von psychischen Erkrankungen war noch nie so
häufig wie im Jahr 2020 – und das hat nichts mit der Coronapandemie zu tun. Seit dem Jahr 2000 steigt diese Zahl kontinuierlich, Jahr für Jahr.

Freiheit ist nicht die Möglichkeit, permanent aus der Mittelspur heraustreten zu dürfen (oder zu müssen), sondern
vielmehr die willentliche Entscheidung, genau diese weiter
zu beschreiten.

Thomas Vogel bringt es in seinem Buch „Mäßigung"[2]
auf den Punkt: Unsere Zivilisation ist uneingeschränkt auf
Wachstum ausgerichtet. Alles dreht sich um die Anhebung
von Produktionszahlen, Gewinnmaximierung, Einfluss auf
die Märkte und so weiter. Wenn die Wirtschaftsweisen einen
Rückgang im Wachstum prognostizieren, dann wird dies als
massiv bedrohliche Entwicklung dargestellt. Wirtschaftswachstum macht uns – gerade in schwierigen Zeiten – geradezu stolz. Fraglich ist nur, zu welchem Preis alles das passiert. In Deutschland werden pro Jahr 18 Millionen Tonnen
Lebensmittel weggeworfen. Bei Onlinediensten gekaufte
Kleidung kann, selbst nachdem sie getragen wurde, kosten-
los zurückgegeben werden und wird beim Empfänger nicht

selten direkt dem Müll zugeführt. Meere ersticken im Plastikmüll, riesige Flächen Amazonas-Wald werden abgeholzt ... Sie können diese Liste der Konsequenzen „maßloser Maßlosigkeit" sicherlich fortsetzen. In der Nachhaltigkeitsdebatte taucht das Wort Mäßigung leider so gut wie gar nicht auf.

Ist es vorstellbar, dass Eltern, Lehrerinnen und Lehrer, Politikerinnen und Politiker zu mehr Mäßigung aufrufen und dabei überzeugend sind? Wenn ja, dann sicherlich nur, wenn sie selbst ein Vorbild dafür sind. Daneben stellt sich die Frage, was man tun kann, um sich mit den Potenzialen, die die Mäßigung mit sich bringt, vertraut zu machen. Wenn es uns gelänge, mehr auf uns selbst als auf andere (insbesondere die Werbung) zu hören, wäre wohl ein wichtiger Schritt getan. Vorausgesetzt, wir haben ein gutes Verhältnis zu uns selbst.

Die seit nunmehr über zwei Jahren anhaltende Coronapandemie hat vielen Menschen Erhebliches abverlangt. Wir haben zahlreiche Todesfälle, schwere Infektionsverläufe und private sowie wirtschaftliche Bedrohungen zu beklagen. Wir hatten Situationen, die ich mir kaum hätte vorstellen können. Denken wir nur daran, dass es Angehörigen phasenweise nicht gestattet war, ihre schwerstkranken oder sterbenden Angehörigen zu sehen. Wir vergessen auch nicht die Bilder von Bergamo oder New York. Und neben diesen schrecklichen Erlebnissen hat die Coronapandemie für uns alle erhebliche Einschränkungen mit sich gebracht. Corona war und ist für uns auch eine Form von auferlegter Mäßigung.

In vielen Gesprächen und auch eigenen Untersuchungen fiel mir eines auf: Es gab immer wieder Menschen, die trotz allem in der Lage waren, in dieser Situation auch Vorteile wahrzunehmen. Einige berichteten, dass die Sorge um die Großeltern dazu geführt habe, dass sie diese öfter besuchen und die Beziehung sich vertieft habe. Andere sagten, sie hätten es genossen, mehr Zeit für ihre Hobbys zu haben und mehr zu sich gekommen zu sein. Wieder andere beschrieben, dass sie erst einmal wieder lernen mussten, den Wegfall all der Ablenkungen und Freizeitaktivitäten für sich selbst mit neuem Sinn zu füllen. Kinder freuten sich, dass sie viel mehr Zeit mit ihren Eltern hatten. Gespräche, für die es sonst nie Zeit gab, fanden jetzt wieder regelmäßig beim gemeinsamen Abendessen statt.

Natürlich hat keiner dieser Menschen gesagt, dass es ihm oder ihr unter Corona besser gegangen sei als zuvor. Was aber deutlich wurde, ist, dass die Einschränkungen durchaus auch ein paar positive Effekte mit sich gebracht haben.

Eine der von Martin Seligman eingebrachten Übungen zur Positiven Psychologie heißt „Das Gute am Schlechten". Wenn es uns gelingt, in dieser Form an die Dinge heranzugehen, werden wir schnell merken, dass es uns dabei besser geht. Unsere Stimmung ist weniger gedrückt, Hoffnung und Zuversicht können sich Raum schaffen, und letztlich erhöht sich unsere Resilienz.

Mäßigung ist eine innere Haltung gegen Exzesse. Zu ihr gehören nach Seligman bestimmte Charakterstärken, auf die wir gleich näher eingehen. Für alle gilt letztlich der Satz von Sokrates (470-399 v. Chr.): „Wie zahlreich sind doch die Dinge, derer ich nicht bedarf."

Demut und Bescheidenheit

Demut ist die Fähigkeit,
auch zu den kleinsten Dingen
des Lebens emporzusehen.

Albert Schweitzer (1875–1965, Arzt, Philosoph)

Beide Begriffe, Demut und Bescheidenheit, leuchten vielen Menschen überhaupt nicht ein. Das mag verschiedene Ursachen haben. Der Volksmund sagt: „Bescheidenheit ist eine Zier, doch weiter kommt man ohne ihr." Und was Demut eigentlich ist, weiß kaum noch jemand.

Im Zitat von Albert Schweitzer geht es darum, emporsehen zu können. Sind damit die Wachstumspfeile auf Wirtschaftsgrafiken gemeint, die in Zacken von links unten nach rechts oben verlaufen (sollen/müssen)?

Wahrscheinlich meint Albert Schweitzer etwas Zentrales, das den Demütigen auszeichnen soll: die Erkenntnis, dass es etwas über das menschlich Erreichbare Hinausgehendes, Höheres gibt. Dies dürfte nach christlicher Auffassung Gott sein. Es kann aber auch das Wunder der Natur sein, die Schönheit unserer Erde, die Vielfalt der Arten oder der Kosmos. Emporzusehen setzt die Lokalisation von uns selbst als „unten" voraus. Wenn wir auf den Zustand der Erde blicken (Klimawandel, hier verheerende Überschwemmungen, dort todbringende Dürre, Artensterben, Überfischung, Abholzung des Regenwaldes, aber selbstverständlich auch Kriege), scheint der Mensch derzeit auch nirgendwo anders hinzugehören als nach *unten*.

Jede *Minute* wird weltweit eine Million Plastiktüten für

Einkäufe genutzt, die im Schnitt nur zwölf Minuten in Gebrauch sind[3], aber viele Jahre unsere Umwelt belasten. Marcus Kracht[4] hat eine darauf basierende Vorstellung von Demut: „Es ist die mit vielem Leiden erkaufte Einsicht, dass wir in Zukunft nicht Besserung der Verhältnisse zu erwarten haben, sondern in jeder Hinsicht Unsicherheit."

In der schon öfter erwähnten Nikomachischen Ethik von Aristoteles ist die Demut (auch Sanftmut) eine Form der *klugen* Selbstbeherrschung mit dem Ziel, den Mittelweg nicht zu verlassen. Somit könnte die Demut auch unter der Tugend Weisheit subsummiert werden; nach Siegbert Warwirtz unter der Tugend Mut: als Mut zum Dienen oder zur Unterordnung. Aber klar, *Mut* steckt ja auch in De*mut*. Die Fülle der Zuordnungsmöglichkeiten mag auch den Schüler von Sokrates, Xenophon, dazu bewogen haben, die Demut als Kerntugend zu bezeichnen, die alle anderen erst zum Glänzen bringt.

Ein Mangel an Demut geht häufig Hand in Hand mit einem Mangel an Wertschätzung oder auch (Hoch-)Achtung. Wenn ich auf die Coronapandemie blicke, dann überrascht mich immer wieder, wie wenig zu den Spezialisten „emporgeblickt" wird. Wenn ich bedenke, welche Fülle an Kenntnissen aus der Fachliteratur, eigenen Experimenten oder Untersuchungen, Laborfertigkeiten oder internationalem Austausch bei den ausgewiesenen Epidemiologen oder Virologen gegeben ist, irritiert mich, wie leichtfertig andere deren Erkenntnisse abtun, ohne auch nur die geringste Ahnung von Viren und deren Verbreitung zu haben. In gewisser Weise fehlt es an Demut vor dem *Wissen*. Die resultierende Inflation des Wissens, die stetig durch unreflektierte, unkorrigierte und wenig sachdienliche Kommentare teils in den Medien, aber vor allem in Social Media oder auf Webseiten zunimmt und deren Verfasser/-innen der irrigen Meinung sind, dass das, was sie von sich geben, jeden interessieren müsse, sind auch Gründe, warum Demut und Bescheidenheit an dieser Stelle zusammen aufgeführt werden.

Demut und Bescheidenheit haben Gemeinsamkeiten, aber auch Unterschiede. Gemeinsam dürfte beiden eine Relativierung der Bedeutung des eigenen Seins sein. Sehr unterschiedlich ist natürlich der Bezugsrahmen. Die Demut hebt sich geradezu ab von der Niederung des Menschlichen, indem sie zu einer *anderen* Instanz emporblickt. Die Bescheidenheit hingegen bleibt auf der Ebene menschlichen Verhaltens, sie drängt sich nicht auf, ist zurückhaltend – ihre Farbe ist grau[5].

Wie sehr der Bescheidene in sich ruht, kann man schön im Vergleich zu seinem Gegenspieler sehen: dem Angeber. Dieser ist permanent bestrebt, sich, seine Verdienste, Errungenschaften oder Besitztümer in den Vordergrund zu stellen. Ein zwanghafter Drang, permanent unter einer „Beweislast" seiner selbst wahrgenommenen Überlegenheit zu stehen. Und wie bei allen Zwangshandlungen liegt auch dieser eines zugrunde: Angst.

Nicht selten verbindet sich das Bedürfnis anzugeben mit finanziellen, aber auch intellektuellen Überforderungen. Letzteres ist oft bei Menschen zu beobachten, die ein überzogenes Geltungsbedürfnis „leben". In Ermangelung von spezifischen Kompetenzen, Bildung und allgemeinen Fähigkeiten und oftmals getrieben von (Selbst-)Unzufriedenheit, nehmen sie Funktionen wahr, die diese Voraussetzungen nicht erfordern (Kirchen- oder Gemeindevorstand, Vereinstätigkeiten, Freiwillige Feuerwehr). Ohne jeden Zweifel ist das Ehrenamt für unsere Gesellschaft von zentraler Bedeutung, und die Hilfsbereitschaft vieler Menschen angesichts der Nöte anderer ist beeindruckend und wohltuend. Verlagert sich aber diese Motivation *ausschließlich* in die Richtungen der Selbstbestätigung, Kompensation wahrgenommener eigener Defizite und des unbescheidenen Geltungsbedürfnisses, dann treten Handlungsweisen in den Vordergrund, die mit der Grundidee der Tätigkeit nicht mehr zusammenzubringen sind.

In der Verhaltensbiologie wäre die Entsprechung zu einem solchen Verhalten wohl das „Imponiergehabe" im Tierreich. Allerdings handelt es sich dabei um eine Aggressions*abwehr*haltung. Mit entsprechenden Verhaltensweisen sollen zum Beispiel mögliche Paarungsrivalen beeindruckt und von ihrem Fortpflanzungsbegehren abgehalten werden. Wenn das funktioniert, kommt es nicht zu rivalisierenden Kämpfen. Wir kennen Körperhaltungen und Posen beim Menschen, die durchaus vergleichbar sind (breitbeinig stehen und Hände in die Hüfte stemmen dient der optischen Verbreiterung des Körpers, sich aufrichten und den Kopf leicht nach hinten legen lässt den Menschen größer wirken). Imponiergehabe ist nicht nur bei Individuen, sondern auch bei Gruppen beobachtbar, denken Sie nur an Militärparaden.

Imponierverhalten dient also der Demonstration eines *Ranges* im Vergleich zu anderen. Das lässt sich auch verbal ausdrücken, nicht selten mithilfe von Superlativen („Ich bin der beste Verkäufer in meiner Firma"). Dabei – und das ist nicht unwesentlich – geht es nicht um den Wahrheitsgehalt solcher Aussagen. Selbst wenn es zutreffend wäre, stellt sich die Frage nach der Funktion von wiederholten Aussagen dieser Art.

Bescheidene Menschen hingegen besitzen die Souveränität, ihre eigenen Erfolge schlicht für sich stehen zu lassen. Sie sehen sich nicht als das Zentrum des Universums. Insofern ist Bescheidenheit eine Charakterstärke der Mäßigung. Und noch etwas: Bescheidenheit schützt vor Arroganz.

Nun sollte man der Vollständigkeit halber aber erwähnen, dass es auch „falsche" Bescheidenheit gibt. Gemeint ist ein demonstratives Herunterspielen eigener Erfolge oder Verdienste, dem oftmals Unsicherheit, manchmal Angst oder die Befürchtung zugrunde liegen, anspruchsvolle(-re) Aufgaben zugewiesen zu bekommen. Diese Form der Bescheidenheit verbindet sich allerdings im Gegensatz zu der Charakterstärke *nicht* mit positiven Emotionen, sondern mit mangelndem Selbstvertrauen und Gefühlen der Abhängigkeit. Ebenso wie falsche Bescheidenheit bei Menschen, die etwas tatsächlich Beachtliches geschaffen haben. Diese ist von Schopenhauer bereits als Heuchelei bezeichnet worden und ist eher Ausdruck von Überheblichkeit. Also, einfach ist die Sache mit der Bescheidenheit tatsächlich nicht.

Bescheidenheit muss von innen kommen und ist im Idealfall ein Beziehungsausdruck, ein *gewollter* Verzicht zugunsten anderer. Sie ist sicherlich nichts, womit wir auf die Welt kommen. Im Gegenteil: Kinder neigen von Natur aus meist nicht zu Bescheidenheit. Wir müssen es also lernen. Aber was haben wir davon, wenn wir bescheiden sind? Wie können wir diese Tugend überhaupt erwerben, wenn Bescheidenheit vordergründig so wenig Vorteile bringt?

Wie wäre es, wenn wir unseren „Rang" hin und wieder einmal zurückstellen und anderen den *Vorrang* geben würden? Wie wäre es, wenn wir zum Beispiel bei der Übertragung einer bestimmten Aufgabe an uns sagen würden, dass eine jüngere

Kollegin oder ein jüngerer Mitarbeiter das sicherlich genauso gut hinbekommen würde wie wir? Wie wäre es, wenn wir jemand anderem den Vortritt lassen, wenn wir erkennen, dass er oder sie denselben Parkplatz im Auge hat? Wie wäre es, wenn wir unseren Kindern vorleben, dass man eben *nicht* immer das neueste und beste Smartphone braucht? Bescheidenheit, insbesondere in der Absage an bestimmte Konsumgüter, Statussymbole und Erwartungen anderer, kann ein tiefes Gefühl von Freiheit alldem gegenüber mit sich bringen.

Es gibt zahllose Möglichkeiten, Bescheidenheit zu üben, und wann immer man es tut, fühlt es sich irgendwie gut an. Nicht immer höher, schneller und weiter zu müssen, es auch mal gut sein zu lassen, ist der Schlüssel zur Zufriedenheit.

Kommen wir noch einmal auf die Demut zurück. Demut ist ein Beziehungsausdruck zu Instanzen, zu denen wir emporblicken, die sich uns aber konkret im Kleinen erschließen. Jede einzelne Blume ist Teil der Natur und damit untrennbar mit ihr verbunden. Jede Wüste besteht aus einzelnen Sandkörnern und jedes Meer aus vielen Tropfen. Wir können Demut durchaus üben, wenn wir uns auf diese Boten und Signale des großen Ganzen konzentrieren. Sie begegnen uns überall. Der Blick in den nächtlichen Sternenhimmel, der uns ganz klein werden lässt, der Schutz und die Fürsorge, die andere Spezies ihrem Nachwuchs zukommen lassen, die Wiederkehr von Blüten und Trieben im Frühjahr oder die Schönheit und Vielfalt eines Korallenriffs: All das zeigt uns eine höhere Ordnung, zu der wir demütig emporblicken können. Betrachten Sie die Bilder 3a-d im Bildteil doch einmal aus diesem Blickwinkel.

Besonnenheit/Vorsicht

Besonnenheit ist die seidene Schnur,
die durch die Perlenkette
aller Tugenden läuft.
Thomas Fuller (1608–1661, engl. Historiker)

Besonnenheit kann Leben retten. Viele. So dürfte es wohl im Fall von Wassili Alexandrowitsch Archipow, einem Offizier der russischen Marine, gewesen sein. Ihm ist wahrscheinlich zu verdanken, dass es am 28. Oktober 1962 nicht zum Dritten Weltkrieg kam. Dieser Tag, der auch der „Schwarze Samstag" genannt wird, dürfte der Höhepunkt der Kubakrise gewesen sein. An diesem Tag überflog ein amerikanisches Aufklärungsflugzeug russischen Luftraum und konnte nur um Haaresbreite russischen MIG-Kampfflugzeugen entkommen. Im Luftraum über Kuba wurde ein weiteres Aufklärungsflugzeug der Amerikaner abgeschossen und die US-Navy zwang das sowjetische U-Boot B-59 in internationalen Gewässern durch Abwurf von Wasserbomben zum Auftauchen. Den Amerikanern war nicht bewusst, dass dieses U-Boot nukleare Torpedos an Bord hatte; die Besatzung des U-Bootes war nach den Detonationen der Wasserbomben davon ausgegangen, dass der Krieg bereits angefangen habe. Für das Abfeuern der Torpedos hätte es einer einstimmigen Entscheidung dreier Offiziere bedurft. Wassili Archipow war der Einzige, der dagegenstimmte und den Kommandanten zum Auftauchen des U-Bootes bewegen konnte. Wassili Archipows Besonnenheit hatte den Dritten Weltkrieg verhindert.

Ein deutsches Sprichwort sagt: „Besser unbegonnen als

unbesonnen". Besonnenheit scheint also mit drei Aspekten zu tun zu haben: Rationalität (Vernunft), Reflexivität (im Gegensatz zur Impulsivität) und Weitsicht (Perspektive). Für diese Erkenntnis benötigen wir keine atomare Bedrohung. Die genannten Elemente liegen jeder Form von Besonnenheit in unserem Alltag zugrunde.

In diesem Kapitel werden Besonnenheit und Vorsicht behandelt. Natürlich ist das nicht das Gleiche, aber es gibt Gemeinsamkeiten, und Vorsicht ist uns sicherlich vertrauter als der leicht verstaubt anmutende Begriff Besonnenheit. Im Begriff *Vorsicht* ist die Perspektive explizit aufgegriffen: Wir sehen (uns) *vor*.

Nun ist die Besonnenheit aber auch gekennzeichnet durch Handeln. Selbst wenn wir eine bestimmte Handlung unterlassen (beispielsweise Soldaten in die Ukraine zu schicken), ist doch dieser Entschluss letztlich auch als eine Handlung anzusehen. Besonnenheit hat daher nichts mit Phlegma oder Desinteresse zu tun, weil bei beiden eher das Nicht-Handeln im Vordergrund steht.

Otto Friedrich Bollnow bringt den Kern des Wortes „Besonnenheit" schön auf den Punkt[6]: In dem Wort „Besonnenheit" steckt auch der Begriff „Besinnung". Wie sieht es denn aus, wenn jemand die Besinnung verliert? Im Gegensatz zum Bewusstlosen weiß der Besinnungslose, was er tut. Nur ist ihm nicht klar, welche Konsequenzen sein Verhalten möglicherweise hat. Kommt dann jemand „wieder zur Besinnung", hat er sein eigenes Handeln als nicht zielführend oder schlicht falsch erkannt. Bei einem besonnenen Menschen ist die Besonnenheit eine eher überdauernde und diesen Menschen kennzeichnende Wesensart – ein Persönlichkeitsmerkmal, wenn Sie so wollen.

Besonnenheit bedeutet auch, sich Zeit zu nehmen, was von größter Bedeutung ist, um überhaupt die Vor- und Nachteile einer Handlung im inneren Dialog aushandeln zu können. Zeit, die Konsequenzen durchspielen zu können. Hektische Zeiten – und diese nehmen ja durch unser Bedürfnis der ständigen Einspannung und Erreichbarkeit kontinuierlich zu –, entziehen dem Boden, auf dem die Besonnenheit gedeihen kann, alle Nährstoffe. Die Besonnenheit weiß von unseren Impulsen, lässt sich aber nicht sonderlich davon beeindrucken. Im Gegenteil, sie bremst sie aus und lässt sich nicht aus der Ruhe bringen. Das macht ihre Stärke aus.

Die zentrale Rolle der Besonnenheit innerhalb der Tugenden dürfte wohl auch daher kommen, dass sie anderen Tugenden erst ihre Kraft verleiht. Mut ohne Besonnenheit wäre Leichtfertigkeit. Und Ehrlichkeit ohne Besonnenheit könnte andere verletzen. Somit ist die Besonnenheit von besonderem Wert in unserem Tugendkatalog, oder wie eingangs zitiert: ein Faden aus Seide, der alle anderen Tugenden verbindet.

Die Besonnenheit ist still und unaufdringlich; das hat sie mit der Bescheidenheit gemeinsam. Es ist nicht so, dass besonnene Menschen bestimmte Triebe, Emotionen und vielleicht auch impulsgesteuerte Handlungsweisen nicht hätten. Es gelingt ihnen nur besonders gut, diese mit Abwägungen für ihre eigenen Ziele in Einklang zu bringen und damit letztlich auch zu kontrollieren.

Lea Pulkkinnen ist eine zwischenzeitlich pensionierte Psychologieprofessorin aus Finnland. Sie ist nicht nur wissenschaftlich äußerst produktiv, sondern wurde auch mit zahlreichen Preisen für ihre Forschungsarbeiten ausgezeichnet. Besonders bemerkenswert waren ihre Erkenntnisse aus einer

Längsschnittstudie, die mit 8-jährigen Kindern im Jahr 1968 begann und seitdem (inzwischen über 50 Jahre lang) mit diesen Teilnehmenden fortgesetzt wurde. Es war somit möglich, die *Entwicklung* dieser Kinder in der Schulzeit, dem frühen Erwachsenenalter, Eintritt in das Berufsleben, gegebenenfalls Familiengründung bis hin zu einem Alter von heute 60 Jahren zu untersuchen. Unter unzähligen interessanten Erkenntnissen[7] soll hier nur eines hervorgehoben werden: Lea Pulkkinnen hat sich auch mit dem Merkmal der Besonnenheit bei Kindern befasst. Die Terminologie bei ihr war eher „Selbstregulierung" oder auch „Selbstkontrolle". Manche Achtjährigen verfügen über mehr Besonnenheit als andere Kinder in dieser Altersgruppe. Als später im Erwachsenenalter geprüft wurde, wie sich die jeweiligen Gruppen entwickelt hatten, traten bemerkenswerte Befunde zutage: Besonnenere Kinder waren auch als Erwachsene dadurch gekennzeichnet, dass sie eine gesündere Lebensweise verfolgten, weniger Alkohol- und Drogenkonsum unterlagen, deutlich seltener Gesetzesüberschreitungen begingen, beruflich erfolgreicher und sogar stabiler in ihren Beziehungen (zum Beispiel seltener geschieden) waren. Insgesamt – und das ist für uns zentral – waren sie glücklicher und zufriedener mit ihrem Leben.

Lea Pulkkinnen hat nach diesen Erkenntnissen in Finnland ein Schulprojekt etabliert, in dem an verschiedenen Ganztagesschulen Tugenden und Charakterstärken – darunter auch die Besonnenheit – als Unterrichtsfächer etabliert wurden. Nach einiger Zeit wurden die Schüler dieser Schulen mit solchen verglichen, die an dem Programm nicht teilgenommen hatten. Was erwarten Sie? Richtig, nicht nur die Anzahl der Fehltage (wegen Krankheit und/oder Schulschwänzen) ging bei den Schülerinnen und Schülern aus dem Programm zurück, es ließ sich auch ein deutlicher Rückgang an Mobbing verzeichnen. Die gesamte Schulstimmung war freundlicher, und auch Leistungen in anderen Fächern ließen sich verbessern. Wie schade, dass Tugenden und Charakterstärken nicht als Schulfach in unseren Lehrplänen stehen!

Ob ein Kind besonnen ist oder nicht, hängt von vielen Faktoren ab. Sicherlich spielt auch die Disposition eine Rolle. Bereits Säuglinge unterscheiden sich im Temperament. Einige schreien mehr als andere – so ist das eben. Eine mögliche Beteiligung erblicher Faktoren schließt aber die Formbarkeit in keiner Weise aus – wie das Schulprojekt von Lea Pulkkinnen eindrucksvoll gezeigt hat. Wir sind also offensichtlich auch beim Thema „Besonnenheit" zur Übung und Verbesserung in der Lage. Anlage und Übung gehen hier möglicherweise eine glückliche Verbindung ein. Xenophon (430-407 v.Chr.), ein Schüler von Sokrates, sagte: „Alle guten Anlagen bedürfen nach meiner Meinung der Übung, die Besonnenheit aber ganz besonders."

Besonnenheit ist ja insbesondere dann gefragt, wenn uns unsere Emotionen so stark in Anspruch nehmen, dass wir am liebsten aus dem Impuls heraus reagieren wollen. Wenn wir uns zum Beispiel massiv über Kollegen oder Vorgesetzte geärgert haben, in der Partnerschaft enttäuscht wurden oder uns ungerecht behandelt fühlen, können „besinnungslose" Handlungen folgen. Wir stehen unter Spannung – manchmal sogar Hochspannung. Aber gerade in solchen Situationen können wir etwas für uns tun.

1. *Entspannung:* Setzen Sie sich bequem auf einem Stuhl zurecht. Ihr Rücken ist gerade, Ihre Füße haben eine Fußbreite Zwischenraum. Wenn möglich, nutzen Sie eine

Armlehne. Wenn ihr Stuhl keine hat, legen Sie ihre Unterarme auf die Oberschenkel – ohne Druck. Der Volksmund sagt: „Erst einmal durchatmen" – das ist Schritt 2.

2. Durchatmen: Wenn Sie diese Haltung eingenommen haben, konzentrieren Sie sich auf Ihre Atmung. Wenn Sie einatmen, begleiten Sie dies, indem Sie sich still „Ein" zusprechen. Nach dem Einatmen atmen Sie nicht gleich wieder aus, sondern halten Ihre Atmung für zwei bis drei Sekunden. Jetzt atmen Sie wieder ruhig durch den Mund aus und sprechen still zu sich: „Aus." Wiederholen Sie dies ein paar Minuten lang.

3. Wahrnehmen: Achten Sie bei der Übung auf Ihre Gefühle. Sind Sie immer noch aufgeregt oder bemerken Sie, dass Sie ruhiger werden? Ist Ihr Impuls, auf das, was Sie so *ver*spannt hat, gleich zu reagieren, immer noch so stark? Empfinden Sie eine einkehrende Ruhe im Sinne einer *Be*ruhigung? Ist das Ausgangsproblem, was Sie so aus der Fassung gebracht hatte, immer noch so groß?

4. Verändern: Wenn Sie Veränderungen durch diese Übung wahrgenommen haben, dann haben *Sie sich* im Vergleich zu Ihrer angespannten Ausgangslage verändert! Veränderung ist also relativ einfach machbar. Sie haben gelernt, sich selbst zu kontrollieren. Lernen *ist* Verhaltensänderung.

Nach einer solchen Übung ist Ihr spontaner Impuls einer besonneneren Haltung gewichen. Das löst zwar noch nicht das Problem, bringt uns aber auf den richtigen Weg, um längerfristige Konsequenzen abzuschätzen, verschiedene Aspekte zu berücksichtigen, kritisch (vielleicht ja auch uns selbst) zu reflektieren und einen sinnvollen Lösungsansatz zu entwickeln. Oftmals passiert dabei noch etwas anderes: Wenn wir dank Besonnenheit auf die Ebene einer durch Vernunft geprägten Analyse zurückgelangen, verbindet sich dies häufig auch mit verstärkter Empathie dem Menschen gegenüber, der uns aus der Fassung gebracht hat. Dann gelingt es uns eher, selbst nicht aufbrausend, abwertend oder verletzend zu werden.

Besonnenheit ist daher nicht (nur) die Unterdrückung des ersten Impulses, sondern auch ein Beziehungsausdruck, der mit Mitgefühl verbunden ist.[8] Dies ist *beziehungsfördernd* – und der Verzicht auf unmittelbare und unkontrollierte Gefühlsausbrüche, die man ja hinterher nicht selten bereut, tut uns letztlich auch selbst gut und fördert unseren Selbstwert.

Selbstkontrolle und Selbstregulation

Selbstkontrolle führt zu Selbstachtung
und Selbstachtung zum Mut.

Thukydides (454–397 v.Chr., griechischer Philosoph)

Wir sind täglich kleinen Versuchungen ausgesetzt, bei denen es längerfristig für uns von Nachteil sein kann, wenn wir ihnen sofort nachgehen oder unsere Bedürfnisse unmittelbar zu befriedigen suchen. Viele Menschen mit Übergewicht wissen zum Beispiel genau, wovon ich rede – aber andere auch.

Selbstkontrolle ist so etwas wie eine innere Reglementierung, eine Kopf-über-Bauch-Entscheidung. Sie erfordert

Willenskraft und Durchsetzungsvermögen. Sie kommt im Idealfall aus einer inneren Freiheit heraus. Vor diesem Hintergrund ist die Selbstkontrolle eine Charakterstärke, die nicht selten mit Gefühlen von Erleichterung und manchmal auch von Stolz begleitet ist, wenn sie sich durchgesetzt hat. Selbstkontrolle auszuüben ist tatsächlich eine *Leistung*. Es ist Arbeit, harte Arbeit.

Voraussetzung für gelingende Selbstkontrolle ist die Überzeugung, dass Handlungen tatsächlich auch von uns *selbst* kontrollierbar sind. Was heißt das? In der Psychologie kennen wir das Konstrukt der „Kontrollüberzeugungen": Glaube ich, dass ich selbst dazu in der Lage bin, die Anforderungen des Lebens zu steuern (internale Kontrollüberzeugung)? Oder glaube ich, dass mein Geschick von anderen oder auch von Glück (oder Pech) abhängt (externale Kontrollüberzeugung)? Selbstkontrolle funktioniert nur gut bei Menschen mit internaler Kontrollüberzeugung.

Der Psychologie Walter Mischel hat schon vor vielen Jahren ein Experiment durchgeführt, in dem deutlich wird, dass Selbstkontrolle zunächst einmal gelernt werden muss.[9] In seinen Studien ging es um einen Aspekt der Selbstkontrolle: eine mögliche Belohnung aufschieben zu können. Eine geringe Selbstkontrolle lässt sich auch daran erkennen, dass wir schnell (manchmal impulsiv) einem Anreiz verfallen, der längerfristig Nachteile mit sich bringt.

In Mischels Studien wurden Kinder einem solchen Reiz ausgesetzt. Sie erhielten die Option, die vor ihnen stehende begehrte Süßigkeit entweder sofort zu essen, oder – wenn sie dies nicht tun würden – später (zum Beispiel zehn Minuten danach) doppelt so viel von dieser Süßigkeit zu erhalten. Uns Erwachsenen würde so etwas sicherlich leichtfallen. Kinder im Alter von vier Jahren haben aber damit erhebliche Schwierigkeiten. Sie sitzen vor der Süßigkeit, starren sie an, können ihre Aufmerksamkeit kaum davon abwenden, riechen daran, berühren sie, fangen an zu zappeln – kurz: Es fällt ihnen extrem schwer, sich zu beherrschen – oder sagen wir besser: Kontrolle über sich selbst auszuüben... Selbstkontrolle. Je älter die Kinder, desto leichter schaffen sie es zwar, aber allen gelingt es auch später nicht.

Natürlich würde uns als Erwachsenen diese Form des Aufschubs von Belohnung (*delay of gratification*) nicht sonderlich schwerfallen. Aber wie sieht es aus mit Konsumgütern? Sind wir nicht allzu schnell bereit, einen teuren Mobilfunkvertrag abzuschließen, nur um das neue Handy *jetzt* zu bekommen?

Letztlich geht es bei Selbstkontrolle um die bewusste und willentliche Abkoppelung des eigenen Verhaltens von unmittelbaren (An-)Reizen. Diese Fähigkeit hängt mit der Hirnentwicklung der Spezies zusammen. Kontrolle ausüben zu können ist mit entwicklungsbiologisch spät auftretenden Hirnregionen verbunden worden. Aber nicht nur *zwischen* verschiedenen Spezies, sondern auch *innerhalb* derselben Spezies gibt es große Unterschiede. Manche Hunde zum Beispiel sind ganz gut in der Selbstkontrolle, andere wieder nicht so sehr. Ich habe das auch mit unseren Hunden ausprobiert. Neo ist ein Rhodesian Ridgeback Rüde. Sein Verhalten ist ruhig, zurückhaltend und stets etwas abwägend. Jace, ein Magyar Vizsla Rüde, ist das komplette Gegenteil: stürmisch, reizorientiert und letztlich impulsiv.

Ich stellte ihnen folgende Aufgabe: Der Hund sieht, dass ein begehrtes Leckerchen in ein Gefäß gelegt wird. Nun wird dieses – auch für den Hund sichtbar (er verfolgt es mit den

Augen) – in ein anderes Gefäß überführt. Danach darf sich der Hund das Leckerchen holen.

Was passierte? Neo verfolgte das Geschehen konzentriert. Er war nicht auf das Ursprungsgefäß fixiert und hat sich den Wechsel genau angesehen. Danach gelang es ihm, seinen ersten Impuls zu unterdrücken und nicht zum ersten Gefäß zu laufen. Er ging zielgenau auf das „neue" Gefäß zu. Jace *rannte* ungestüm zum ersten Gefäß. Seine Aufmerksamkeit war komplett auf dieses fixiert (wie bei den Kindern im Versuch zum Belohnungsaufschub). Gesehen hatte er den Wechsel aber auch!

Dieses Experiment wurde im Übrigen mit insgesamt 32 verschiedenen Spezies – vom Singvogel bis zum Elefanten – durchgeführt. Interessant: Je entwickelter das Gehirn der Spezies, desto besser gelang die Unterdrückung des ersten Impulses (also die Selbstkontrolle).[10] Aber innerhalb der Spezies (also mit vergleichbarer Hirnentwicklung) konnten diese Verhaltensunterschiede auch beobachtet werden.

Betrachten Sie die folgenden Bilder und benennen Sie so schnell wie möglich die Tiere, die *abgebildet* sind.

Fiel es Ihnen leicht, die Tiere zu benennen, oder mussten Sie sich konzentrieren, die zum Teil abweichenden Beschriftungen zu ignorieren? War es am einfachsten, die Ziege zu benennen? Bei dieser Aufgabe haben Sie aktiv kognitive Kontrolle – oder auch Selbstkontrolle ausgeübt und den inkongruenten Reiz (Schrift) unterdrückt. Das kostet Energie.

Als man die Kinder, die im Alter von vier Jahren an den Versuchen zum Belohnungsaufschub teilgenommen hatten, zehn Jahre später erneut untersuchte, ergab sich ein interessantes Bild: Die Kinder, die der unmittelbaren Versuchung nicht erlagen und warten konnten, bis sich die Belohnung verdoppelte, hatten im Vergleich zu den „impulsiven" im Alter von 14 Jahren folgende Merkmale.[11]

- Stabilere Freundschaften
- Effektivere Problemlösestrategien
- Bessere Schulleistungen
- Höhere Sozialkompetenz
- Bessere Stressbewältigungsfähigkeiten

Es könnte sich also lohnen, Selbstkontrolle zu üben.

Selbstregulation kann Selbstkontrolle beinhalten (tut sie auch meist und daher wird sie auch im Kontext der Mäßigung behandelt), ist aber grundsätzlich breiter und zielorientierter angelegt. Unter Selbstregulation versteht man nach Julius Kuhl[12] den Versuch, einen für uns guten Kompromiss aus Bedürfnissen, Zielen, Motiven und Anforderungen zu schaffen.

Während die Selbstkontrolle oftmals eine willentliche Abwendung von kurzfristigen negativen Konsequenzen beinhaltet (zum Beispiel hochkalorische Nahrungsmittel nicht zu sich zu nehmen, während man eine Diät macht) – also die

Ausführung eines Verhaltens *hemmt* –, ist die Selbstregulation Ausdruck eines sinnvollen Handlungsplans mit dem Ziel maximaler Übereinstimmung zwischen Motiven, Normen, Eigenerwartungen und, in der Folge, maximaler Zufriedenheit. Selbstregulation ist damit zwangsläufig ein lebenslanger Prozess, denn widerstreitende Konstellationen zwischen der realen Welt und unseren Wünschen treten ja immer wieder auf. Gelingt uns das, befinden wir uns in einem Zustand der *Balance*, die mit Wohlbefinden einhergeht.

Selbstregulation setzt verschiedene Prozesse voraus:

- *Aufmerksamkeit für uns selbst.* In welchen Situationen fühlen wir uns wohl, in welchen unwohl? Gibt es Momente, in denen wir Glück oder auch Angst verspüren? Was sind das für Situationen, in denen wir uns stark oder schwach fühlen? Um einen Zustand zu regulieren, muss man ihn (er-)kennen.
- *Zeit für uns selbst.* Unser Alltag ist oftmals gekennzeichnet durch zahlreiche Verpflichtungen und rast nur so an uns vorbei. Wir fühlen uns vielleicht manchmal wie im Laufrad und haben ein Gefühl von Fremdbestimmtheit. Wir brauchen *eigene* Zeit, um uns zu reflektieren und unsere Ziele zu überdenken. Empfehlenswert sind zum Beispiel Meditation, Saunabesuche, Spaziergänge – sprich, Aktivitäten, die uns erlauben, mit uns allein zu sein.
- *Physische Aktivierung.* Bewegung beim Wandern, Joggen, Schwimmen verursacht positive Emotionen und körperliche Erfahrungen, die uns sehr direkt ein Gefühl dafür geben, dass wir etwas für uns selbst tun können, ohne dafür andere zu benötigen. Zudem wirkt Bewe-

gung mental aktivierend, motivierend und – nach getaner Arbeit – selbst belohnend.

- *Verknüpfung von Zielen und Werten.* Welche Ziele verfolgen wir? Nicht selten sind es solche, die andere von uns erwarten und die eigentlich gar nicht unsere eigenen sind. Ein Aspekt der Selbstregulation ist die Reflektion dessen, was uns *wirklich* wichtig ist. Fokussierung auf das Wichtige und Abwerfen von Ballast bringt uns unserer Zielerreichung näher.

- *Wertschätzung für uns selbst.* Oftmals ertappen wir uns dabei, uns selbst mangelnde Fähigkeiten, geringe Potenziale, schlechte Menschenkenntnis, wenig Ehrgeiz oder was auch immer für „Defizite" zuzuschreiben. Wir sind nicht gerade freundlich zu uns selbst. Sollten wir aber sein! Natürlich gibt es Bereiche, mit denen wir vielleicht nicht *selbst*zufrieden sind, und letztlich ist das auch gut so, denn sonst hätten wir vielleicht gar keine Ziele. Aber die Beziehung zu uns selbst muss darunter nicht leiden. Viel zu oft gehen wir zu hart mit uns ins Gericht, wenn uns mal ein Fehler unterlaufen ist, statt zu erkennen, dass wir daraus viel gelernt haben. Kleinere Fehler sind keine Katastrophen! Wieso setzen wir uns oft so stark unter Druck, indem wir glauben, irgendetwas tun zu *müssen*, etwas können zu *müssen*, etwas erfüllen zu *müssen*? Achten Sie einmal darauf, wie oft das Wort *müssen* in Ihren Selbstanforderungen vorkommt, und fragen Sie sich, ob das so sein *muss*. Ich empfehle, stattdessen lieber Freude über sich selbst zu empfinden. Belohnen Sie sich selbst (auch dafür brauchen Sie keine anderen) Feiern Sie die Erreichung von Zielen angemessen. Vergegenwärtigen Sie sich, was Sie an sich gut finden.

- *Große Ziele – kleine Ziele.* Oftmals haben wir einen zu hohen Anspruch an uns selbst und sind ungeduldig. Möglicherweise sind die gesteckten Ziele aber auch zu komplex. Reflektieren Sie, ob Ihre Ziele handhabbar sind. Mitunter hilft es enorm, Teilziele oder auch Etappenziele zu definieren, die schneller erreichbar sind und daher früher zu (Teil-)Erfolgen führen.
- *Selbstregulation als Gewohnheit.* Gewohnheiten sind mehr oder weniger automatisierte Handlungen unter ähnlichen Bedingungen (zum Beispiel Zähneputzen). Selbstregulation kann, wenn sie eine Gewohnheit ist, auch unter herausfordernden Bedingungen greifen, wenn wir eigene Ziele erreichen wollen (zum Beispiel Gewicht reduzieren, mit dem Rauchen aufhören, gesünder leben, beruflichen Erfolg haben, eine Prüfung bestehen, Stress verringern). Für alle diese Bereiche können Sie die hier aufgestellten Punkte umsetzen. Selbstregulation kann man üben – und Übung macht bekanntlich den Meister.

Vergebung/Verzeihung

Vergeben [...] heißt nicht, dass man immer alles hinnimmt, was andere einem zufügen.

Tenzin Gyatso, Dalai Lama (geb. 1935)

Sie haben es vielleicht schon erlebt: Jemand rempelt Sie beim Einkauf an der Kasse oder in der U-Bahn an und sagt: „Verzeihen Sie bitte." Würden Sie dieser Person vergeben? Wahrscheinlich schon. Aber warum? Vielleicht, weil Sie sich sicher sind, dass es keine Absicht war. Vielleicht aber auch, weil es ja nun keine so große Sache war. Und eventuell auch, weil Sie den Rempler nicht kennen. Bei all diesen Überlegungen scheint die Intention, die Schwere Ihrer Beeinträchtigung und die Vertrautheit mit der Person eine Rolle zu spielen.

Ein anderes Beispiel: Der Zugführer eines Personenzuges schläft bei der Arbeit ein, übersieht ein Haltesignal und kollidiert frontal mit einem Güterzug. Es gibt zahlreiche Tote und Verletzte. Darunter auch Ihre beste Freundin. Würden Sie dem Zugfahrer vergeben? Sie kennen auch ihn nicht, und Absicht kann man ihm auch nicht unterstellen. Also ist es eine Frage des Ausmaßes? Bei diesen Beispielen wird schnell deutlich, dass Vergebung alles andere als einfach zu definieren und auch zu verstehen ist.

Eines dürfte klar sein: Vergeben kann man nur Menschen, die sich unrecht oder moralisch falsch verhalten haben. Verhalten meint hier aber nicht nur Tun, sondern auch Unterlassen. Damit wird deutlich, dass ein Verständnis von Recht beziehungsweise Gerechtigkeit vorliegen muss. Vergebung ist ein aktiver Prozess, der im Kontext des Charakters eine Stärke darstellt. Damit grenzt sich Vergebung grundsätzlich vom (passiven) Vergessen ab. Ebenso ist Vergebung etwas anderes als Versöhnung. Wir können uns nur mit jemandem versöhnen, wenn dieser mitwirkt. Die Vergebung braucht den anderen nicht, was sicher auch ihre Stärke ausmacht.

Vielleicht sollte man auch das etwas eingrenzen: Vergebung *kann* eine Stärke sein, muss es aber nicht. Sie ist dann eine Stärke, wenn sie sich mit einem inneren Bedürfnis verbindet, den Schädigenden wirklich und nachhaltig zu entlasten. In diesem Fall kann Vergebung auch eine Beziehung wiederherstellen, die zuvor zerbrochen war. Aber ist Vergebung auch dann eine Stärke, wenn zum Beispiel Frauen, die in ihrer Beziehung körperlicher Gewalt ausgesetzt sind, ihrem Peiniger immer wieder vergeben? Steht da Selbstbewusstsein und innere Stärke im Vordergrund oder vielleicht doch eher Angst? Und warum sollten wir überhaupt jemandem vergeben? Wäre es nicht viel souveräner, einfach darüberzustehen und zur Tagesordnung überzugehen? Wir vergeben ja auch nicht der Biene, wenn sie uns sticht. Es tut weh, aber dann ist es eben so, und wir kommen schon damit klar.

Vielleicht tun wir uns mit der Vergebung schwer, weil es verschiedene Begriffe gibt, die sich zwar ähnlich „anfühlen", aber doch etwas Unterschiedliches meinen und häufig nicht so genau voneinander abgegrenzt werden. Nehmen wir das Wort „entschuldigen". Dies ist etwas völlig anderes als Vergebung. Ein Missetäter wird „ent-schuldigt", wenn er während seines verwerflichen Verhaltens beeinträchtigt war. Das Maximum der Entschuldigung ist die Konstatierung der Schuldunfähigkeit, die vor Gericht bei Vorliegen erheblicher mentaler Beeinträchtigungen, zum Beispiel Halluzinationen oder Wahnvorstellungen, ausgesprochen werden kann.

Vergebung allerdings setzt schuldhaftes und bewusstes Verhalten desjenigen voraus, dem Vergebung zuteilwerden kann. Im Lukasevangelium (23,34) sagt Jesus: „Vater, vergib ihnen, denn sie wissen nicht, was sie tun." Vor dem Hintergrund des soeben Gesagten müsste es eigentlich heißen: „Vater, entschuldige sie, denn sie wissen nicht, was sie tun."

Ebenfalls voneinander abgegrenzt werden sollten Gnade und Vergebung. Gnade kann (noch) eine Bestrafung zulassen, nur dass sie eben milder ausfällt als erwartet. Wenn jemand um Gnade bittet, ist das nicht die hoffnungsvolle Erwartung, komplett ungeschoren davonzukommen!

Vergebung ist eine Frage der Beziehung zu einem Menschen, der mir Unrecht getan hat. Gnade kann nur eine noch real existierende Person erhalten; vergeben kann ich auch im Nachhinein Menschen, die bereits verstorben sind. Und genau das ist wichtig, denn: Vergebung als moralische Handlung dient letztlich auch mir selbst und macht mich stärker.

Die moralische Komponente der Vergebung als Charakterstärke tritt besonders in Erscheinung, wenn wir denen vergeben, die es eigentlich nicht verdient haben.

Vielleicht fragen Sie sich gerade, warum Vergebung überhaupt innerhalb der Tugend Mäßigung behandelt wird. Vielleicht waren Sie ja schon das Opfer einer ungerechtfertigten Handlung von anderen. Das lässt Ärger, Wut, Stress aufkommen – manchmal sogar Hass. Die Gefühle kochen über und die Sache geht einem vielleicht lange nach. Das können – je nach Vorfall – *übermäßige* Reaktionen sein, die eher als Verhaltens- und Gefühlsexzesse bezeichnet werden müssen. Mäßigung aber dient ja der Vermeidung von Exzessen, und genau da kann die Vergebung unterstützen, die auch als Prozess aufgefasst wird, um auf ein „normales" Maß an Emotionalität zurückzukommen. Vergebung ist auch Verzicht, zum Beispiel auf Rache oder auf ein Festhalten am Groll.

Im Christentum, aber auch anderen monotheistischen Religionen wie dem Judentum oder dem Islam spielt die Vergebung eine zentrale Rolle. Während im Alten Testament annähernd ausschließlich Gott um die Vergebung gebeten wurde, wird im Neuen Testament auch die zwischen*menschliche* Vergebung gefordert. Im *Vaterunser* heißt es: „Und vergib uns unsere Schuld, wie auch wir vergeben unseren Schuldigern." Wenn uns unsere Sünden von Gott vergeben werden, kommen wir einen Zustand der Harmonie mit ihm zurück. Das tritt auch ein, wenn wir anderen Menschen vergeben.

Klar ist jedenfalls, dass Vergebung eine ziemlich komplizierte Angelegenheit ist und es bis heute kaum Übereinstimmung darüber gibt, was darunter eigentlich zu verstehen ist. Wenn man bereit ist, in der Definition sehr weit zu gehen, kann man vielleicht dem Psychologen Robert Enright folgen[13], der die Vergebung so definiert: „ein Verzicht auf negative Gefühle und Urteile, indem man den Übeltäter mit Mitgefühl und Liebe betrachtet, angesichts der erheblichen Ungerechtigkeit des Übeltäters" (übersetzt, S. 123).

Enright hat ein Stufenmodell der Entwicklung von Vergebung erstellt. Wir können es uns wie eine Treppe vorstellen, auf der wir immer höher zu einer umfassenden und nach Ansicht von Enright moralisch wertvollen Form der Vergebung kommen. Das Ziel wäre es wohl, die sechste Stufe zu erreichen, aber das ist ein sehr hoher Anspruch an uns selbst. Wie sehen die Stufen nach Enright[14] aus? Versuchen Sie sich mit Ihrem Verständnis von Vergebung darin wiederzufinden:

Stufe 1	*Rachsüchtige Vergebung*: Ich kann jemandem, der mir Unrecht tut, nur dann vergeben, wenn ich ihn oder sie in ähnlichem Maße bestrafen kann, wie es meinem eigenen Schmerz entspricht.

Stufe 2	*Wiederherstellende oder kompensatorische Vergebung*: Wenn ich zurückbekomme, was mir weggenommen wurde, kann ich vergeben. Oder: Wenn ich mich schuldig fühle, weil ich Vergebung verweigert habe, kann ich vergeben, um meine Schuld zu lindern.
Stufe 3	*Erwartungsgemäße Vergebung*: Ich kann vergeben, wenn andere Druck auf mich ausüben, zu vergeben. Es ist leichter zu vergeben, wenn andere Menschen es erwarten.
Stufe 4	*Rechtmäßige, gläubige Vergebung*: Ich vergebe, weil meine Religion es verlangt.
Stufe 5	*Vergebung für die soziale Harmonie*: Ich vergebe, wenn es die Harmonie oder die guten Beziehungen in der Gesellschaft wiederherstellt. Vergebung verringert Reibungen und Konflikte; sie ist ein Weg, um friedliche Beziehungen zu erhalten.

Stufe 6	*Vergebung aus Liebe*: Ich vergebe bedingungslos, weil ich liebe. Da mir jeder Mensch wirklich am Herzen liegt, ändert eine verletzende Handlung seinerseits nichts an diesem Gefühl der Liebe. Diese Art von Beziehung hält die Möglichkeit der Versöhnung offen und schließt die Tür zur Rache.

Dieses Stufenmodell durchlaufen wir in unserer Entwicklung. Im Kindesalter mag Stufe 2 vorherrschen, die ja mehr einen Austausch zwischen mir und demjenigen darstellt, dem zu vergeben ist. Diese Vergebung ist also an Bedingungen geknüpft: Wenn mich jemand bestiehlt, das Diebesgut aber zurückbringt, dann kann ich vergeben. Bedingungslos ist hingegen in besonderem Maße Stufe 6. Diese zu erreichen ist schwierig, ermöglicht aber auch den tiefsten inneren Frieden („die Tür zur Rache zu schließen") und kann sich daher am ehesten mit positiven Emotionen und Zufriedenheit verbinden. Ob wir diese Stufe erreichen, ist eine andere Frage.

Die Kapitel zu den Charakterstärken schließen ja mit Übungsvorschlägen. Üben kann man Vergebung nicht so gut, weil sie eines Anlasses bedarf. Vielleicht gibt es jemanden, dem sie möglicherweise vergeben wollen, aber nicht so recht wissen, ob das (für Sie) Sinn macht oder nicht. Oder Sie geraten in nächster Zeit in eine derartige Situation. In beiden Fällen kann es hilfreich sein, den *Prozess* der Vergebung systematisch zu durchlaufen. Das könnte Ihre Entscheidung erleichtern.

1. Bewusstes Durchleben:
Sie sind (physisch oder psychisch) verletzt worden. Ignorieren Sie Ihre Gefühle nicht, sondern setzen Sie sich damit auseinander. Sprechen Sie mit vertrauten Menschen darüber. Hören Sie in sich hinein. Ist es Wut, Ärger, Trauer, Hass oder Kombinationen aus allem? Überdenken Sie Ihre Vorstellungen und Glaubenssätze – insbesondere den von einer gerechten Welt. Verspüren Sie ein Bedürfnis, die Situation zu ändern?

2. Entschluss:
Wägen Sie in dieser Situation ab, was Sie tun möchten. Wäre Vergebung ein „Freibrief" für weitere Verletzungen? Gäbe es überhaupt Nachteile, wenn Sie verzeihen? Was könnten die Vorteile sein? Würden Sie erwarten, dass es Ihnen als Vergebendem danach besser ginge? Warum könnte das so sein? Was würden Sie sich erhoffen? Wägen Sie alle Pro- und Contra-Argumente sorgfältig ab. Vielleicht entscheiden Sie sich für die Verge-bung. Dann geht es im nächsten Kasten weiter.

3. Unsere Motivation, zu vergeben:
Gehen Sie noch einmal zurück zu dem Stufenmodell. Ist die Motivation, zu vergeben auf Stufe 1 oder 2 ein „echtes" Motiv oder inneres Bedürfnis? Wäre es etwas, was wir für uns als wichtig oder belohnend wahrnehmen würden? Wohl kaum! Auf Stufe 6 hingegen kann es gar nicht um etwas anderes gehen als unser ureigenstes Befürfnis, weil die Vergebung dort ja unabhängig von allem anderen ist (sprich, bedingungslos). Versuchen Sie, sich über Ihre Motivation klar zu werden.

4. Entscheiden und „Um"setzen:
Wenn Sie ausreichend in sich hineingehört haben, könnten Sie sich für die Vergebung entscheiden: „Ja, ich will das". Das können Sie auch still für sich entscheiden, Sie müssen es dem Verursacher Ihres Schmerzes nicht unbedingt sagen – können Sie aber natürlich. Wichtig ist, dass Sie beobachten, ob sich Ihre Wahrnehmungen und Bewertungen dadurch verändern. Sehen Sie das Ganze jetzt mit anderen Augen? Haben Sie jetzt mehr Verständnis für den anderen als vorher? Haben Sie sich „um-gesetzt"?

6.
Humanität

Ich möchte diesen Teil mit der Stadt Lemberg beginnen. Sie haben diesen Namen schon des Öfteren gehört, richtig? Es ist eine Stadt im Westen der Ukraine, nahe der polnischen Grenze. Ihr heutiger ukrainischer Name ist Lwiw. Sie hieß aber auch schon Lwów, nachdem sie im Anschluss an den Ersten Weltkrieg Polen zugeordnet wurde. Und Lwow unmittelbar nach Ausbruch des Zweiten Weltkrieges nach der Einnahme durch Soldaten der damaligen Sowjetunion. Während des Krieges „übernahmen" die Nationalsozialisten die Stadt und nannten sie wieder Lemberg, im Sommer 1944 drängten die Sowjets die Deutschen zurück und seitdem heißt die Stadt Lwiw. Ob sie noch lange so heißt, wird man sehen – die Stadt kommt nicht zur Ruhe; sie ist nach dem Angriff Putins auf die Ukraine erneut mit Verbrechen gegen die Menschlichkeit konfrontiert.

Nun, was hat das alles mit diesem Kapitel zu tun? In dem Roman „Rückkehr nach Lemberg" schreibt der Juraprofessor Philippe Sands über seine Familie (sein Großvater lebte in Lemberg), die entsetzlichen Verbrechen der Nationalsozialisten an der jüdischen Bevölkerung ganz nah der Stadt und davon, dass aus dieser Stadt Hersch Lauterpacht stammte, der den Begriff „Verbrechen gegen die Menschlichkeit" erstmals geprägt hatte. Ausgerechnet aus Lemberg.

Menschlichkeit, was ist das? Natürlich haben wir eine Vorstellung davon. Der Begriff unterscheidet sich von „Menschheit", was eher eine biologische Dimension beinhaltet und vom Tierreich abgrenzen will. Das allein ist schon nicht unproblematisch, weil Abgrenzung auch oftmals mit Abwertung anderer Lebewesen einhergeht. Betrachtet man die zahllosen Abgründe menschlichen Verhaltens, gibt es dafür allerdings überhaupt keinen Grund.

Menschlichkeit hat demgegenüber eine wertende Dimension. Wir werden an dieser Stelle ausschließlich die positive und ethisch wertvolle Seite dieser Medaille betrachten, doch sie hat auch eine andere. Wenn Menschlichkeit das Substantiv zum Menschlichsein ist, so wie Einigkeit zusammenfasst, dass sich zwei einigen, schließt sie auch menschliche Schwächen („Irren ist menschlich") oder auch Verhaltensweisen und Emotionen ein, die es bei Tieren nicht gibt (zum Beispiel Hass). Um den Blick auf die ausschließlich positive Bedeutung zu erleichtern, wird in der Folge überwiegend von Humanität die Rede sein – denn diese gibt es nur in einer Richtung.

Humanität als Wert oder Ideal beinhaltet diejenigen menschlichen Verhaltensweisen, die besonders erwünscht sind: Mitleid, Nächstenliebe, Güte, Milde, Toleranz, Wohlwollen und Hilfsbereitschaft. Diese Attribute sollen letztlich auch unabhängig von dem- oder derjenigen sein, der sie erhält. Sie sind absolut und begegnen dem Empfangenden „auf Augenhöhe". Insofern sollte man wohl besser von Mitgefühl als von Mitleid sprechen, denn Mitleid ist zu häufig ein „Blick nach unten". Mitgefühl und Hilfsbereitschaft sind die zentralen Komponenten der Humanität.[1] Aus beiden erwachsen Handlungen, die anderen zugutekommen. Humanität ist im engeren Sinne keine Fähigkeit – sie ist eher Ausdruck einer Unfähigkeit – nämlich derjenigen, Leid und Nöte anderer tatenlos zu ertragen.

Wir kommen zwar als Menschen auf die Welt, aber Humanität ist sicherlich nicht angeboren. Natürlich kann es Grundlagen geben, die die Wahrscheinlichkeit erhöhen, dass jemand altruistisches Verhalten zeigt. Aber spätestens seit Johann Gottfried Herder (1744–1803), der die Humanität als den Charakter von Völkern bezeichnet hatte und der Auffassung war, dass diese zwar bei allen Menschen angelegt sei, aber letztlich doch kulturell unterschiedlich „angebildet" werde[2], rückt die Humanität auch in den Kontext elterlicher, schulischer und universitärer Bildungsaufträge. Eine Form von Bildung, die ein Leben lang nicht aufhört und nie vollständig abgeschlossen ist. Diese Auffassung war nun nicht neu. Schon 100 Jahre vor Christi Geburt bezeichnet *Marcus Tullius Cicero* (106-43 v. Chr.) die Menschlichkeit als ganzheitliche Bildung des Menschen.

In diesen Tagen sehen wir eine ermutigende Welle der Hilfsbereitschaft gegenüber den Frauen und Kindern, die vor dem Krieg in der Ukraine nach Polen, aber auch andere Länder fliehen. Das schenkt Hoffnung.

Humanität bezieht sich auf einen Grundwert, der losgelöst ist (oder zumindest sein sollte) von Herkunft, Status, Bekanntheitsgrad oder der Beziehung zu demjenigen, der ihrer bedarf. Natürlich helfen wir Familienmitgliedern in Not oder auch Freunden und Bekannten. Humanität äußert sich aber besonders dann, wenn wir *keine* Beziehung zu dem Empfänger oder der Empfängerin von Hilfeleistungen haben – außer natürlich, dass uns sein oder ihr Schicksal anrührt. Besonders deutlich, ja wenn nicht drastisch, wird dies im Christentum bei der Nächstenliebe hervorgehoben. Im Gleichnis des barmherzigen Samariters (Lukas 10, 25-37) sind es nicht die vorbeikommenden Priester, die dem Verletzten helfen. Es ist ein Samariter. Sofern es sich bei dem Verletzten um einen Juden gehandelt hat, war die Nächstenliebe des Samariters besonders hervorstechend, denn Juden und Samaritaner sahen sich gegenseitig als Feinde an.

Auch in Kulturen, die wir nicht so genau kennen, spielt Humanität eine große Rolle. In Südafrika zum Beispiel gibt es den Begriff *Ubuntu*, was letztlich Menschlichkeit meint. Mit der Ubuntu-Philosophie wird meist der Friedensnobelpreisträger Nelson Mandela verbunden. Die Gemeinschaft spielt dabei die zentrale Rolle. Bedingungslos in eine Gemeinschaft aufgenommen zu werden nützt nicht nur dem Aufgenommenen, sondern auch denjenigen, die ihn aufnehmen. Ubuntu ist also ein humanitärer Vertrag zwischen Menschen, der allen zugutekommt. Wir kennen den Ausspruch von Sokrates „Ich denke, also bin ich". Menschlichkeit bedeutet eher: „Ich fühle (mit), also bin ich (Mensch)." Ein vergleichbares Selbstbekenntnis bei Ubuntu lautet: „Ich bin, weil du bist."

Zu humanitärem Handeln sind wir alle in der Lage und beweisen das ja auch häufig. Der Dalai Lama bringt es auf den Punkt[3]: „Sie glauben, dass ich heilende Kräfte besitze oder so etwas wie einen Segen erteilen könnte. Doch ich bin nur ein ganz gewöhnlicher Mensch. Ich kann lediglich versuchen, Ihnen zu helfen, indem ich Ihr Leid teile."

Humanität ist eine Richtschnur, die durch neuere Entwicklungen immer wieder herausgefordert wird. Vergehen (oder auch Verbrechen) gegen die Menschlichkeit können natürlich nur von Menschen ausgehen. Wir müssen bei dieser Thematik nicht in die Ferne blicken und Unrechtsregime, Völkermorde, Genozide oder Ähnliches beklagen. Bei Humanität geht es auch darum, ein wachsames Auge für das zu entwickeln, was direkt in unserem Umfeld passiert.

Während der Coronapandemie war es in 2020 phasenweise Angehörigen nicht erlaubt, ihre schwerstkranken und manchmal sogar sterbenden Angehörigen zu besuchen oder sogar Abschied von ihnen zu nehmen. Dieses Verbot an Angehörige hat für mich eine Grenze überschritten: die Grenze der Humanität. Natürlich gab es Argumente für diese Maßnahmen. Man wollte die Angehörigen vor Infektionen schützen oder wusste auch gar nicht, wie gefährlich Corona überhaupt werden konnte. Das Pflegepersonal in Krankenhäusern oder Heimen sollte geschützt werden und so weiter. Auch wenn sie sicher nicht falsch waren, überzeugen konnten mich diese Argumente nicht, denn Humanität ist ein *absoluter* Wert und lässt sich nicht verhandeln oder kontrovers diskutieren.

Wir leben im Zeitalter des „Anthropozän", in dem der Mensch bestimmt und gestaltet, aber auch zerstört. Wie wäre es, wenn wir auch vor diesem Hintergrund den Begriff der Humanität erweitern würden? Der Mensch ist die einzige Gattung, die zur Verantwortungsübernahme fähig ist. Diese reduziert sich bei dem bisherigen Verständnis von Humanität auf Mitgefühl und Hilfsbereitschaft gegenüber der eigenen Spezies – dem Menschen. Wahrscheinlich täte es aber der Welt gut, wenn Humanität als spezifisch menschliche Fähigkeit die Verantwortung für sich selbst *und* andere(s) einschließen würde.

Wir treffen häufig eine Unterscheidung zwischen humanitären Einrichtungen (zum Beispiel Amnesty International) und solchen, die sich für Naturschutz, Artenerhalt oder das Klima engagieren (zum Beispiel Greenpeace). Man könnte fast glauben, dass das eine nicht viel mit dem anderen zu tun habe. Doch Humanität sollte als menschliche Stärke von dem Fokus auf den Menschen losgelöst werden und die Gemeinschaft allen Lebens auf unserem Planeten sowie seinen mittlerweile katastrophalen Zustand mit dem umgeben, was Humanität bedeutet: Mitgefühl und Hilfsbereitschaft. Humanität sollte über die *Eigen*verantwortung hinausgehen.

Der eingangs erwähnte Philippe Sands setzt sich seit einigen Jahren dafür ein, den „Ökozid" in das internationale Strafrecht einzubringen. Ökozid bezeichnet die Zerstörung natürlich gegebener Gemeingüter: der Natur. Der Begriff erinnert natürlich an Genozid (die Absicht und Tatvollendung, bestimmte ethnische, religiöse oder nationale Gruppen ganz oder teilweise auszulöschen), der bereits seit 1948 im Völkerstrafrecht verankert ist.

Das Bestreben von Philippe Sands geht meiner Meinung nach in die richtige Richtung. Unsere derzeitige Lebenssituation erfordert die Aufhebung vermeintlich unabhängiger Aktionsfelder des Menschlichen und braucht eine übergeordnete, richtungsweisende, konstruktive, verantwortliche und letztlich moralisch „gute" *Gesamt*orientierung. Man könnte fast sagen ein *neues* Verständnis von Globalisierung. Das ist nicht nur notwendig, sondern auch logisch: Humanität kann es nur geben, wenn wir überhaupt noch die nötigen Ressourcen haben: „Erst wenn der letzte Baum gerodet, der letzte Fluss vergiftet, der letzte Fisch gefangen ist, werdet ihr merken, dass man Geld nicht essen kann."[4]

Freundlichkeit

Jeder Tag, an dem du nicht lächelst,
ist ein verlorener Tag.

Charlie Chaplin
(1889–1977, britischer Schauspieler und Komiker)

Nachdem wir jetzt schon einige Charakterstärken besprochen haben, deren Einübung oder auch Umsetzung manchmal schwerfällt (zum Beispiel Vergebung), kommen wir nun zu einer, die man kaum näher beschreiben muss und deren Äußerung denkbar einfach ist. Freundlich zu sein ist derart unkompliziert, dass man eigentlich überrascht sein müsste, es nicht permanent zu erleben. Aber ganz so einfach ist es dann doch nicht.

Freundlichkeit bezeichnet eine Wesensart, also die anhaltende Eigenschaft, anderen Menschen positiv, zuvorkommend und nett zu begegnen. Freundlichkeit kann sich nur an der freundlichen Person (zum Beispiel ihre Mimik), aber natürlich auch in der direkten Interaktion mit andern zeigen, dann nämlich, wenn Aufmerksamkeit, Hilfsbereitschaft, Wohlwollen, Zugewandtheit und anderes im Vordergrund stehen, wozu es eines besonders bedarf: das Wissen, dass Freundlichkeit guttut – nicht nur demjenigen, der sie empfängt, sondern ganz besonders uns, wenn wir sie zeigen.

Ehrlicherweise muss man aber auch sagen, dass Freundlichkeit, wenn sie sich zum Beispiel in Form von Hilfsbereitschaft äußert, nicht frei von Risiken ist. So kann es durchaus passieren (und es ist mir schon passiert), dass man beim Aufhalten der Tür für eine andere Person barsch zurückgewiesen und belehrt wird, dass man das schließlich selbst könne. Freundlichkeit als Motiv für Hilfeleistung sollte auch die eigenen Kenntnisse und Fähigkeiten berücksichtigen. Das Wohltuende der Freundlichkeit kann sich schnell verflüchtigen, wenn Sie jemandem die Reparatur seines Fernsehers anbieten und dieser danach in den Elektromüll überführt werden muss. Natürlich ist es gut *gemeint*, aber vergessen wir nicht, dass Charakterstärken keine Meinungen, sondern willentliche, rationalen Entscheidungen folgende *Handlungen* sind.

Aber abgesehen von solchen „Nebenwirkungen" unglücklich umgesetzter Freundlichkeit ist sie doch eine Primärtugend und damit in sich gut und erstrebenswert. Ich bin sicher, dass Menschen grundsätzlich dazu fähig und auch gewillt sind, freundlich zu sein. Zunehmender Individualismus gepaart mit Zeitdruck, Stress im Alltag, einer oftmals egozentrischen Gesamtperspektive, mangelnder Aufmerksamkeit und Empathie für andere und vor allem wenig *Übung* in Freundlichkeit bescheren uns dann doch immer wieder Situationen, die wir alle kennen. Da wird uns der bereits anvisierte Parkplatz vor der Nase „weggeschnappt", da drängt sich jemand am Schalter vor oder ist am Telefon schroff und unhöflich.

Freundlichkeit wurde lange als typisch weibliche Tugend verstanden: „Am Ende des Viktorianischen Zeitalters war die Freundlichkeit weitgehend in eine weibliche Gefühls- und Verhaltenssphäre gettoisiert worden, wo sie, von einigen bemerkenswerten Ausnahmen abgesehen, bis heute geblieben ist."[5] Wenn das stimmen würde, wäre es für viele Menschen förderlich, denn nach wie vor arbeiten in der Alten- und Krankenpflege, in Kindergärten und Schulen überwiegend

Frauen – an Arbeitsplätzen also, die besonders hohe Anforderungen an Humanität und eben Freundlichkeit stellen.

Eine Facette von Freundlichkeit ist die Höflichkeit. Der Begriff der Höflichkeit geht auf das Mittelhochdeutsche zurück und bezeichnet das angemessene Verhalten bei Hof, also letztlich beim Adel. Gemeint sind natürlich gutes und anständiges Benehmen, Zuvorkommenheit, Respekt und diverse alltägliche Verhaltensweisen, wie die Art zu grüßen oder jemanden anzusprechen. Es gibt massive kulturelle Unterschiede in der Vorstellung davon, was höflich ist. Unser Verständnis von Höflichkeit kann in anderen Kulturen völlig missverstanden werden. Nicht umsonst beschäftigen große Unternehmen sogenannte „Diversity-Manager", die ihre Kenntnisse von Umgangsformen verschiedener Ethnien (vorwiegend) *gewinnbringend* zur Verfügung stellen.

Auch wenn Höflichkeit vornehmlich in der Sprache zum Ausdruck kommt, gibt es auch eine nonverbale Seite in Form von Gesten: Jemanden, der es eilig hat, mit einem Winken vorbeizulassen, dankend die Hand zu heben, wenn man vor einem anderen Fahrer einfädeln durfte. Diese Beispiele zeigen, dass Höflichkeit die Fähigkeit voraussetzt, sich in andere hineinzuversetzen. Das geht im Tun (zum Beispiel einen Sitzplatz im Bus anbieten) wie auch im Unterlassen (zum Beispiel einen Fauxpas eines Bekannten im Restaurant galant zu ignorieren).

Höflichkeit bedeutet in vielen Fällen auch, dass man sich selbst zurücknimmt, und könnte daher auch unter der Tugend Mäßigung behandelt werden. Sie wird eher nicht ausgelebt, wenn Egoismus und Selbstliebe im Vordergrund stehen.

Höflichkeit „lohnt" sich! Die Wirtschaftswissenschaftler Michael Kirchler und Stefan Palan untersuchten, inwieweit sich Komplimente (die man, wenn sie echt sind, auch unter Freundlichkeit subsummieren kann) oder auch Trinkgelder vor der Ausgabe einer Bestellung auf die Menge dessen auswirken, was ihnen anschließend zubereitet wurde. Versuchspersonen bestellten sich in einem Schnellrestaurant Eiscreme. In einer Versuchsgruppe lautete die Bestellung standardmäßig: „Ein Vanilleeis ohne Soße zum Mitnehmen bitte." In der Vergleichsgruppe bekam die gleiche Bestellung den Zusatz: „Sie haben das beste Eis der Stadt." In einer dritten Gruppe wurde bereits während der Zubereitung ein Trinkgeld – sichtbar für den Verkäufer – zum Kaufpreis hinzugefügt. Der Zusatz lautete: „Der Rest ist für Sie." Die Eisportion wurde jeweils unmittelbar nach Erhalt gewogen. Es zeigt sich, dass Freundlichkeit in Form von immaterieller „Zuwendung", ebenso wie das Trinkgeld, dazu führten, dass die Eisportion größer ausfiel als in der Kontrollbedingung. Mehr noch: Obwohl die Menge nach Trinkgeld am höchsten war, stieg diejenige in der Freundlichkeitsbedingung mehr und mehr an, je öfter eine Person dieses Verhalten gezeigt hatte.

Es geht dabei also nicht nur um einen einzelnen und möglicherweise einmaligen Effekt; nein – es entstand eine *positive Beziehung* zwischen Verkäufer und Kunde. Sie mögen kein Eis? Macht nichts: In der Studie wurden ganz ähnliche Ergebnisse auch beim Kauf eines Döners beobachtet.[6]

Die vielleicht einfachste Form, Freundlichkeit zu zeigen, kennen Sie alle: Es ist das freundliche Lächeln. Was ist das Besondere am Lächeln? Der Dalai Lama[7] hat es meines Erachtens sehr gut zusammengefasst: „Für mich gehört die Fähigkeit zu lächeln zu unseren wunderbarsten Eigenschaften. Kein Tier kann es. Kein Hund, kein Wal oder Delphin, die alle sehr intelligent sind und die eine deutliche Affinität zu

169

uns Menschen haben, können so lächeln wie wir. Ich fühle mich immer ein bisschen komisch, wenn ich jemanden anlächle und mein Gegenüber ernst bleibt und keine Reaktion zeigt. Umgekehrt freut sich mein Herz, wenn mein Lächeln erwidert wird. Selbst wenn mich jemand anlächelt, mit dem ich überhaupt nichts zu tun habe, rührt mich das an. Aber warum? Die Antwort darauf ist sicherlich, dass ein echtes Lächeln etwas Grundlegendes in uns anspricht – unsere angeborene Freude an der Freundlichkeit."

Nun, Lächeln ist nicht gleich Lächeln. Betrachten Sie diese beiden Bilder genau. Was fällt Ihnen auf?

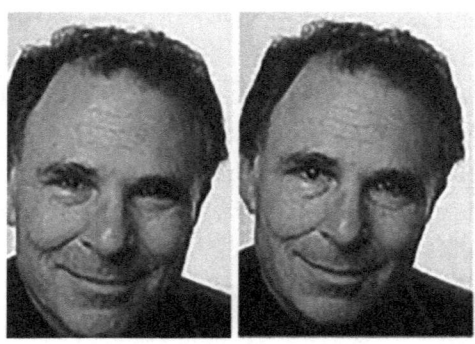

Es handelt sich offensichtlich um den gleichen Menschen, der auf beiden Fotos lächelt: Die Mundwinkel sind nach oben gezogen, und doch wirken beide Gesichter nicht gleich. Irgendwie fühlt sich der linke Gesichtsausdruck wärmer und freundlicher an. Das ist das sogenannte Duchenne-Lächeln, bei dem auch die Augen „mitlachen". Das ist im rechten Bild nicht der Fall.

Das Duchenne-Lächeln ist das freundliche Beziehungslächeln, das mit Freude und Glück einhergeht. Andere Formen des Lächelns können überheblich und dominanz-herstellend (oder -aufrechterhaltend) sein oder auch einfach nur eine Form von Zustimmung signalisieren, wenn ein Gegenüber das getan hat, was eben erwünscht war.[8] Mitunter wird auch gelächelt, wenn eigentlich Angst vorherrscht. Auch dann fehlen die „Krähenfüße" in der Augenpartie.

Lächeln ist ein starkes soziales Signal. Studien belegen, dass ein Lächeln beim Empfänger oder der Empfängerin zu mehr Vertrauen gegenüber der Person führt, die es zeigt. Manchmal sind wir sogar bereit, etwas anzunehmen, was weniger von Vorteil für uns ist, wenn es von einem Lächeln des Anbieters begleitet wird.

Man glaubt es kaum, aber „Lächeln" ist ein äußerst intensiv bearbeitetes Forschungsfeld: Wie bewusst setzen wir welche Form des Lächelns ein? Wie schnell kann der Empfangende die Bedeutung des Lächelns entschlüsseln und wie wichtig ist dabei die Frage, wie gut wir den Menschen kennen, der uns da gerade anlächelt? Wie wird Lächeln in unterschiedlichen Kulturen wahrgenommen und bewertet?

Genau diesen Fragen wurde in einer sehr umfangreichen Studie nachgegangen, bei der Personen aus insgesamt 44 Nationen Fotos von lächelnden und nicht lächelnden Menschen vorgelegt wurden, die unter anderem hinsichtlich ihrer angenommenen Intelligenz und Vertrauenswürdigkeit eingeschätzt werden sollten.[9] Aus einer Fülle interessanter Ergebnisse seien hier nur die Folgenden hervorgehoben: Während zum Beispiel in Russland lächelnde Menschen als *weniger* intelligent im Vergleich zu nicht lächelnden eingeschätzt wurden, war es in Deutschland genau umgekehrt. Vielleicht ist das auch ein Grund, warum man einen Wladimir Putin nur selten lächeln sieht. In Indien werden lächelnde Menschen gerade *nicht* als besonders vertrauenswürdig gesehen. Bei uns in Deutschland dagegen sehr wohl, wobei dies in der Schweiz noch deutlich ausgeprägter ist.

Zusammengefasst ergab sich über alle Nationen das Bild, dass gerade in Ländern mit einer hohen Korruptionsrate das Vertrauen gegenüber lächelnden Menschen deutlich reduziert war. Kein Wunder, denn wem kann man dort schon trauen? Dazu liegen mir zwar keine Ergebnisse vor, aber ich könnte mir vorstellen, dass auch in Ländern mit subtilen Überwachungsstrukturen, wie zum Beispiel in der damaligen DDR, das Lächeln des Nachbarn weniger beziehungsfördernd und vertrauensbildend war, weil man ja nie wusste, ob derjenige für die Stasi arbeitete. Wie sehr also auch gesellschaftliche oder politische Strukturen etwas derart Schönes wie ein Lächeln „inflationieren" können, ist ebenso erschreckend wie die dadurch möglicherweise eintretende emotionale Verarmung von Menschen in solchen Kulturen.

Wenn wir lächeln, hat das einen positiven Effekt nicht nur auf andere, sondern auch auf uns selbst. Es gibt sogar wissenschaftlich belegte Hinweise darauf, dass die reine Gesichtsmotorik des Lächelns (also Hochziehen der Mundwinkel und leichtes Zusammenkneifen der Augen) *allein* schon unsere Stimmung verbessert. Wenn wir also auch ohne Gegenüber, ganz bewusst und grundlos unser Gesicht zum Lächeln bringen, fühlen wir uns besser! Probieren Sie es ruhig mal aus; lächeln Sie sich selbst zum Beispiel morgens nach dem Aufstehen vor dem Spiegel am Waschbecken an – und achten Sie auf die Wirkung, die das auf Sie hat. Beginnen Sie den Tag mit einer Freundlichkeit. Sagen Sie nicht gleich, dass das albern sei und sich kein Mensch selbst im Spiegel anlächeln würde. Das stimmt ja nicht, wenn Sie es tun!

Ernest Abel und Michael Kruger von der Wayne State University in den USA untersuchten Fotografien aus dem Baseball-Register von 1952, in dem die damaligen Spieler mit Blick in die Kamera abgebildet waren.[10] Diese Fotos wurden hinsichtlich der Mimik des jeweiligen Spielers ausgewertet. Einige schauten eher ernsthaft, andere schmunzelten ein wenig, wieder andere zeigten das oben beschriebene Duchenne-Lächeln. Dann wurde der Frage nachgegangen, was aus diesen Spielern geworden ist. Von den immerhin 196 Spielern waren bis zum Jahr 2009 insgesamt 150 verstorben. In der folgenden Abbildung ist angegeben, wie alt diese Spieler (in Jahren) geworden sind, wobei sie nach den Gruppen unterschieden wurden, die sich aus der Art der Fotos aus dem Jahrbuch von 1952 ergeben hatten:

Ganz offensichtlich sind diejenigen Spieler, die echtes Lächeln gezeigt haben, am ältesten geworden (fast 80 Jahre

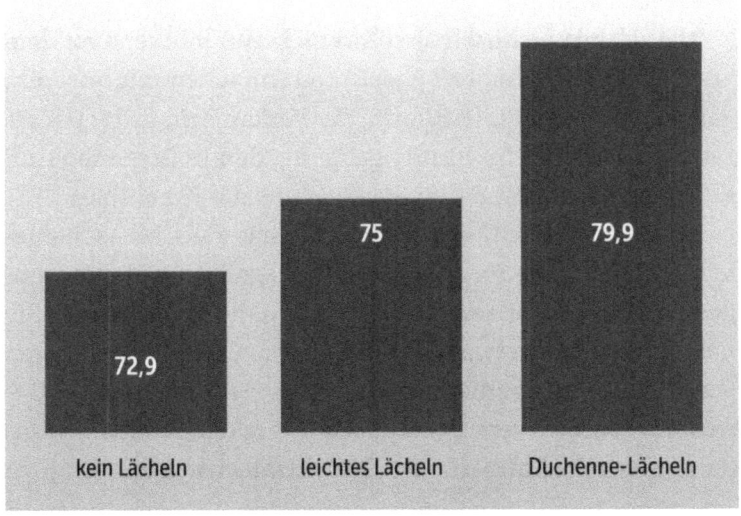

kein Lächeln   leichtes Lächeln   Duchenne-Lächeln

72,9   75   79,9

alt). Natürlich wird nicht das Lächeln als solches dafür verantwortlich gewesen sein, sondern eher die positive Emotionalität, möglicherweise auch der Optimismus oder die Lebenszufriedenheit, die bei diesen Spielern eben mit einem häufigeren Lächeln *verbunden* sind.

Apropos *Verbunden*heit: Einem ganz ähnlichen Ansatz folgten auch Matthew Hertenstein und seine Kolleginnen und Kollegen, die Absolventenfotos der Universitätsjahrgänge zwischen 1941 und 2005 analysierten.[11] Auch hier wurden die Fotos danach bewertet, wie der oder die Abgebildete darauf lacht. Im Jahr 2005 wurde zu diesen Personen Kontakt aufgenommen und ihnen verschiedene Fragebögen zu ihrer Lebenssituation unterbreitet. Ein Ergebnis: Je intensiver, echter und beziehungsvoller das Lächeln auf den Bildern war, desto geringer war die Scheidungsrate bei den Abgebildeten!

Lächeln ist ansteckend. Wenn uns jemand anlächelt, dann lächeln wir meist zurück oder haben zumindest ein positives Gefühl. Wenn wir jemanden anlächeln, dann tut das gleich zwei Menschen gut.

Wie wäre es, wenn wir ab sofort nicht nur morgens vor dem Spiegel lächeln, sondern gleich weitermachen mit unserem Partner oder unserer Partnerin, der Verkäuferin in der Bäckerei, dem Pförtner im Firmengebäude, den Kolleginnen und Kollegen, dem- oder derjenigen, die uns die Tür aufhält ...?

Die andauernde Coronapandemie hat viele Menschenleben gekostet, viele Sorgen und Nöte ausgelöst, Freiheiten eingeschränkt und unsere Gesellschaft nahezu gespalten. Sie hat uns aber noch etwas genommen: Das permanente Tragen von FFP-2-Masken, die nun einmal große Teile unseres Gesichts verbergen, verringert unsere Fähigkeit, Emotionen anderer Menschen anhand des Gesichtsausdrucks (richtig) zu erkennen. Es fällt nicht nur schwerer, sondern wir sind uns bei unserer Einschätzung auch wesentlich unsicherer.[12] Anderen geht es natürlich andersherum mit uns genauso. Es ist daher enorm hilfreich, hier verbal nachzuhelfen: „Ich freue mich, Sie zu sehen!" Eine Möglichkeit wäre es auch, eine generelle freundliche Mimik zu „hinterlegen". Dazu brauchen Sie nur einen Filzstift oder Edding und eine beschreibbare FFP-2-Maske.

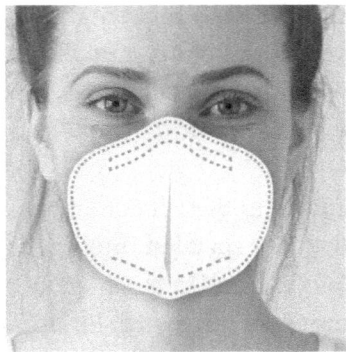 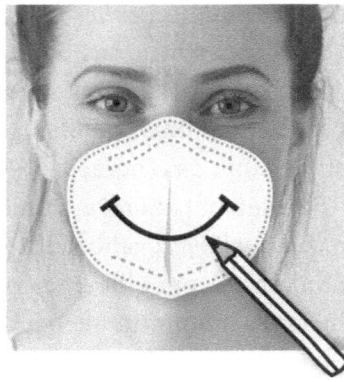

Wenn irgendeine Charakterstärke wirklich leicht einzuüben ist, dann ist es die Freundlichkeit.

Soziale Intelligenz

Das Verständnis reicht oft viel weiter
als der Verstand.
Marie von Ebner-Eschenbach
(1830–1916, österreichische Schriftstellerin)

Der berühmte Psychologe Edward Lee Thorndike hat bereits 1920 darauf hingewiesen, dass unser Verständnis für andere Menschen sowie ein *wert*schätzender Umgang mit ihnen Ausdruck einer Fähigkeit sei, die er durchaus als eine Komponente der Intelligenz sah. Beides spielt eine Rolle: das Verstehen und das Handeln.

Vielleicht haben Sie schon einmal vom Begriff der *Emotionalen Intelligenz* gehört. Dieser wirkt der sozialen Intelligenz ähnlich, aber es gibt einen grundsätzlichen Unterschied, der in der Fachliteratur auch nicht immer sichtbar wird: Emotionale Intelligenz betrifft ein Merkmal oder eine Fähigkeit, die eigenen Emotionen, aber auch die anderer Menschen richtig zu erkennen und adäquat mit ihnen umzugehen. Sie bleibt also auf das jeweilige wahrnehmende Individuum konzentriert. Soziale Intelligenz hingegen setzt dies sicherlich voraus, erweitert aber den Wirkkreis um das richtige soziale *Handeln* und ist damit interaktionsfokussiert. Damit wäre (nur) sie den Tugenden zuzuordnen, und um die geht es uns ja.

Natürlich können wir uns in Menschen hineinversetzen, wenn wir ihnen zuhören und uns sprachlich mit ihnen auseinandersetzen. Das ist aber nur ein Weg. Wenn es darum geht, Emotionen bei anderen wahrzunehmen, gibt es einen viel schnelleren und auch universelleren: die emotionsbegleitende Mimik. Die zentralen Emotionen des Menschen sind mit charakteristischen Gesichtsausdrücken verbunden, die uns erlauben, die Art der Emotion wahrzunehmen. Das setzt keine umfängliche Schulung voraus, sondern verläuft auf einer Ebene, die uns in der Regel gar nicht bewusst ist. Auch weil unsere Reaktion darauf viel zu schnell abläuft. Bereits 120 Millisekunden nach der Wahrnehmung eines Gesichts, das ängstlich dreinschaut, findet sich eine stärkere Hirnaktivierung im Elektroenzephalogramm (EEG) im Vergleich zum Anblick eines Gesichts mit neutralem Ausdruck.[13] 120 Millisekunden sind wirklich kurz: Sie werden kaum in der Lage sein, auch nur *eine* willentliche Handlung (zum Beispiel die Autohupe betätigen) in dieser Zeit ausführen zu können.

Charakteristische Gesichtsausdrücke kennen wir bei den fundamentalen Emotionen: Ärger, Verachtung, Ekel, Freude, Angst, Trauer und Überraschung. Diese sind nicht nur evolutionär gewachsen und haben sich bewährt, sie sind auch ein wichtiges Kommunikationsmedium für das zwischenmenschliche Zusammenleben – und das auf der gesamten Welt. Emotionen sind *immer* soziale Signale. Ob nun bei Eskimos im nördlichen Polargebiet oder Aborigines in Australien: Die jeweilige Emotion verbindet sich *überall* mit dem entsprechenden Gesichtsausdruck.

Was eine Person empfindet, können wir auch über andere Signale, wie zum Beispiel Tonfall oder auch Körperhaltung in *Erfahrung* bringen. Und sofern wir gesund sind und keine bestimmten neurologischen oder psychiatrischen Erkrankungen haben, können wir das alle sehr gut.

Vielleicht fragen Sie sich, warum es dann so unterschiedliche Ausprägungen der sozialen Intelligenz gibt. Vielleicht stellen Sie sich gerade Personen vor, denen Sie eigentlich jede soziale Intelligenz absprechen würden. Vielleicht denken Sie an Mitarbeitende oder Vorgesetzte, ehemalige oder aktuelle Lehrende, vielleicht sogar an Familienmitglieder, Bekannte oder Politiker. Der Grund liegt darin, dass die schnelle und „un-reflektierte" Wahrnehmung und Verarbeitung zum Beispiel von Gesichtsausdrücken eben nicht alles ist. Auch wenn die Reaktion darauf unglaublich schnell einsetzt, heißt das ja nicht, dass sie auch unglaublich schnell beendet ist. Sie hält an, und zwar so lange, bis sie in den Hirnbereichen „analysiert" worden ist, die mit Bewertung, Bedeutung und Entscheidungsprozessen beschäftigt sind. Das geschieht alles andere als „automatisch", sondern in genau diese Verarbeitungsprozesse fließen unsere Erfahrungen, Erwartungen, Einstellungen und letztlich auch unsere Werte ein. *Darin* unterscheiden sich Menschen – nicht so sehr in der Wahrnehmung.

Daniel Goleman fasst das in seinem einflussreichen und lesenswerten Buch zur sozialen Intelligenz zusammen[14]:

Aufmerksamkeit für andere	Soziale Interaktion
· *Empathie*: mit anderen fühlen, nichtverbale Gefühlsäußerungen registrieren („Wie wirkt mein Gegenüber gerade auf mich?") · *Einfühlungsvermögen*: Zuhören mit voller Empfänglichkeit nur für das, was unser Gegenüber sagt („Ich höre nur mein Gegenüber und stelle mich/meine Sichtweise für einen Moment an den Rand.") · *Genauigkeit*: Verständnis für die Gefühle, Gedanken und Motive des anderen („Habe ich mein Gegenüber wirklich richtig verstanden?")	· *Synchronität*: ausgewogene und sanfte Interaktion vor allem auf dem nonverbalen Level („Habe ich gerade genug Zeit oder fühle ich mich gedrängt? Passen meine Haltung und Mimik zu dem, was gerade gesagt wird?") · *Selbst-Öffnung*: Erfahrungen und Ehrlichkeit im eigenen Verhalten („Bin ich bereit, auch meine Emotionen zu zeigen?") · *Einfluss*: Mitsteuerung des Ausgangs einer sozialen Interaktion („Kann ich meine Überzeugungen und Werte gewinnbringend für andere einbringen?") · *Anliegen*: sich um die Bedürfnisse anderer kümmern und entsprechend handeln („Geht mich das etwas an, ist mir mein Gegenüber wichtig?")

Soziale Intelligenz ist also ein interaktiver Prozess, der nicht nur die Wahrnehmung des emotionalen Zustands des Gegenübers benötigt, sondern auch eine Offenheit im eigenen Verhalten erfordert sowie mit einer moralischen Zielsetzung verbunden ist. Man kann sich den Ausdruck sozialer Intelligenz eigentlich gar nicht anders vorstellen als im Dialog.

In einer Umfrage aus dem Jahr 2019 vom Bundesverband Digitale Wirtschaft (BVDW) wurden verschiedene Altersgruppen darüber befragt, wie häufig sie Sprachnachrichten verschicken. Sprachnachrichten sind primär dadurch gekennzeichnet, dass nur einer spricht. Möglicherweise werden diese auch abgehört; dann *hört* eben nur eine/-r. Innerhalb der Altersgruppe der 16- bis 24-Jährigen räumen 42 % ein, täglich Sprachnachrichten zu versenden. Die Adressaten sind überwiegend Freunde (65 %) und Familienmitglieder (55 %), bei den etwas Älteren zu 34 % Lebenspartner und, erwartungsgemäß, nur bei 3 % Vorgesetzte. Der Hauptgrund ist der „geringere Aufwand als beim Textnachricht tippen" (56 %). *Monologe* sind vor dem Hintergrund des bislang Gesagten kaum mit dem Wesen sozial intelligenten Verhaltens in Einklang zu bringen. Jeder Verzicht auf die *direkte und präsente* Interaktion (nonverbal und verbal), die uns so sehr dabei hilft, die Emotionen und Motive anderer zu erkennen und zu verstehen beraubt uns wesentlicher Aspekte unseres Zusammenlebens. In einem Telefonat oder – wie es ja heute auch einfach möglich ist – im Videogespräch wäre das weitaus besser. Sprachnachrichten können gekennzeichnet sein durch das Inkaufnehmen oder sogar den Wunsch, dass eine direkte Reaktion des Empfangenden ausbleibt.

Mangelnde Dialogbereitschaft findet ihren Exzess im sogenannten „Ghosting" (wie ein Geist verschwinden), wenn auf eine Sprachnachricht, Textnachricht oder sonstiges überhaupt nicht mehr reagiert wird, ohne Aussprache, ohne Erklärung, ohne Humanität. Sogar Beziehungen werden manchmal so beendet. Zurück bleiben Unverständnis, Trauer und Schmerz.

Auch Fotos von sich selbst („Selfies") können ja bereits mit entsprechenden Filtern überarbeitet werden, um Hautbeschaffenheit, Haaransätze, Augenfarbe, Nasenform etc. zu verändern beziehungsweise vorgegebenen Idealen anzupassen. Inzwischen berichten plastische Chirurgen, dass Jugendliche häufig solche veränderten Bilder vorlegen und sich selbst daran anpassen lassen wollen. Es ist zu befürchten, dass dieses Bedürfnis nach Verfremdung längerfristig in Entfremdung münden wird, was uns zum nächsten Kapitel führt.

Bindungsfähigkeit

Du und ich – wir sind eins. Ich kann dir nicht wehtun, ohne mich zu verletzen.
Mahatma Gandhi (1869–1948)

In dem Film *Casablanca* aus dem Jahr 1942 sagt Humphrey Bogart zu seiner Filmpartnerin Ingrid Bergmann den berühmten Satz: „Ich schau dir in die Augen, Kleines." Daran ist einiges falsch, aber eines mit Sicherheit richtig. Falsch ist die Annahme, dass dieser Satz im Drehbuch stand. Humphrey Bogart sagte ihn mehr oder weniger spontan. Falsch ist auch die deutsche Übersetzung. Im Original („Here's looking at you, kid") handelt es sich um einen alten Trinkspruch, bei dem zwei Menschen jeweils durch ihr Glas in die Augen des Gegenübers schauen. Inhaltlich bedeutet es eher so etwas wie „Zum Wohl" oder „Prost!". In *Casablanca* benutzt Humphrey Bogart diesen Satz, um seine Zuneigung zum Ausdruck zu bringen. Und das ist auch genau das, was richtig ist: Mit intensivem Augenkontakt können wir eine tiefe Bindung zu unserem Gegenüber zum Ausdruck bringen.

In einer bemerkenswerten Studie aus 2015 gingen japanische Forscher der Frage nach, welche Effekte direkter Augenkontakt zwischen Mensch und Hund hat.[15] Untersucht wurden Halter von Hunden, die jeweils langen oder kürzeren Augenkontakt zu ihrem Tier halten konnten, sowie Halter von domestizierten Wölfen. Der lange Augenkontakt führte bei Haltern *und* deren Hunden zu einem Anstieg des „Bindungshormons" Oxytocin, das neben anderen Funktionen zentral für den Aufbau menschlicher Bindung ist. Die Wölfe hingegen vermieden den Augenkontakt nahezu vollständig. Mehr noch, wenn man Hunden (allerdings und bemerkenswerterweise nur weiblichen) besagtes Oxytocin verabreicht, verlängert sich deren Blickkontakt zum Menschen, der – wenn er entsprechend darauf eingeht (sprechen, streicheln) – seinerseits wieder eine Erhöhung der eigenen Oxytocinproduktion startet. Aber: Es müssen schon die *eigenen* Hunde sein.

Augenkontakt ist eine der wichtigsten Grundlagen für den Aufbau einer sozialen Bindung zwischen der Mutter und ihrem Säugling, aber auch zwischen Menschen in einer Partnerschaft.

Was versteht man unter Bindung? Mit der Bindungsforschung verbinden sich die Namen John Bowlby und Mary Ainsworth. Beide gingen davon aus, dass beim Kleinkind zweierlei eine zentrale Rolle spielt: Sicherheit und Erkundung. Das Kleinkind ermutigt sich, die Welt zu erkunden, wenn es eine sichere Bindung zur Hauptbezugsperson hat, die fast immer zunächst die Mutter ist. Beide treten miteinander in Interaktion. Die Bezugsperson lernt die Verhaltensäußerungen des Kindes zu deuten und reagiert darauf mit Zuwendung, Trost, Nähe, Augenkontakt, Beruhigungen etc. Das Kind erkennt seinen „Einfluss" auf die Welt und lernt, dass auf seine Äußerungen reagiert wird. So entwickelt sich ein Band – eine Bindung.

Stellen Sie sich folgende Situation vor: Eine Mutter betritt mit ihrem anderthalb Jahre alten Kind einen Raum und lässt das Kind diesen „erkunden". Dann betritt ein Fremder den Raum, tut zunächst nichts, spricht dann mit der Mutter und nähert sich schließlich dem Kind. Daraufhin verlässt die Mutter den Raum (Trennungsphase), kommt aber nach ein paar Minuten zurück. Der Fremde verlässt den Raum wieder, Mutter und Kind interagieren (Wiedervereinigungsphase). Dann verlässt sie wieder den Raum, das Kind ist kurz allein, unwesentlich später betritt der Fremde wieder den Raum, und zum Schluss kommt auch die Mutter wieder. Sie können sich sicherlich vorstellen, dass diese Situationsabläufe für das Kind nicht frei von Stress sind. Natürlich würde man die Phasen verkürzen oder auch abbrechen, wenn sie das Kind zu sehr aufregen – das ist ja klar.

Man kann in Versuchsreihen mit diesem Experiment zunächst drei Bindungstypen unterscheiden: Ein Kind von Typ 1 ist nicht sonderlich beeindruckt von der Gesamtsituation. Das hört sich zunächst ganz gut an. Aber: Es freut sich auch nicht sichtbar, wenn die Mutter zurückkommt, ja, weicht ihr fast schon aus (unsicher vermeidende Bindung). Andere Kinder sind bereits „alarmiert", wenn der Fremde den Raum betritt, sie sind im Verhalten passiv und sehr aufgeregt, wenn die Mutter den Raum verlässt. Bei deren Rückkehr suchen sie zwar die Nähe der Mutter, aber lassen sich nur schwer wieder beruhigen und sind manchmal zornig (unsicher ambivalente Bindung). Wieder andere lassen sich schlecht einem Typ zuordnen (desorganisiertes oder desorientiertes Bindungsmuster). Aber es gibt natürlich und glücklicherweise überwiegend Kinder, die mehr oder weniger „beeindruckt" sind von dem Fremden oder auch dem kurzfristigen Alleinsein. Sie sind aber „glücklich", wenn die Mutter zurückkommt, suchen ihre Nähe und sind schnell wieder beruhigt, wenn sie aufgeregt waren (sichere Bindung).

Eine sichere Bindung zeigt sich also auch im Vertrauen auf die Sicherheit, die eine Bezugsperson bereitstellt. Sie ist nicht gekennzeichnet durch völlige Resistenz gegenüber Belastungen, sondern durch die Erfahrung, „aufgefangen" zu werden, wenn man es braucht. So ist es nicht nur bei Kindern, sondern auch bei Erwachsenen. Der „Fremde-Situations-Test"[16] ist wohl eine der bedeutendsten Herangehensweisen, um das Bindungsverhalten von Kindern zu studieren.

Da Bindung zwangsläufig zwei „Teile" voraussetzt, liegen Ursachen für unterschiedliches Bindungsverhalten bei Mutter (z. B. deren Feinfühligkeit) und Kind (z. B. dessen Temperament). Und – das macht das Ganze komplizierter – beide beeinflussen sich gegenseitig. So kann das Verhalten des Kindes das elterliche Verhalten steuern (was es im Übrigen auch ständig tut) und umgekehrt natürlich elterliche Zuneigung und Wärme das Kind beflügeln. Bei der Bindung ist es also eher so, dass dieses *Zusammenwirken* die Qualität bestimmt.

Der Bindungsstil im Kindesalter setzt sich häufig im Erwachsenenalter fort. Hier sind natürlich die Situationen und

Messmethoden ganz andere. Welchem Erwachsenen würde es schon viel ausmachen, wenn ein Fremder den Raum betritt oder die Mutter den Raum verlässt? Aber Erwachsene kann man natürlich fragen, wie sie welche Situation empfinden, und die Ergebnisse lassen sich sehr ähnlichen Dimensionen wie denen aus der Kindheit zuordnen.

Nach Bartholomew und Horowitz[17] kann man Bindungstypen auch im Erwachsenenalter unterscheiden. Im Folgenden finden Sie Aussagen, die die unterschiedlichen Bindungstypen beschreiben. Welche trifft auf Sie am *ehesten* zu (es geht um die allgemeine Tendenz und nicht um eine hundertprozentige Zuordnung)?

A: Ich fühle mich ohne enge emotionale Beziehungen wohl. Es ist mir sehr wichtig, mich unabhängig und selbstständig zu fühlen, und ich ziehe es vor, wenn ich nicht von anderen abhängig bin oder andere nicht von mir abhängig sind.

B: Ich möchte eine starke emotionale Bindung zu anderen, aber ich stelle oft fest, dass andere *mir* nicht so nahekommen wollen. Es ist nicht schön, ohne enge Beziehungen zu sein, und ich mache mir manchmal Sorgen, dass andere mich nicht so sehr schätzen wie ich sie.

C: Es fällt mir relativ leicht, anderen emotional nahezukommen. Ich fühle mich wohl damit, wenn ich von anderen abhängig bin und andere von mir. Ich habe keine Angst, allein zu sein oder dass andere mich nicht akzeptieren.

D: Es ist mir etwas unangenehm, anderen nahezukommen. Ich möchte emotional enge Beziehungen, aber ich finde es schwierig, anderen völlig zu vertrauen oder mich auf sie zu verlassen. Manchmal habe ich Angst, dass ich verletzt werde, wenn ich mich zu sehr auf andere einlasse.

An dieser Klassifikation wird deutlich, wie sehr Bindung von uns selbst, von anderen und von der Sicht über andere abhängt. Eine intakte Beziehung ist wie eine ausbalancierte Waage zwischen uns und einem anderen Menschen. Klar kann es auch mal zu Unstimmigkeiten, wenn nicht sogar Streit kommen, aber die Waage pendelt sich immer wieder auf ein Maß von „Gleichheit" ein – dann sind wir in unserer Beziehung „ausgeglichen".

Nur bei einer Aussage finden wir eine positive Beziehung zu uns selbst *und* zu anderen im Sinne dieses Gleichgewichtes vor: bei C. Dieser Typus wird als „sicher gebunden" bezeichnet – ganz so, wie wir es bei den Kindern gesehen haben. Man kann mal aus dem Lot geraten (oder wie beim Kind: Fremder im Raum, Mutter geht fort), aber danach pendelt sich alles wieder auf ein angenehmes Maß ein. Bei A haben wir ein ganz gutes Verhältnis zu uns selbst, aber mit anderen wollen wir eigentlich nicht so viel zu tun haben (selbstsicher-vermeidende Bindung). Manche wünschen sich eine intensive Bindung zu anderen Menschen; es fehlt ihnen aber an Selbstvertrauen, und sie machen sich Sorgen, ob sie gemocht oder auch geliebt werden (B = besorgter Bindungstyp, oft übertrieben anhänglich). Und nicht selten kommt D vor – ein Bindungsmuster (ängstlich-vermeidend), bei dem Sehnsucht einerseits, aber auch Angst und Vermeidung andererseits sich gegenseitig torpedieren.

Die frühe Bindung zu unserer Bezugsperson ist von fundamentaler Bedeutung für unsere weitere Entwicklung. In der Tat spricht einiges dafür, dass ein sicher-gebundenes Kind auch im Erwachsenenalter einen sicheren Bindungsstil aufweist. Stabil heißt aber nicht festgelegt! Je nach Partnerschaft kann sich aus einem ängstlich vermeidenden Bindungsmuster eines entwickeln, das auf Vertrauen und Gegenseitigkeit basiert. Nur, so ehrlich muss man wohl sein, passiert das nicht von heute auf morgen, sondern setzt eine längerfristige Beziehung*serfahrung* und ein daraus resultierendes Umlernen voraus.

Für dieses Kapitel „Bindungsfähigkeit" können diese Erkenntnisse sehr hilfreich sein. Unsere unterschiedlichen Bindungsmuster sind schon früh in unserer Entwicklung entstanden; sie sind nicht gut oder schlecht. Sie haben aber durchaus mehr oder weniger Potenzial! Mit einer sicheren Bindung fällt es uns leichter, uns auf andere einzulassen. Das kann natürlich auch mit Enttäuschungen verbunden sein, macht aber langfristig glücklicher, als in Beziehungen zu leben, die durch einseitige Abhängigkeit, Besorgnis oder sogar Angst gekennzeichnet sind. Zudem geraten wir schnell in einen Teufelskreis: Wenn wir ständig besorgt sind, dass ein geliebter Mensch uns vielleicht weniger mag als wir ihn oder sie, dann achten wir verstärkt auf die Signale, die uns darin bestätigen – das nennt sich selbsterfüllende Prophezeiung. So lösen triviale Alltagssituationen Eifersucht bis hin zu Ängsten aus, verlassen zu werden. Das daraufhin einsetzende Unverständnis des Partners oder der Partnerin legen wir dann als mangelnde Empathie aus und sagen zu uns selbst: „Ja, ich bin es wohl nicht wert, dass meine Ängste ernst genommen werden" – und so verhärten wir unser Bindungsmuster.

Hier wird erneut deutlich, dass Bindungsfähigkeit eine zweiseitige Medaille ist. So wie ein Mensch seine Bindungsängste kultiviert, könnte doch die/der andere versuchen, diese aufzulösen! Das Wissen über verschiedene Bindungstypen kann für Beziehungen von großem Nutzen sein und zu neuen Bindungserfahrungen führen. Wie?

Eine tiefe Beziehung bis hin zur Liebe ist eine *sinnliche* Erfahrung. Gefragt sind also ganz offensichtlich unsere Sinne. Beziehungsfähigkeit lässt sich – wie alle Charakterstärken – durchaus üben, wenn wir einige unserer Sinne zur Steigerung unserer Beziehungsfähigkeit schulen.

Hören: Es wird immer wieder hervorgehoben, wie wichtig Hören in Beziehungen ist – also *Zuhören*. Für viele Menschen ist es enorm hilfreich, wenn jemand konzentriert zuhört, nicht ständig unterbricht oder nachfragt und vor allem keine Tipps gibt! Für Frauen ist das oftmals viel wichtiger als für Männer, die je nach Situation (zum Beispiel Stress am Arbeitsplatz) meist nicht sonderlich gesprächig sind. Aktives Zuhören, also mit bestätigendem Nicken und passender Mimik, ist eine Zurücknahme der eigenen Position zugunsten einer Erleichterung des oder der anderen, was oftmals die eigentliche Stressbewältigung für unser Gegenüber darstellt. Wir müssen nicht permanent unseren „Senf" dazugeben, Ratschläge erteilen oder von ähnlichen eigenen Erfahrungen berichten. Wir müssen weder ablenken noch beschwichtigen – sondern einfach nur zuhören und bei dem Menschen bleiben, der reden will.

Sehen: Blickkontakt ist eines der fundamentalsten Signale für Aufmerksamkeit und Interesse. Insbesondere der Blick in die Augen ist von so starker Wirkung (siehe das Hundebeispiel), dass darüber Bindung signalisiert und manchmal sogar erst hergestellt wird. Mehr noch: Allein an der Augenpartie kann man viel über den Gefühlszustand eines Menschen erkennen. In der Diagnostik schwerer Störungen in sozialen Beziehungen (zum Beispiel Autismus) wird folgender Test (*Reading Mind in the Eyes*-Test) eingesetzt:

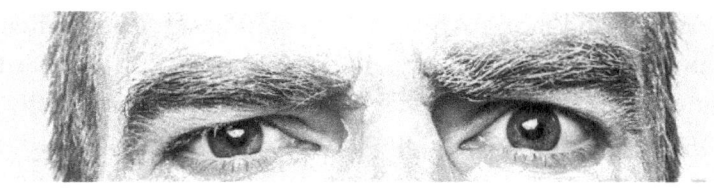

Was geht in diesem Menschen vor? Ist er entspannt, glücklich oder wütend?

Fühlen: Aristoteles hatte sich erstmals mit psychischen Funktionen der Sinne befasst. Die Berührung war laut ihm nicht nur ein direkter physikalischer Kontakt zwischen Menschen, sondern deren Wahrnehmung (Fühlen) auch eine Funktion der Seele. Die Bedeutung eines wohligen Gefühls wurde schon früh von Harlow und Zimmermann[18] in den berühmten Experimenten an jungen Affen belegt. „Baby-Affen" ziehen eine mit Stoff bezogene Affen-Attrappe, die keine Nahrung spendet, einer solchen vor, die zwar Milch gibt, aber nur aus hartem Draht besteht. Auch in der Bindungsforschung bei Kleinstkindern (quasi unmittelbar nach der Geburt) wird die Berührung der sensiblen Haut als „erste Sprache" aufgefasst und als zentral für die Entwicklung einer sicheren Bindung zur Bezugsperson angesehen. Was Babys hilft, kann auch Erwachsenen nicht schaden. Menschen legen zum Trost ihre Hand auf die eines Kranken oder Traurigen, halten einander an den Händen, legen ihren Arm als Zeichen der Verbundenheit über die Schulter des anderen oder berühren sich durch einen Kuss. Berührung geht nicht nur auf die Haut, sondern tief darunter.

Wenn Sie schon einmal in Rom waren und Gelegenheit hatten, die Sixtinische Kapelle zu bewundern, dann wird Ihnen sicherlich der Teil der Deckenbemalung von Michelangelo aufgefallen sein, die den Namen „Die Erschaffung des Adam" trägt. Wenn Sie noch nicht dort waren, kennen Sie das Bild (siehe Bildteil, Bild 4) möglicherweise dennoch.

Michelangelo wählte als Bild für die Erschaffung des Menschen, oder sagen wir lieber: des Menschlichen... die *Berührung* – Ein Zufall?

7.

Transzendenz

Mit dem Begriff „Transzendenz" kam ich während meines Studiums vor vielen Jahren in Berührung. Er tauchte auf im Kontext der Bedürfnishierarchie des humanistischen Psychologen Abraham Maslow, der im Übrigen schon 1959 den Begriff der Positiven Psychologie geprägt hat. Diese im Bild einer Pyramide angeordneten Bedürfnisse sind aufsteigend angeordnet, wobei die fundamentalen Bedürfnisse (zum Beispiel Schlaf, Essen) die unterste Stufe bilden und solche, die nach Sicherheit streben (Schutz, Gesetze) und Bedürfnisse nach Beziehungen und sozialer Anerkennung in der Mitte angesiedelt sind. Weiter oben findet man dann das Bedürfnis nach Selbstverwirklichung. Kurz vor seinem Tod hatte Maslow noch eine letzte Stufe eingebracht: das Bedürfnis nach Transzendenz.

Diese Pyramide reflektiert nicht nur Entwicklungsstufen vom Kleinkind zum Erwachsenen; man kann sie sich auch als ein Stufenmodell vorstellen, bei dem zwar faktisch nicht unbedingt alle Stufen von jedem Menschen durchlaufen werden, Maslow aber davon ausging, dass es grundsätzlich menschlich sei, alle Stufen durchlaufen zu *wollen*. Der Grund, warum ich mich damals als Erstsemesterstudierender mit dem Verständnis von Transzendenz schwertat, mag mein junges Alter gewesen sein. Dass Abraham Maslow die letzte Stufe erst vor seinem Tod einbrachte, kann in der Tat auch daran liegen, dass die Auseinandersetzung mit „Übergängen" (Transzendenz geht auf das lateinische *transcendentia* – das Überschreiten – zurück), zum Beispiel vom Diesseits ins Jenseits, nicht in allen Lebensphasen gleich bedeutsam ist.

Transzendenz zu begreifen fällt auch deswegen schwer, weil sie die Grenze zu einer Sphäre überschreitet, die wir gar nicht näher beschreiben *können*. Wir berühren an dieser Stelle unmittelbar den Übergang von Wissen und Vorstellung hin zum Glauben. Daher müsste die Transzendenz als oberste Stufe bei Maslow eigentlich deutlicher von den anderen abgegrenzt werden. Sie verlässt die auf sich selbst gerichtete Perspektive (die unterschiedlichen Bedürfnisse unseres konkreten Lebens) und „abstrahiert" gewissermaßen von uns als Person hin zu uns als einem Teil eines nicht näher definierten *Ganzen* – was das, je nach subjektiver Einschätzung, auch immer sein mag.

Der größere Zusammenhang kann die göttliche Ordnung, die kosmische Ordnung oder auch die Ordnung der Natur sein. Tatsache ist, dass diese Formen der Ordnung letztlich der höhere *Sinn* unseres Daseins sind.

An dieser Stelle mag man den Eindruck gewinnen, dass die Auseinandersetzung mit Transzendenz eine gedankliche Beschäftigung mit dem Unwägbaren sei. Es gibt aber durchaus auch berufliche Bereiche, in denen die Auseinandersetzung mit Transzendenz von großer *praktischer* Bedeutung ist: die Kranken- und Altenpflege. Nicht erst in der aktuellen Situation von schwerstkranken Menschen können die Charakterstärken, die im Kontext der Transzendenz noch behandelt werden, essenziell sein. Dies gilt zum Beispiel für Dankbarkeit (Vergangenheit) und Hoffnung (Zukunft), und zwar für Pflegebedürftige ebenso wie für Pflegende.

Die Psychologieprofessorin Pamela Reed aus Arizona (USA) hat gerade mit Blick auf die Pflege eine Theorie der Transzendenz aufgestellt.[1] Auch sie geht davon aus, dass unsere Einbindung in ein größeres Ganzes nicht nur ein Grundbedürfnis ist, sondern auch der Königsweg zu Zufriedenheit, Glück und Gesundheit. Dennoch setzt sie eines voraus: Das Gefühl oder Wissen, dass wir grundsätzlich verletzlich sind und unser eigenes Geschick nicht vollumfänglich steuern können. Diese Grunderkenntnis kann uns den Weg dafür bereiten, dass wir für unser bisheriges Leben dankbar sind und/oder hoffnungsvoll in die Zukunft blicken. Omnipotenzgedanken („Ich werde immer alles hinbekommen, so wie es auch in der Vergangenheit war") hindern uns dagegen geradezu daran, die Charakterstärken innerhalb der Transzendenz überhaupt ausformen zu können. Auch hier setzt die Erkenntnis, „nur" ein Teil eines großen Ganzen zu sein, wiederum Bescheidenheit und Demut voraus.

Ebenso wichtig ist es, überhaupt ein Verständnis davon zu haben, *was* unser Wohlbefinden ausmacht. Ist es materieller Wohlstand, eine einflussreiche Position im Beruf, Popularität? Wenn ja, werden diese Kriterien über das gesamte Leben stabil bleiben, oder ändern sie sich vielleicht im höheren Lebensalter, wenn uns unsere Endlichkeit schmerzlich bewusst wird? Welche Faktoren für unser Wohlbefinden könnten uns lebenslang tragen? Bei dieser Überlegung kommt man früher oder später wieder zur Transzendenz.

Verschiedene Verhaltensweisen sind eindeutig mit einem Sinn für Transzendenz verbunden. Wer sich einer größeren

Sache zugehörig weiß, neigt fast automatisch zu weniger ausgeprägtem Egoismus und Egozentrismus, die ansonsten unsere Gesellschaft zunehmend beuteln. Eine Verschiebung von individualistischen zu kollektivistischen Werten ist ein Anzeichen für eine stärkere Hinwendung zur Transzendenz. Mehr und mehr fragen sich Menschen, was „richtig" ist, und sind sensibler für moralische Dimensionen. Dies zeigt sich auch in einem zunehmenden Interesse an fernöstlichen Vorstellungen und Traditionen. In einer von Alexander Kunst 2019 veröffentlichten Studie an über 1.000 Befragten[2] gaben nur 21% an, nie zu meditieren. Immerhin 11% praktizieren täglich Meditation. Eine andere Form, sich mit Transzendenz zu befassen, ist zweifelsohne das Gebet. Auch hier wird eine externe und umfassende „Ordnung" angesprochen und das enge Menschliche zeitweise verlassen.

Der Mensch hat eine besondere Affinität zur Transzendenz, sie ist ihm – wie schon Maslow annahm – ein Bedürfnis. Mehr noch: Sie ist ihm zu eigen wie keinem anderen Lebewesen, was den Theologen Karl Rahner dazu veranlasste, die Bestimmung des Menschen als ein Wesen der Transparenz hervorzuheben.

Der amerikanische Psychiater Robert Cloninger hat sich ebenfalls intensiv mit Charakterstärken beschäftigt und einen Fragebogen entwickelt, der nicht nur Patienten, sondern auch Gesunden vorgelegt werden kann, um den Grad der Hinwendung zur Transparenz zu erfassen.[3] Hier werden drei Dimensionen betrachtet (jeweils mit zwei Beispielfragen), bei denen Sie gerne entscheiden können, wie sehr diese auf Sie zutreffen:

Transzendenz-Dimension	Beispielfragen
Selbstvergessenheit	• Ich vertiefe mich oft so sehr in eine Sache, dass ich manchmal gar nicht mehr weiß, wo ich eigentlich bin. • Ich habe Momente großer Freude erlebt, wobei ich plötzlich ein starkes und tiefes Gefühl von völligem Einklang mit allem empfunden habe, was existiert.
Identifikation mit den/ dem anderen	• Ich fühle mich manchmal so mit der Natur verbunden, als ob alles ein Teil eines lebenden Organismus sei. • Ich fühle oft eine starke geistige und emotionale Verbindung mit den Menschen um mich herum.
Spirituelle Akzeptanz	• Ich glaube an Wunder. • Religiöse Erfahrungen halfen mir, den Sinn des Lebens zu erkennen.

Diese wenigen Beispiele mögen erneut verdeutlichen, um was es geht. Der Begriff „Selbstvergessenheit" ist hierbei wörtlich zu nehmen. Transzendenz erfordert tatsächlich, sich selbst ab und an zu „vergessen" und die selbstbezogenen Motive und Ziele zugunsten einer Gemeinschaft zurückzustellen. Das *Eingebundensein* in eine Gesamtheit sowie die Spiritualität sind häufig direkt mit der „Sinnfrage" verbunden, die auch Viktor Frankl (der Cloninger maßgeblich geprägt hat) in seiner Logotherapie und Existenzanalyse ins Zentrum des menschlichen Lebens setzt.

Viktor Frankl hatte im Zuge der Gräueltaten im Nationalsozialismus seinen Vater, seine Mutter, seinen Bruder und auch seine Frau in den Gaskammern von Auschwitz oder anderen Konzentrationslagern verloren. Er selbst entkam dem Tod nach der Befreiung durch die Amerikaner am 27. April 1945. Frankl verarbeitete seine furchtbaren Erfahrungen unter anderem in dem Buch „Man's Search for Meaning", das im Deutschen „... trotzdem Ja zum Leben sagen" heißt.[4]

Das „Eingebundensein" in eine Gesamtheit könnte im Sinne Rahners tatsächlich ein zutiefst menschliches Bedürfnis sein, das vielleicht für viele in den Hintergrund getreten ist. Aus der Wahrnehmungspsychologie wissen wir, dass wir dazu neigen, „Gesamtheit" oder auch „Geschlossenheit" aktiv herzustellen. Betrachten Sie das folgende Bild. Was sehen Sie?

Nun, sehen werden Sie wohl schwarze Ornamente, die in einer gewissen Art und Weise – aber letztlich nicht durchschaubar – angeordnet sind. *Wahrnehmen* werden Sie wohl einen Hund. Wir „ergänzen" fehlende Information zu einem für uns stimmigen Gesamtbild und demonstrieren damit, dass unsere Wahrnehmung im Alltag dem Gesetz folgt, dass das Ganze eben doch mehr als die Summe seiner Teile ist.

In anderen Kontexten fällt das offensichtlich schwerer. Entweder man weiß nicht, dass der einzelne Baum weit mehr ist als ein Teil des tropischen Regenwaldes, oder – was noch schlimmer wäre – es ist Bolsonaro und anderen schlicht egal.

Ein anderes Beispiel: Im Jahr 1926 wurde der letzte Wolf im amerikanischen Yellowstone-Nationalpark geschossen. Die Folge war eine starke Vermehrung von Wapitis (einer Rothirschart), die daraufhin große Teile der Vegetation abfraßen. Die Zahl der Tiere war derart hoch, dass einige verhungerten. Der Verlust von Bäumen und Sträuchern bewirkte, dass viele Vögel und andere Tierarten verschwanden. Auch die Biber wanderten aufgrund des Holzmangels vollständig ab. Die Biberdämme, die die Flüsse und Bäche stauten, verfielen, der Wasserspiegel sank und die umliegenden Flächen trockneten aus. Dadurch stand im Frühjahr weniger Nahrung für Winterschläfer wie zum Beispiel Bären zur Verfügung und auch diese Tiere verschwanden.

Im Winter 1995/96 wurden im Yellowstone wieder Wölfe angesiedelt. Was danach passierte, war beeindruckend: Die Wölfe reduzierten die Anzahl der Wapitis, und die verbliebenen flüchteten in höhergelegene Regionen. Die Vegetation erholte sich, Aasfresser wie Adler und Kojoten kehrten zurück, ebenso die Biber. Und die ganze negative Entwicklung wurde rückläufig, in teils atemberaubendem Tempo.

Der Wolf ist eben auch Teil eines Ganzen.

Es wäre doch unsinnig anzunehmen, dass alles ein Teil des Ganzen ist, nur der Mensch selbst bleibt nur Teil *seiner* Menschheit. Auch er ist Teil dieses Ganzen, sollte sich so begreifen und vor allem auch danach handeln. Und damit sind wir bei der ersten Charakterstärke innerhalb der Transzendenz.

Sinn für das Schöne

> Schön ist eigentlich alles, was man mit Liebe betrachtet. Je mehr jemand die Welt liebt, desto schöner wird er sie finden.
>
> Christian Morgenstern (1871–1914, dt. Dichter)

Louis Armstrong war ein amerikanischer Musiker, Sänger und Schauspieler. Er wuchs in ärmlichen Bedingungen auf und lebte zeitweise in einer Erziehungsanstalt für Jungen. Er ist eher als Trompetenvirtuose bekannt, doch ein Lied von ihm ist vielen in besonderer Erinnerung: *What a wonderful world*. In diesem Lied beschreibt er die Schönheit der Natur, der Bäume und Blumen des Himmels und der Wolken aber auch die Schönheit der liebevollen zwischenmenschlichen Interaktion sowie die Schönheit der Hoffnung bei der Betrachtung von Babys, die mehr lernen werden, als er selbst jemals wissen wird. Wenn  Sie ein Smartphone oder Tablet mit QR-Code Scanner haben, nehmen Sie sich einen Moment Zeit und lassen diesen Song auf sich wirken. Es wäre eine gute Einstimmung für dieses Kapitel.

Wenn wir uns mit dem Sinn für das Schöne befassen, kommen wir zwangsläufig zum Begriff der Ästhetik. Die Ästhetik ist eine Sinneserfahrung, beziehungsweise letztlich eine *Bewertung* einer sinnlichen Wahrnehmung. Etwas *schön* zu finden ist eine subjektive und nicht sonderlich stabile Einschätzung, die neben unserer eigenen Entwicklung und unserem persönlichen Geschmack stark von gesellschaftlichen Normen und Idealen (siehe zum Beispiel *Schönheits*ideale) abhängt. Unser Sinn für das Schöne ist zudem, wie im Zitat von Christian Morgenstern hervorgehoben, ein Beziehungsaspekt, der Empfindungsvermögen und Bewusstsein voraussetzt.

Entscheidend an der Sinneserfahrung des Schönen ist nach Franz von Kutschera[5] das damit verbundene eigene *Erleben*. Es macht einen großen Unterschied, ob man sagt, man habe einen Sonnenuntergang beobachtet oder eben einen solchen *erlebt*. Natürlich kann auch die Beobachtung von anderen Menschen ein Erlebnis sein. So sieht man vielleicht einen Trapezartisten, der in schwindelnder Höhe großartige Akrobatik vollzieht. Vielleicht sind wir angespannt und nervös und hoffen, dass ihm nichts passiert. Wir würden diese Darbietung vielleicht nicht als „schön" oder ästhetisch bezeichnen, sondern vielleicht eher als beeindruckend, mutig oder diszipliniert. In der Tat liegt der Schwerpunkt unserer Wertschätzung in diesem Akrobaten. Der Sinn für das Schöne aber setzt voraus, dass die Quelle der Freude in *uns selbst* liegt.

Im Jahr 1896 schrieb der spanische Philosoph George Santayana ein bemerkenswertes Buch mit dem Originaltitel „The Sense of Beauty" (Der Sinn für Schönheit). Hier wird Schönheit explizit in eine psychologische Dimension gehoben, bei der die Schönheit des Objektes als *Wert* dargestellt wird. Natürlich gibt es Unterschiede zwischen ästhetischen und moralischen Werten, die ja bereits eingangs dargestellt wurden. Der Wert der Schönheit aber steht ganz für sich allein, er ist unabhängig von Bewertungen, unterschiedlichen Meinungen oder gar Überlegungen zur Nützlichkeit. Der Wert der Schönheit ist einfach die Freude, die sie uns bereitet. Damit schlägt Santayana früh eine Brücke zur Positiven Psychologie, die den Sinn für Schönheit als eine Charakterstärke auffasst, deren *Ausübung* unser Leben bereichert, uns glücklicher und zufriedener macht.

Früher oder später entwickelt man ein Bedürfnis, zu erfahren, was denn Schönheit nun ist. Schönheit erschließt sich durch unsere Sinne – und zwar durch alle. Wir können Schönheit sehen (Landschaften, Gemälde, alle möglichen Lebewesen, den Sternenhimmel ...), natürlich auch hören (Musik, Kinderlachen, Gesang ...) oder riechen (der Duft eines guten Essens, Parfüm, der Duft der Rose ...), schmecken (unser Lieblingsgericht, einen guten Wein ...) und natürlich auch fühlen (eine zärtliche Berührung, schöne Materialien, weiches Fell ...). Mit David Hume wurde Schönheit im 18. Jahrhundert subjektiviert: Schönheit liegt im Auge des Betrachters.

Aber ist es so einfach? Haben wir nicht soeben gehört, dass der Wert der Schönheit für sich allein steht (ein Mögen ohne Wollen)? Und kommen wir dann nicht in Schwierigkeiten, wenn die gegenwärtigen Aktivitäten zur Steigerung von Schönheit (zum Beispiel Schönheitsoperationen) gesteigerter Attraktivität, mehr Erfolg oder höherer Einschaltquoten dienen und damit eben *nicht* für sich allein stehen? Ist es vor dem Hintergrund dieser Überlegungen überhaupt gerechtfertigt, von „Schönheitsoperationen" zu sprechen, oder sollte man ausschließlich von „plastischer Chirurgie" reden? Bei Schopenhauer kommen wir der Problematik des Schönheitsbegriffs schon etwas näher. Hier wird die Wahrnehmung der Schönheit (ästhetisches Wohlgefallen) als eine Art Befreiung von den aktuellen Bedürfnissen, Nöten oder Einschränkungen aufgefasst – „Schönheit als Kontemplation".[6] Wenn wir zum Beispiel eine Landschaft oder ein Gemälde bewundern, dann „transzendieren" wir für einen Moment in eine andere Sphäre und vergessen vielleicht kurz, was uns bedrückt.

Haben Sie sich je gefragt, warum in Museen Bänke genau dort stehen, wo die bedeutendsten Kunstwerke ausgestellt sind? Ginge es nur darum, sich mal ein wenig auszuruhen, könnten sie doch *irgendwo* stehen. Besonders ansprechende Kunstwerke „zwingen" uns häufig zur Unterbrechung unserer momentanen Aktivität. Sie halten uns gewissermaßen wie an einem Haken fest, und wir halten „inne". Sie können so stark wirken, dass man sich „erst einmal setzen muss" – daher die Bänke. Moderne Ansätze gehen sogar davon aus, dass dieses Anhalten Lernen und Gedächtnisleistung fördern kann.[7] Manchmal kommen bei der Betrachtung von Schönheit oder auch dem Hören von Musik Erinnerungen und Emotionen hoch, die uns selbst überraschen.

Die bewusste Wahrnehmung von Schönheit ist oftmals auch Ausdruck der Sehnsucht nach Vollkommenheit oder Harmonie in einer fehlerhaften Welt. Der Gegenstand der Ablenkung, sprich, das, *was* wir an Schönem wahrnehmen, mag individuell verschieden sein. Diese *Funktion* aber ist bei allen gleich. Unter dieser Prämisse hätte der Sinn für das Schöne tatsächlich eine Objektivität – und das Schöne folglich auch.

Der Sinn für Schönes und die Einlassung auf das Schöne (zum Beispiel die Kunst) könnte daher auch einen positiven Einfluss auf unser Wohlbefinden in Form von Entspannung, besserer Stressbewältigung oder auch Freude haben. Um Schönheit wahrzunehmen, kann man ein Museum oder eine Ausstellung besuchen. Schönheit umgibt uns aber auch im Alltag. Allerdings sind unsere Sinne durch Geschäftigkeit und Eile oft von der Schönheit selbst *abgelenkt*. Wir lassen uns in unserer Hast zwischen Terminen und Verpflichtungen von keinem „Haken" mehr stoppen. Betrachten Sie die Fotos 5a-5e im Bildteil. Welches bildet für Sie Schönheit ab? Vielleicht sind es ja auch alle. Wenn Sie auch nur in einem davon Schönheit wahrnehmen, dann zeigt das, dass sie uns überall begegnen kann, weil es doch relativ alltägliche Szenen sind. Wir können unseren Sinn für die Wahrnehmung von Schönheit schärfen, indem wir ihr erlauben, uns einen Moment aufzuhalten. Wir können die Wirkung der Schönheit auf uns trainieren, wenn wir die Inhalte der Bilder nicht bewerten, vergleichen, mit anderen besprechen, sondern in Stille auf uns wirken lassen. So lernen wir *Achtsamkeit*. Wir halten inne und fokussieren uns auf etwas, was uns gefällt und für den Moment guttut, und das entspannt und „entschleunigt" uns.

Humor

Es gibt kaum etwas im menschlichen Dasein,
das dem Menschen so sehr und in einem
solchen Ausmaß ermöglicht, Distanz zu
gewinnen, wie der Humor.

Viktor Frankl (1905–1997, Neurologe, Psychiater)

Vor einigen Jahren, als meine Kinder noch zur Schule gingen,
nahm ich sie immer im Auto mit. Ich fand (und finde), dass
es nicht schaden könne, wenn sie den Tag mit einem Lachen
beginnen würden. Also besorgte ich mir ein Witzebuch und
suchte täglich einen Witz aus, der meine Zensur überstand.
Diesen erzählte ich dann auf der wenige Minuten dauernden
Fahrt. Manchmal lachten sie herzhaft, manchmal schmunzelten sie und manchmal sagten sie auch leicht vorwurfs-
voll: „Papa, der war ja blöd!" Mit der Zeit wurde das Witze-
erzählen eine Routine und ich bemerkte, dass sie dieser Fahrt
mit einem gewissen Interesse entgegensahen – um nicht zu
sagen, sich darauf freuten.

Zu dieser Zeit wusste ich noch nicht viel über die Effekte
des Humors, seine Bedeutung in Beziehungen oder bei
Krankheit, seinen Einfluss auf die Lebenszufriedenheit oder
das persönliche Glück und schon gar nichts darüber, dass
er im Kontext von Tugenden oder Charakterstärken seit der
Antike viele Disziplinen beschäftigt und eine fundamentale
Säule der Positiven Psychologie ist. Ich hätte damals auch
kein Witzebuch herangezogen, wenn ich von dem Buch „Erlösendes Lachen[8]" gewusst hätte. Dieses von Peter Berger ver-
fasste Werk verbindet beides: eine stattliche Ansammlung

von guten Witzen (von denen aber einige auch meiner Zensur zum Opfer gefallen wären) und eine absolut lesenswerte Erläuterung zum Wesen der Komik und des Humors im historischen Abriss sowie in ihrer Bedeutung über die Zeit.

Gerne würde ich über Ansichten zur Komik oder Komödie, wie ja schon so oft, den Lehrmeister der hier zugrunde liegenden Auffassung von Tugend und Charakter heranziehen. Aristoteles hat in seinen Ausführungen zur Poetik zwar über die Tragödie geschrieben, die Abhandlung über die Komödie ist aber nicht überliefert – sehr schade. Dieser Verlust mag auch Umberto Eco sehr beschäftigt haben, der in seinem Roman (beziehungsweise in dessen Verfilmung) „Der Name der Rose" den jungen Novizen Adson genau *dieses* Buch suchen ließ.

In der Antike war der Humor ein Stilmittel der Rhetorik, das seine Wirkung insbesondere durch nicht erwartete Ausgänge und Überraschungen entfaltete, die oftmals als widersprüchlich zur zuvor erzählten Geschichte, wenn nicht zu unseren Erfahrungen oder Erwartungen empfunden werden. Bei solcher Komik passt etwas einfach nicht zusammen – es ist inkongruent. Dieses Merkmal, das nach wie vor Witzen zugrunde liegen kann, findet seit Kant und Schopenhauer folgerichtig Niederschlag in der Inkongruenztheorie.

Der amerikanische Psychologieprofessor Jaak Panksepp hatte sich intensiv mit Lachen befasst; allerdings nicht bei Menschen, sondern bei Ratten. Wenn man Ratten kitzelt, produzieren sie für uns nicht hörbare Geräusche im Ultraschallbereich. Vieles weist darauf hin, dass die Tiere das auch als lustvoll erleben.[9]

Andere Formen des Lachens, zum Beispiel das schadenfrohe Lachen, das verlegene Lachen und vor allem das, wie es Mary Collins Swabey[10] nennt, „Komische Lachen" dürfte wohl dem Menschen vorbehalten sein. Lachen entzieht sich tatsächlich ab und an unserer Kontrolle, die – an solche Gelegenheiten erinnern Sie sich vielleicht aus Ihrem eigenen Leben – umso schwerer fällt, je wichtiger sie wäre. Man könnte auch sagen, dass das Lachen nicht immer kompatibel ist mit unserem gegenwärtigen Bewusstseinszustand. Ähnlich ist es mit dem Witz als Ausdrucksform von Humor. Sigmund Freud hat das schon früh erkannt und neben dem Traum (der ja auch ein veränderter Bewusstseinszustand ist) den Witz als Entkommen aus unserer willentlichen Kontrolle charakterisiert, ausgelöst durch unbewusste Prozesse (Triebe). Im Witz entkommen wir für einen Moment unserer Realität. Gemeint ist, „dass der Sinn für Humor nicht bloß der Ausdruck eines subjektiven Gefühls ist [...], sondern es vielmehr mit Wahrnehmungen zu tun hat, die sich auf die Wirklichkeit der Welt außerhalb des eigenen Bewusstseins beziehen"[11], was erklären mag, warum er innerhalb der Transzendenz behandelt wird.

Da der Witz in psychoanalytischer Auffassung einem Trieb Freiraum gibt, kann er befreiend und erleichternd wirken. Zudem hat er eine soziale Wirkung. Nicht nur, dass wir uns gern gegenseitig Witze erzählen, sondern auch, indem Witze die uns so wohlbekannten und vertrauten kleinen Schwächen der Menschen thematisieren. Mit dem französischen Schriftsteller Albert Camus könnte man in der Tat sagen, dass die Fantasie darüber hinwegtröstet, was Menschen nicht sein können, und der Humor darüber, was sie sind.

Humor und Sinn für Humor sind Gaben, die vielleicht nicht jede/-r in gleichem Maße erhalten hat. Wie stark aber die Kraft des Humors ist, wird besonders deutlich in dem

Buch von Chaya Ostrower, in dem sie einer Forschungsfrage nachgegangen ist, die auf den ersten Blick fast unanständig wirkt: Sie befragte Überlebende des Holocaust nach der Wirkung und Bedeutung von Humor und Lachen in Konzentrationslagern wie zum Beispiel Auschwitz. Sie selbst wusste, wie sensibel dieses Thema ist, zumal ihr das unendliche Leid von Juden auch durch ihre eigene Familie, von der viele, inklusive ihre Mutter, im KZ umgebracht worden waren, sehr wohl bekannt war. Das Buch trägt den Titel: „Es hielt uns am Leben." Darin berichtet zum Beispiel Nechama Koren: „Es war so gut, wenn wir sahen, dass es jemand gerade sehr schwer hatte, gingen wir zu ihm hin und erzählten ihm Geschichten, wir erzählten ihm Witze, um ihn damit aufzuheitern ... Ich kann Ihnen sagen, Witze waren unser täglich Brot."[12]

Viele Erinnerungen der interviewten Überlebenden ähneln sich in erstaunlicher Weise. Das zeigt deutlich, welche Bedeutung Humor auch in verzweifelten Situationen an abscheulichen Orten haben kann. Sicherlich ist dies auch der Kern des Eingangszitates dieses Kapitels von Viktor Frankl. Wenn Humor in extremen Lebenssituationen helfen kann, dann wäre es doch geradezu absurd anzunehmen, dass er uns bei unseren Sorgen nicht helfen könnte. Zum Beispiel bei Krankheit?

Haben Sie schon einmal von den „Clown-Doktoren" gehört? Von diesen werden nicht nur bei stationär behandelten kranken Kindern, sondern auch im Altenpflegebereich Humor, Witz und Komik eingesetzt, um Ablenkung, Spaß, Zuversicht und letztlich Hoffnung zu fördern. Zahlreiche Studien belegen, dass Clown-Doktoren viel Gutes bewirken, wenn sie ihre Anvertrauten erheitern oder sogar zum Lachen bringen. Die erzielten Erfolge reichen von der Angstreduktion[13] vor Untersuchungen oder OPs bis hin zu erhöhter Schmerztoleranz[14], geringeren Stresshormonkonzentrationen oder auch Steigerungen der Immunkompetenz. Auch bei alten Menschen mit neurologischen Erkrankungen (zum Beispiel Demenz oder Alzheimer) haben Clown-Doktoren sehr positive Effekte auf verschiedene Ebenen des Wohlbefindens. Noch ein letztes Beispiel: Die humorvolle Begleitung durch Clown-Doktoren verband sich im Bereich der künstlichen Befruchtung mit einer deutlich höheren Rate anschließender erfolgreicher Schwangerschaften als in einer Vergleichsgruppe ohne diese.[15] Und bei Gesunden? Hier ist es ganz eindeutig so, dass sich der Sinn für Humor als Einstellung ebenso wie der Humor selbst (Verhalten) mit erhöhter Lebenszufriedenheit verbindet.[16]

Und ein Letztes sollte nicht unerwähnt bleiben: Humor ist attraktiv. In verschiedenen Umfragen zu verschiedenen Zeitpunkten findet sich Humor innerhalb der Hierarchie von Wesenszügen, die sich Menschen von ihrem zukünftigen Partner oder ihrer Partnerin wünschen, immer wieder ganz weit oben. Frauen wünschen sich das bei zukünftigen Partnern noch mehr als Männer bei Partnerinnen. Humor hat eine starke Beziehungskomponente, ganz im Sinne von David Hume, der der Auffassung ist, dass Witz und Humor Liebe und Zuneigung wecken.

Wir alle kennen humorvolle und weniger humorvolle Menschen. Die Frage ist, ob man Humor auch üben kann. Meine Antwort ist: „Ja!"

Tatsächlich gibt es ein standardisiertes Programm zur Steigerung des Sinns für Humor von Paul McGhee[17], der sich über viele Jahre mit Humor, seiner Entwicklung im Kindesalter und auch seiner Funktion für psychisches Wohlbefinden und Gesundheit befasst hat. Dieses Programm ist Gegenstand verschiedener wissenschaftlicher Studien gewesen und im Zuge dessen auf seine Wirksamkeit hin überprüft worden.[18] Es besteht aus sieben Schritten:

1. *Sich mit Humor umgeben.* Was belustigt mich? Welche Art von Komik gefällt mir? Worüber habe ich unlängst herzlich gelacht? Erstellen Sie eine *Humorbiografie.* Beispiel: Lesen Sie die Witze oder Cartoons in der Tageszeitung. Schauen Sie sich Sendungen im Fernsehen oder im Internet an (lustige Tiervideos, Satiresendungen, Kabarett, Comedy etc.). *Versuchen* Sie sich an verschiedenen Humor-Arten und Formaten. In unserer medialen Welt kommen wir doch an alles „spielerisch" heran. Welche Art von Humor gefällt Ihnen am besten?

2. *Erhalten oder gewinnen Sie Freude am Spiel:* Humor und spielerisches Verhalten liegen recht nahe beieinander, weil beide einen „geschützten" Rahmen für uns bilden. Auch im Spiel können wir unser gegenwärtiges Selbst ein wenig verlassen und ganz andere Rollen einnehmen. Beispiel: Haben Sie schon einmal mit Freunden oder in der Familie ein Pantomime-Spiel gemacht oder das Kartenspiel „Tabu" ausprobiert? Die Freude am Spiel ist uns gewissermaßen in die Wiege gelegt, wenn Sie bedenken, wie viel Freude Kleinstkinder am „Kuckuck-Spiel" haben. Versuchen Sie, etwas verspielter zu werden.

3. *Lachen Sie mehr.* Dies dürfte, wenn Sie Schritt 1 wirklich praktizieren, automatisch passieren – also setzen Sie sich nicht unter Druck.

4. *Achten Sie auf Sprache als Form von Humor.* Es gibt zahllose Beispiele dafür, dass Wörter, die eine doppelte Bedeutung haben, in verschiedenen Kontexten humorvoll sein können. Wir haben eine Neigung, solche Wörter zu finden (siehe auch das Spiel „Teekesselchen", bei dem es genau darum geht) und empfinden Freude bei deren Entdeckung. Auch das kann (im Übrigen auch bzw. gerade mit Kindern) ein humorförderndes Spiel sein.

Beispiel:

„Die Stiftung Warentest hat Bestecke getestet!"

„Und, was kam dabei heraus?"

„Na, die Messer haben am besten abgeschnitten."

5. *Achten Sie auf Humorvolles im Alltag.* Wenn Sie sagen, dass es in Ihrem Alltag nichts zu lachen gibt, dann ist es wahrscheinlich eher so, dass Sie nichts davon *wahrnehmen*. Humorvolles kann man fast überall entdecken, wenn man sich dafür öffnet und von den Absurditäten dieser Welt unterhalten werden *will!* Wenn Ihnen etwas Erheiterndes auffällt, dann schreiben Sie es sich auf oder machen rasch mit dem Smartphone ein Foto davon. Legen Sie sich Ihr eigenes „Buch der 1000 Witze" an und kultivieren es. Da es per definitionem ausschließlich Begebenheiten enthält, die *Sie* belustigt haben, wird es wohl kaum ein besseres Buch für Sie auf dem Markt geben!

Beispiele:

6. *Über sich selbst lachen können*: Das ist nicht ganz so einfach. Jeder kennt Situationen, bei denen uns Missgeschicke oder Peinlichkeiten passiert sind. Anstatt sich darüber zu ärgern, kann es viel befreiender und im Sinne der Stressbewältigung effektiv sein, einfach mal über sich selbst zu schmunzeln.

7. *Humor ist, wenn man trotzdem lacht*: Das ist die höchste Stufe der Humorbildung und meint, dass wir *gerade* dann, wenn wir belastet oder im Stress sind, das Lachen nicht vergessen sollten. Auch wenn uns in aktuellen Situationen überhaupt nicht danach zumute ist, kann die aktive Suche nach dem Komischen im Schwierigen zu einer zumindest kurzfristigen Verbesserung unserer Stimmung beitragen.

Die Untersuchungen, die sich mit dem Thema der Humorbildung befasst haben, zeigen nicht nur, dass Humor tatsächlich geübt und damit gelernt werden kann, sondern weisen darüber hinaus auch darauf hin, dass sich damit eine andauernde Verbesserung unseres Wohlbefindens und damit auch unserer Lebenszufriedenheit und Gesundheit verbindet.[19]

Dankbarkeit

Nicht die Glücklichen sind dankbar.
Es sind die Dankbaren, die glücklich sind.
Francis Bacon (1561–1626, engl. Philosoph)

Die Auseinandersetzung mit der Dankbarkeit hat in den letzten Jahren insbesondere in der Psychologie einen bemerkenswerten Aufschwung erfahren. Es wäre nicht übertrieben zu sagen, dass eine Dankbarkeits-Euphorie ausgebrochen ist, die sich in zahlreichen Fachbüchern und Ratgebern niedergeschlagen hat. Das ist fast schon irritierend, weil Dankbarkeit im Gegensatz zu allem, was hier bislang thematisiert wurde, in der Antike – so auch bei Aristoteles – keinen so klaren Bezug zu Tugenden beziehungsweise Charakterstärken hat. Im Gegenteil: Für Aristoteles war das großzügige Geben weitaus bedeutsamer als das dankbare Empfangen. Und in der Tat haben wir zwar alle ein gewisses Verständnis von Dankbarkeit, aber möglicherweise doch ein unterschiedliches, was die Angelegenheit (auch in der Forschung) nicht leichter macht.

Beginnen wir mit einer Alltagssituation, die Sie vielleicht aus eigener Erfahrung kennen oder zumindest schon beobachtet haben: Eine Mutter mit einem 3- oder 4-jährigen Kind kauft Fleisch- und Wurstwaren ein. Die Verkäuferin bietet dem Kind ein Stück Fleischwurst an, nicht ohne sich vorher bei der Mutter zu erkundigen, ob das angebracht sei. Das Kind, sehr zurückhaltend, nimmt die Gabe an, und die Mutter fragt: „Und, was sagt man?" Das Kind bringt kaum hörbar das Wort „Danke" hervor.

Ist das ein Ausdruck von Dankbarkeit?

Dankbarkeit wird als intrinsisches *Bedürfnis* aufgefasst, also als eines, das tatsächlich von Herzen kommt, *beabsichtigt* ist und der Wahrnehmung folgt, dass jemand etwas Besonderes für uns getan hat. Der Aufforderung, der Mutter zu folgen, ist aber eher die Reaktion auf eine Erwartung von außen (extrinsisch).

Ein weiteres Problem ist, dass die Gebende (die Verkäuferin) für den Ausdruck von Dankbarkeit eigentlich etwas „Besonderes" tun sollte, was über eine Geste hinausgeht. Besonders wäre etwas, das mit eigenem Aufwand oder eigenen „Kosten" (wobei hier nicht unbedingt finanzielle gemeint sind) verbunden ist. Das sehe ich in diesem Bespiel auch nicht.

Letztlich würde Dankbarkeit beim Kind voraussetzen, dass ihm die „gebende Intention", also eine Form der Wohltätigkeit seitens der Verkäuferin, deutlich wird. Auch daran kann man Zweifel haben. Wahrscheinlich handelt es sich bei dem „Danke" des Kindes nicht um tief empfundene Dankbarkeit, sondern eher um Höflichkeit, die zu vermitteln natürlich auch wichtig ist (siehe Kapitel Freundlichkeit). Aber sie ist doch etwas völlig anderes. Auch wenn uns jemand die Tür aufhält oder an der Kasse vorlässt, bedanken wir uns. Fraglich ist allerdings, ob das mit Dankbarkeit als Tugend viel zu tun hat.

Dank kann personell (zum Beispiel anderen Menschen gegenüber) oder spirituell (Gott oder dem Schicksal gegenüber) adressiert werden. Einigkeit dürfte darüber bestehen, dass man Gegenständen nicht danken kann. Niemand käme doch auf den Einfall, nach einem Unfall dem Airbag seines Autos zu danken oder Dankbarkeit für die Zuverlässigkeit des

Weckers am Morgen zu äußern. Bezieht sich Dankbarkeit auf andere Menschen, wird auch von der triadischen Dankbarkeit[20] gesprochen, die eben dreierlei voraussetzt: einen Begünstigten (der etwas erhält), einen Begünstigenden (der etwas gibt) und eine Gunst (die Sache, um die es geht). Das hört sich kompliziert an, wird aber verständlicher, wenn eine andere, die *dyadische* Dankbarkeit ins Spiel kommt. Diese hat auch einen Begünstigten und eine Gabe, aber eben *keinen* konkreten Begünstigenden. Wir können dankbar sein für unsere Gesundheit, unsere finanzielle Situation, unseren Arbeitsplatz etc. – aber wem? Zudem ist diese Form der Dankbarkeit insofern etwas Besonderes, als sie sich auch auf die Gegenwart bezieht, während man üblicherweise dankbar für etwas Vergangenes ist – bei der triadischen Dankbarkeit zwangsläufig immer, denn wir sind ja anderen Menschen für etwas dankbar, was sie im Vorfeld für uns getan haben – manchmal sogar mit einigem Vorlauf (zum Beispiel: „Heute bin ich meinen Eltern dankbar, weil sie damals ...").

Die Dankbarkeit im triadischen Sinne ist eine zwischenmenschliche Beziehungsangelegenheit. Sie kommt zum Tragen, wenn wir zum Beispiel Hilfestellung, Unterstützung oder Zuwendung bekommen haben, wobei sie keine „Vollendung" voraussetzt, denn auch jemandem, der uns bei einer Panne im Straßenverkehr hilft, danken wir, auch wenn er das Auto nicht instand setzen konnte.

In dem wegweisenden Buch von Emmons und McCullough[21] wird hervorgehoben, dass die Äußerung von Dankbarkeit ein starkes *soziales Signal* ist. Wenn wir zu anderen Menschen sagen: „Ich bin dir dankbar für ...", dann erfüllen wir damit Verschiedenes: Auf der einen Seite gestehen wir ein, dass wir auf die Zuwendung anderer angewiesen sind oder waren und senden unmissverständliche Signale, dass wir ein soziales Wesen sind. Wir „belohnen" aber auch den Begünstigenden, der sich sicherlich durch unseren Dank anerkannt, geschätzt und moralisch aufgewertet fühlt. Das könnte seine Bereitschaft erhöhen, auch in Zukunft zu helfen. Der Empfangende unserer Dankbarkeit wird sich, *wie wir selbst*, dabei gut fühlen. Es entsteht also eine gewisse Gegenseitigkeit – eine Reziprozität.

Warum aber tut es uns gut, „echte" Dankbarkeit zu empfinden und vor allem zu *zeigen*? Ein offenkundiger Grund dürfte wohl sein, dass wir uns damit einen Beweis liefern, dass wir nicht allein im Leben stehen und die Hilfe und Gaben anderer Menschen zu schätzen wissen. Ob in der Familie, im Freundeskreis, am Arbeitsplatz – eigentlich überall – das Wissen, dass wir Unterstützung in der Not bekommen, verbindet sich häufig mit Zuversicht und Hoffnung und der Fähigkeit, kritische Situationen überwinden zu können (Resilienz). Wir wissen, dass Menschen es gut mit uns meinen. Dankbarkeit als Charakterstärke braucht auch eine gewisse Form der Bescheidenheit (zum Beispiel indem man sich eingesteht, andere zu brauchen) wie auch Demut. Menschen, die sich für völlig selbstverantwortlich, selbstkompetent und unabhängig halten, sind zur Dankbarkeit nicht fähig. Dankbarkeit weicht dann ihrem Gegenpol, dem Stolz, der sich ja ausschließlich auf uns selbst bezieht. Die Unfähigkeit zur Dankbarkeit kann sich auch in übertriebenem Anspruchsdenken artikulieren („Das steht mir zu"), und es ist keineswegs sicher, dass die Dankbarkeit größer wird, je mehr Zuwendung man erfährt.

Verschiedene Studien haben belegt, dass Menschen, die über die Charakterstärke der Dankbarkeit verfügen, zu mehr Wohlbefinden und Zufriedenheit, besserem Schlaf, Gesundheit und weniger Stress, Angst oder Depressionen neigen.[22] Viele dieser Studien haben aber die Art der Dankbarkeit (soziale Dankbarkeit oder triadische, spirituelle oder dyadische Dankbarkeit) nicht unterschieden. Diese Unterscheidung bleibt wichtig, auch mit Blick auf das Wesen von Tugenden und Charakterstärken, die, wie schon des Öfteren hervorgehoben, mit *Handlungen* einhergehen sollten. Der Volksmund sagt, man solle „sich in Dankbarkeit üben", aber führt nicht näher aus, wie das aussehen kann. Ich möchte zwei „Übungen" schildern, die in der Literatur bereits mehrfach untersucht wurden.

Eine *triadische* Dankbarkeitsübung, bei der die soziale Handlung im Vordergrund steht, ist der sogenannte „Dankesbrief". Sie schreiben einer Person, der Sie immer schon einmal danken wollten, aber es aus welchen Gründen auch immer nicht getan haben, einen Brief (*keine* E-Mail, *keine* WhatsApp, sondern vorzugsweise handgeschrieben auf einem Blatt Papier). Hierbei ist Folgendes wichtig:

- Beginnen Sie den Brief mit der Anrede „Liebe/-r ..."
- Kümmern Sie sich nicht um das Aussehen Ihrer Handschrift – leserlich sollte sie aber sein.
- Beschreiben Sie, warum Sie diesen Brief schreiben und vor allem, was diese Person getan hat, um Ihren Dank zu erhalten.
- Schreiben Sie auch, warum seine/ihre Handlung für Sie so wichtig war, was sie bei Ihnen bewirkt und Ihnen gegeben hat.
- Schließen Sie den Brief mit einer freundlichen Verabschiedungsformulierung, und wenn möglich:
- Überbringen Sie den Brief persönlich.

Die Wirkung eines solchen Dankesbriefes wird bei Seligman und Kollegen bereits 2005 beschrieben[23]: Unmittelbar nach der Übergabe empfindet der Überbringer einen deutlichen Zuwachs an Freude und Glück, der tatsächlich auch noch ein paar Tage anhält. Ebenfalls gemessen wurden Symptome, die bei depressiven Patienten bekannt sind, aber in milderer Form auch Gesunde betreffen können, wie Niedergeschlagenheit, Hoffnungslosigkeit und anderes. Der Effekt des Dankesbriefes war eine sofortige Verringerung dieser Symptome, die auch noch einen Monat später anhielt.

Natürlich bleiben solche Effekte nicht ewig. Es reicht nicht, einmal einen Dankesbrief zu schreiben, damit sich das gesamte Leben positiver entwickelt. Ebenso dürfte wohl nicht zu erwarten sein, dass viele Dankesbriefe zu besonders großen Verbesserungen unserer Lebenszufriedenheit führen. Was die Ergebnisse aber zeigen, ist, dass der *Ausdruck* von Dankbarkeit unser Wohlbefinden fördert. Wir spüren, wie sich praktizierte Dankbarkeit anfühlt, und bekommen eine andere Beziehung zu dieser komplexen Charakterstärke. Der Dankesbrief erfüllt insbesondere den Charakter der Beziehungsfunktion des Dankes (zum Empfänger) und fördert das Wohlbefinden zweier Menschen: das des Senders *und* des Empfängers.

Eine *dyadische* Dankbarkeitsübung kann das „Dankbarkeitsbuch" sein. Auch dieses ist bereits Gegenstand verschiedener Untersuchungen gewesen, die gezeigt haben, dass es sich mit Verbesserungen des Wohlbefindens und der Lebenszufriedenheit verbindet.[24] Jeden Abend – zum Beispiel vor dem Schlafengehen – lässt man bei dieser Übung den Tag Revue passieren und notiert sich in einem Buch alles, wofür man an diesem Tag dankbar ist. Das können auch „kleine" Begebenheiten wie zum Beispiel ein gutes Gespräch mit einem Freund oder einer Freundin, ein Lob des oder der Vorgesetzten oder eine gewichtigere Situation sein, bei der man knapp einem Unfall entgangen ist. Wir können für vieles dankbar sein. Es muss nicht unbedingt um den Dank gegenüber einer Person gehen. Wichtig ist die Reflexion des Tages, bei der der Blick auf das *Gute* im Vordergrund steht. Dankesbücher dieser Art sind populär und im Handel teils schön gestaltet erhältlich. Füllen müssen Sie sie aber natürlich selbst. Es gibt Vergleichbares auch als App für Ihr Smartphone. Meine Empfehlung: Nehmen Sie das Buch!

Die für die Übung so notwendige *Handlung* sollten Sie bereits bei der Vorbereitung beginnen. Gestalten Sie Ihr Dankesbuch doch selbst, indem Sie ein Foto auf den Umschlag kleben, das für Sie in besonderem Maße mit Dankbarkeit verbunden ist. Das Foto kann sich auch von Zeit zu Zeit ändern, je nachdem, was für Sie im Vordergrund steht. Beschreiben Sie bei Ihrer abendlichen Reflexion kurz die Situation, in der Sie Dankbarkeit empfunden haben, und gehen Sie auf Ihre Gefühle ein. Wenn ein anderer Mensch involviert war: Hatten Sie die Gelegenheit, der Person Ihre Dankbarkeit zu zeigen? Wenn ja, wie fühlte sich das an? Was war die Reaktion des/der anderen? Gab es überhaupt *jemanden*, dem Dank gebührte, oder richtete sich Ihr Dank in eine von konkreten Personen unabhängige Dimension (zum Beispiel Natur, Glück, Gott ...)? Auch das würde in dieses Buch gehören.

Ihr persönliches Dankesbuch wird Ihnen helfen, die Charakterstärke der Dankbarkeit bewusster wahrzunehmen und zu kultivieren. Wohlbefinden und gesteigerte Lebenszufriedenheit werden eine Folge sein – da bin ich mir ziemlich sicher. An manchen Tagen fällt Ihnen vielleicht nichts

ein, für das Sie dankbar sind. Dann aber vielleicht wieder am nächsten. Setzen Sie sich nicht unter Druck, jeden Tag etwas schreiben zu müssen. Sie sollen es nicht als Pflicht empfinden, das Buch zu füllen, sondern das Buch soll Sie (er-)füllen.

Der täglich wiederkehrende Dank kann alternativ zum Aufschreiben auch im stillen Dialog mit sich selbst vollzogen werden. Diese Form des Dankes ist alles andere als eine Erfindung der Dankesforschung oder gar der Positiven Psychologie. Generationen haben sie, intensiver als wir heute, allabendlich praktiziert. Der Adressat für diese Form des Dankes ist Gott im Abendgebet. Hier fehlen zwar der *direkte Bezug* zum anderen Menschen und die *Handlung*, die beide beim triadischen Dank gegeben sind, aber auch Glaube und spirituelle Frömmigkeit beinhalten die wichtige transzendente Überzeugung, nicht allein, sondern geborgen zu sein. Sie entfalten beim Gläubigen Potenziale und Widerstandskraft, die sich nach Koenig und Cohen[25] auch mit seelischer und körperlicher Gesundheit verbinden.

Eh der Tag zu Ende geht,
spreche ich mein Nachtgebet,
danke Gott für jede Gabe,
die ich heut empfangen habe.
Bitte Gott für diese Nacht,
dass er mich im Schlaf gewacht:
dass kein böser Traum mich weckt
und das Dunkel mich nicht schreckt.
Kommt der helle Morgenschein,
lass mich wieder fröhlich sein.

(Überliefert)

Hoffnung

I have a dream

Martin Luther King (1929–1968, Pastor und Bürgerrechtler)

Als ich vor einigen Jahren in Köln in einem gigantischen Geschäft für Musikinstrumente war, in dem es auch erlaubt war, selbst die wertvollsten Instrumente auszuprobieren, fiel mir etwas Bemerkenswertes auf: An den Übungskabinen war ein Schild mit der Aufschrift angebracht: „Gern üben – aber bitte nicht schon wieder *Stairway to heaven.*"

Klar, ich war in der Gitarrenabteilung. Wer dieses Stück der Rockband Led Zeppelin nicht kennt, hat etwas verpasst. Nicht ohne Grund ist dieses Lied von der Leserschaft des Magazins „Rolling Stone" zur besten Rockballade aller Zeiten gewählt worden. Mehr noch: das Gitarrensolo von

Jimmy Page (insbesondere in der Liveversion) wurde vom *Guitar World Magazine* ebenfalls zum Besten aller Zeiten gewählt.

Zweifelsohne umgibt das Stück etwas Mystisches. Dafür spricht auch, dass es unzählige Interpretationen des Textes gibt – nein, eigentlich interpretiert es jeder, der zuhört und sich mit dem Text auseinandersetzt, mehr oder weniger unterschiedlich. *Stairway to heaven* ist nicht nur eine fantastische Rockballade, sondern eine Erfahrung. Eine Erfahrung, dass nichts absolut, feststehend oder unveränderbar ist. Eine Erfahrung, dass *unsere Deutung* bestimmt, wie wir die Dinge sehen und bewerten. Und wenn das so ist, dann gilt wohl auch der Umkehrschluss: dass wir durch unser Denken und Handeln die Möglichkeit haben, unsere *Weltwahrnehmung* zu verändern. Wahrscheinlich ist es diese mutbringende Erkenntnis, die Robert Plant, den Sänger der Gruppe Led Zeppelin, damals bei dem Livekonzert am 29. Juli 1973 im Madison Square Garden in New York veranlasste, das Stück *Stairway to heaven* mit den Worten anzukündigen: „I think this is a song of hope" – also ein Lied der Hoffnung.

Wie kann aber die Erkenntnis, dass nichts absolut oder eindeutig ist, Hoffnung spenden? Zunächst einmal sollten wir festhalten, was Hoffnung eigentlich ist.

Hoffnung ist eine *Kognition* – ein Denkmuster, das auf die *Zukunft* projiziert, eine Erwartungshaltung auf einen positiv emotionalen Zustand, einen guten Ausgang. Sie ist damit zunächst etwas anderes als zum Beispiel Dankbarkeit, die auf bereits erlebte Inhalte Bezug nimmt – also von der *Vergangenheit* lebt. Die Hoffnung ist eine antizipatorische Kognition, die aus der Aussicht auf eine noch eintretende Belohnung schöpft. Sie ist in ihrer in die Zukunft gerichtete Perspektive oder „Vorausschau" der Angst sehr ähnlich, nur dass sie eben mit positiven Emotionen einhergeht und deren Eintreten erwartet.

Hoffnung und Angst sind Vorwegnahmen emotionaler Zustände, die beim Eintreten ihres Gegenstandes Freude oder eben Furcht auslösen. Auch die Angst ist eine *Annäherungsreaktion*. Wenn Sie zum Beispiel Flugangst haben, dann äußert sich diese in der *Auseinandersetzung* mit der vermeintlichen Bedrohung. Sie machen sich Gedanken darüber, was alles schiefgehen kann, entwickeln eine selektive Wahrnehmung für Flugzeugkatastrophen und malen sich kurz vor Abflug die schlimmsten Ereignisse aus. Angst ist keine Abwehr, sondern eine *Hinwendung* – ganz im Gegensatz zur Furcht. Deswegen sagen wir ja auch, dass wir *vor* etwas Angst haben. Auch die Hoffnung ist eine *Hinwendung* zu einem künftigen Ereignis, wobei Sie sich im Gegensatz zur Angst beim Hoffen den *guten Ausgang* vorstellen.

Die Bewusstmachung der eigenen Hoffnung ist damit ein von *positiven Emotionen* begleiteter Prozess. Bereits Platon war der Auffassung, dass es unsere Gedanken und nicht die objektiven Fakten unserer Wirklichkeit sind, die unser Leben gestalten. Vergangenheit (Erinnerung), Gegenwart (Wahrnehmung) und Zukunft (Erwartungen, Hoffnung) bestimmen, wie wir uns selbst wahrnehmen.

Allen drei Zeitdimensionen liegen ausschließlich subjektive Einschätzungen zugrunde. Daraus ergibt sich natürlich auch, dass die Bewertung unserer Erinnerungen und die Wahrnehmung unserer Gegenwart maßgeblich unsere Erwartungen an die Zukunft bestimmen. Hoffnung im Sinne einer positiven Erwartung zu generieren und damit unsere Lebenszufriedenheit zu steigern setzt eine wohlwollende

Auseinandersetzung mit unserer Gegenwart und Vergangenheit voraus.

Natürlich können Hoffnungen enttäuscht werden. Wer kennt das nicht! Erinnern Sie sich noch an einen Zoobesuch in Ihrer Kindheit, bei dem der Tiger, auf den Sie sich so sehr gefreut hatten, sich einfach nicht blicken ließ? Oder die erhoffte Beförderung, die nicht eingetreten ist, oder die Hoffnung vor dem ersten Rendezvous, das man im Nachhinein nur als Reinfall bezeichnen konnte? Nicht selten führen solche Erfahrungen, insbesondere dann, wenn sie gehäuft auftreten, dazu, dass man nicht mehr *aktiv* hofft. Mit der sich einstellenden Resignation werden wir auf die Gegenwart zurückgeworfen, und (oftmals negative) Erinnerungen strapazieren uns zusätzlich. Und dann verliert unser Blick auf die Zukunft an Hoffnung zugunsten der Angst. Macht das glücklich? Wohl kaum. Im Gegenteil, denn das Ausmaß unserer Hoffnung ist eine der zentralen Voraussetzungen für Lebenszufriedenheit.

Zurück zu Martin Luther King. Das oben genannte Zitat („I have a dream") dürfte wohl recht bekannt sein. In Erfüllung ist sein (Tag-)Traum leider noch nicht gegangen, wenn man sich die gesellschaftlichen Verhältnisse in den USA oder die „Black Lives Matter"-Bewegung anschaut. Vieles an Unmenschlichkeit auf der Welt (so auch der gegenwärtige Krieg in der Ukraine) hat sich der Hoffnung oder anderen Charakterstärken offensichtlich noch nicht gebeugt.

Geschichtlich gesehen durchlief die Hoffnung mehrere Phasen eines teils unterschiedlichen Verständnisses. In der griechischen Antike (vor Sokrates) war sie eher Ausdruck von Hilflosigkeit, Ohnmacht und Angst vor ungnädigen und grausamen Gottheiten. Im antiken Griechenland „verblieb" der Mensch in der Gegenwart (mit der er genügend Probleme hatte). Eine positive Ausrichtung auf die Zukunft (Hoffnung) war ebenso ungewöhnlich wie eine solche auf die Vergangenheit (Dankbarkeit). Die heutige wertbesetzte, sinnstiftende und kraftspendende Hoffnung war eher eine nüchterne – wenn nicht skeptische – Erwartung. Erst später, insbesondere durch das Christentum, bekam die Hoffnung die Bedeutung, die sie meiner Meinung nach auch verdient.

Mit Platon änderte sich die eingeschränkte Zeitperspektive, und bereits er verstand unter Hoffnung eine lustvolle Ausrichtung auf die Zukunft, die – und das ist wichtig – positive Emotionen in der Gegenwart auslöst. Das Verständnis der Hoffnung bei Aristoteles ist etwas komplizierter. Er – so wird es ihm zumindest zugeschrieben – bezeichnet die Hoffnung auch als einen „Wachtraum" und sieht in ihr ebenfalls eine Auseinandersetzung mit der Zukunft. Dennoch war sie nicht wie im heutigen Verständnis eine mit positiven Emotionen verbundene Perspektive, sondern eher eine Zukunftserwartung, die negativ, neutral oder positiv sein konnte. Sie war zudem auch nicht bei den Tugenden verortet.[26]

Mit dem Bild des Wachtraums wird auch deutlich, welche Funktion die Hoffnung haben könnte. Wenn ich an nächtliche Träume denke, fällt mir die Aussage von Sigmund Freud ein: „Der Traum ist der Hüter des Schlafes." Gemeint ist damit, dass äußere Reize (zum Beispiel das Klingeln des Weckers) in die Traumhandlung eingebaut werden, damit wir weiterschlafen können. Analog – und das wäre ja nur logisch – würde die Hoffnung als Tagtraum uns auch „behüten", damit wir, je nach Erfahrung, überhaupt weiterleben können. Wir integrieren unsere Hoffnung in unseren Alltag. Die Perspektive auf die Zukunft hilft uns in der Gegenwart.

Hoffnung in diesem Sinne ist natürlich etwas anderes als eine optimistische Haltung, zum Beispiel indem wir hoffen, den nächsten Jackpot beim Lotto zu gewinnen. Die Wahrscheinlichkeit dafür lässt sich nämlich berechnen, was Studierende im Zuge der Statistikausbildung nur allzu häufig auch tun sollen. Hoffnung in dem hier verwendeten Verständnis hat aber keine berechenbare Wahrscheinlichkeit, sie erfordert die Einlassung auf das Ungewisse (siehe *Stairway to Heaven*). „Entscheidend ist die *Möglichkeit*, nicht die Wahrscheinlichkeit des Erhofften."[27]

Hoffnung braucht Transzendenz; auch in der christlichen Lehre ist Hoffnung zentral. Im Alten Testament ist die Hoffnung letztlich Gott selbst: Ein Gott des Trostes, des Erbarmens und der Zuversicht. Anders im Neuen Testament. Hier wird Hoffnung geschenkt durch die Geburt von Jesus Christus und vor allem durch seine Auferstehung, die Hoffnung für das Bedrohlichste überhaupt gibt: den eigenen Tod.

An ein Leben nach dem Tod zu glauben und den Schrecken vor dem Tod zu verlieren ist möglicherweise die Vollendung der Transzendenz. Nicht ohne Grund also ist die Hoffnung innerhalb dieser Tugend vorzufinden. Und, das lehrt uns das Christentum auch: Die Hoffnung ist *stark und groß*. Die Bundeskanzlerin Angela Merkel (diese Bezeichnung behält sie ja auf Lebenszeit) sagte, dass die wohl am häufigsten als Trauspruch verwendete Passage aus dem 1. Brief an die Korinther für sie die wichtigste sei: „*Nun aber bleiben Glaube, Hoffnung, Liebe, diese drei, aber die Liebe ist die größte unter ihnen.*" Sie schreibt dazu, dass die Hoffnung genau diese feste Zuversicht auf das sei, was an Heilsamem von Gott zu uns kommen wird, ohne jedoch schon gegenwärtig und erfahrbar zu sein.[28]

Ein völliges Fehlen von Hoffnung wäre Verzweiflung.

Wenn nun Hoffnung aus der christlichen Lehre so unlösbar mit Gott verknüpft ist, wäre dann nicht eine Abkehr von Gott ein Zustand der Verzweiflung? Würde die positive Ausrichtung auf die Zukunft (Hoffnung) dann nicht der negativen (Angst) weichen? Ginge dann Vertrauen nicht in Misstrauen, Missgunst oder sogar Hass über? Hoffnung ist *Eingebundensein*. Hoffnung braucht einen „Adressaten" außerhalb von uns selbst. Dieser kann konkret, (zum Beispiel das Verhalten einer Person) aber auch sehr abstrakt (zum Beispiel es wird bestimmt alles wieder gut) sein. Letztlich sind es aber nicht wir selbst, die Hoffnungen zur Erfüllung bringen können. Der hoffende Mensch ist daher nicht allein(-gelassen). Hoffnung braucht eine „Bindung" und damit Vertrauen. Ist das nicht vorhanden, fühlen wir uns einsam und leer.

Hoffnungslosigkeit ist eines der Hauptsymptome einer depressiven Erkrankung. Sie ist nach Ernst Bloch das Unaushaltbarste, das ganz und gar den menschlichen Bedürfnissen Unerträgliche.[29] Seine Auffassung, dass Hoffnung ein transzendentes Prinzip sei, mit dem die (subjektive) Gegenwart verändert werden könne und durch die der Mensch sein Wachstumspotenzial erhält, dürfte wohl auch eine wichtige Voraussetzung für die Positive Psychologie gewesen sein, die sich ja insbesondere mit Wachstum befasst. So wie Aristoteles das Handeln in den Vordergrund seiner Überlegungen stellt, ist auch Bloch der Auffassung, dass Hoffnung gelernt werden könne und sollte. Natürlich setzt die Hoffnung die Wahrnehmung von Missständen und mitunter ein hohes Ausmaß an persönlichem Leid voraus. Sie wird nicht ohne Grund von Ernst Bloch als „Optimismus mit Trauerflor" bezeichnet. Aber gerade in schwierigen und aussichtslos erscheinenden Situationen ist die Hoffnung ein starker Wegbegleiter.

„Wenn ich wüsste, dass morgen die Welt unterginge, würde ich heute noch ein Apfelbäumchen pflanzen." Diese Aussage, die eine besondere Form von Hoffnung transportiert, soll von Martin Luther stammen. Wichtiger als ihre genaue Herkunft ist aber der Umstand, dass Hoffnung häufig mit der Natur in Verbindung gebracht wird.

Jane Goodall ist eine sehr renommierte Verhaltensforscherin, die sich insbesondere mit Schimpansen in Tansania befasst. Auf ihren Reisen hat sie die regenerative Kraft, aber auch die Verletzlichkeit der Natur gesehen. Ihre Passion ist es, unermüdlich auf die Wichtigkeit von Arten- und Tierschutz hinzuweisen. Denn sie ist überzeugt davon, dass allem in der Natur eine große spirituelle Kraft innewohnt. Ihre Botschaft, die sie in zahllosen öffentlichen Vorträgen und in „Das Buch der Hoffnung"[30] eindringlich vertritt, ist, dass wir die Hoffnung niemals verlieren dürfen und dass diese in einem verantwortlichen Handeln für die Natur Ausdruck finden muss – aber auch von der Natur genährt wird.

Denn wenn wir die Natur aufmerksam betrachten, können wir Übergänge vom Dunklen zum Hellen betrachten, vom Kalten zum Warmen, vom Leblosen zum Lebendigen. Wenn der Sommer den Rasen ausgetrocknet und gelblich verfärbt hat, führt Regen dazu, dass er wieder grün wird. In den Bergen wachsen aus Felsspalten kleine Gewächse und manchmal sogar Bäume. Blumen schieben sich durch Asphalt, umgetopfte Pflanzen fangen wieder an zu blühen, kahle Bäume bekommen wieder Blätter, die Tristesse des Winters weicht dem Aufblühen des Frühjahrs. Kein Wunder, dass das christliche Fest, das den Inbegriff der Hoffnung in der Wiederauferstehung nach dem Tod zu Ostern feiert, sich dafür das Frühjahr ausgesucht hat.

Eine Übung zur Hoffnung könnte genau darin bestehen, auf diese Wandlungen ganz bewusst zu achten und vielleicht auch handelnd dazu beizutragen. Warum nicht selbst ein Apfelbäumchen pflanzen, Blumensamen einsäen oder Pflanzen umtopfen? Sie werden sich wundern, wie viel es zu beobachten und vielleicht auch zu tun gibt. Die Natur ist ein guter Lehrmeister für Hoffnung und sie verdient es, dass wir sie wahrnehmen und unterstützen.

Angesichts des furchtbaren Kriegs in der Ukraine denke ich an die Menschen in zerstörten Städten. Sie sind sicherlich in ihrer Todesangst nicht in der Lage, Naturphänomene als Symbole der Hoffnung wahrzunehmen, wenn sie sich in U-Bahn-Schächten, Tiefgaragen, Kellern und Bunkern verstecken müssen. Sie wissen aber, dass Humanität existiert. Sie hören, wie eine junge Frau auf der Violine die Nationalhymne der Ukraine spielt, um sich und den anderen Mut zu machen. Sie erleben, dass sich andere in Not befindliche Menschen um sie kümmern und sich zur Wehr setzen. Sie haben gehört, dass Flüchtende in allen benachbarten Ländern gastfreundlich und herzlich aufgenommen werden. All das lässt sie hoffen – und uns auch. Wir haben im Fernsehen Bilder gesehen, wie Babys in ebendiesen Verstecken geboren werden. Bei all der Angst, der Verzweiflung und im Angesicht des Todes wird Leben geschenkt. Die Mitte der Nacht ist der Anfang vom Tag.[31]

Spiritualität

Ich merkte, dass ich immer weniger zu sagen
wusste, bis ich schließlich still wurde und
zuzuhören begann. In der Stille entdeckte
ich die Stimme Gottes.

Søren Kierkegaard (1813–1855, dän. Philosoph)

Das Verhältnis von Religiosität und Spiritualität wird oftmals
etwas einseitig gesehen. Einige Menschen setzen beide Begriffe gleich, andere hingegen finden, dass das eine mit dem
anderen nichts zu tun habe. Spiritualität setzt ein sehr brei-
tes Verständnis von „Geistlichkeit" voraus, was der Begriff
basierend auf dem lateinischen *spiritualitas* eigentlich heißt.
Allen Ausdrucksformen der Spiritualität ist eines gemeinsam: Das Bewusstsein oder der Glaube, dass es außerhalb unseres eigenen Lebens eine andere Dimension des nicht direkt
Erfassbaren gibt, etwas außerhalb unserer Grenzen von Verständnis und Möglichkeiten, das wir bereits als das Wesen
der Transzendenz kennengelernt haben.

Der Mensch ist gekennzeichnet durch ein Bedürfnis danach, sich und andere Lebensformen in ein „größeres Ganzes" einzuordnen. Dieses Bedürfnis kann unterschiedliche
Auffassungen und Erkenntnisse mit sich bringen. Ob die
Herkunft des Menschen nun evolutionstheoretisch oder kre-
ationistisch begründet wird, macht hinsichtlich des Bedürfnisses nach „Einordnung" keinen großen Unterschied (inhaltlich natürlich sehr wohl).

Historisch gesehen beginnt die Auseinandersetzung mit
Spiritualität möglicherweise vor rund 40.000 Jahren, wenn

man Motive in Höhlen oder auf Felsen, die „Abweichungen"
des Menschen in Form und Gestalt (zum Beispiel als Misch-
formen zwischen Mensch und Tier) zeigen, als Ausdruck von
Spiritualität auffassen möchte.[32] Als Spiritualität wurde in
der Antike nicht der Gegensatz zur Körperlichkeit oder dem
Materiellen aufgefasst, sondern man war der Ansicht, dass
„Geistlichkeit" eher der „Fleischlichkeit" entgegensteht, womit die Geistlichkeit den höheren Stellenwert erhielt. Der
spirituelle Mensch war einer, dessen Leben durch die Einwir-
kung einer geistlichen Kraft getrieben war, die bis ins späte
Mittelalter mit Gott gleichgesetzt wurde. Bis dahin war die
Spiritualität auch nur denjenigen vorbehalten, die sich gewissermaßen von Berufs wegen mit Gott befassten: den Kle-
rikern.

Erst gegen 1800 öffnete sich die Spiritualität auch der
Allgemeinbevölkerung, und heute gibt es zahlreiche teils
traditionelle, teils mehr esoterische und häufig aktiv von
der Religion abgegrenzte Ausdrucksformen. In der Tat hat
Religiosität in der Form, an den christlichen Gott zu glauben, derzeit nicht unbedingt Hochkonjunktur. In einer Umfrage aus 2021 gaben nur 38 % der Deutschen an, gläubig zu
sein[33], allerdings mit erheblichen Unterschieden zwischen
West- und Ostdeutschland. Hinzu kommt, dass praktizier-
tes Christsein – zumindest über die Institution der Kirchen – deutlich rückläufig ist, was sich in der extrem hohen
Quote von Kirchenaustritten in den letzten Jahren zeigt.
Dafür gibt es allerdings auch viele andere traurige Gründe,
die nicht unbedingt mit einem Rückgang an Spiritualität
zusammenhängen, denn das Bedürfnis nach spirituellen
Erfahrungen hat nicht nachgelassen – es manifestiert sich
nur anders.

Das Wesen der Spiritualität ist die holistische, sprich ganzheitlich Sichtweise des Menschseins. *Holos* (= ganz, vollständig) im Griechischen ist der Vorläufer von „heilig" (noch deutlicher im Englischen *holy*), sodass „heil(ig)" in seiner ursprünglichen Wortbedeutung eben auch „ganz" bedeutet. Etwas heil zu machen bedeutet, es in seinen Ursprungszustand beziehungsweise in seine „gesunde Funktionalität" zurückführen. So wird nachvollziehbar, warum Spiritualität auch so einen starken Zusammenhang mit der Gesundheit hat, was ja in zahlreichen Angeboten zur Förderung von Entspannung, Stressreduktion, alternativer medizinischer Behandlungen etc. kommerziell nutzbar gemacht wird (geschätzter Umsatz pro Jahr in Deutschland: 20 Milliarden Euro).

Spiritualität im Sinne eines „Lifestyle" zur Förderung der Selbstverwirklichung, Entspannung, Stressreduktion ist sicher nicht verwerflich, aber doch sehr individuenzentriert und wenig auf *zwischenmenschliches Handeln* ausgerichtet. Mitunter kommen Menschen nach langjährigen spirituellen Erfahrungen dieser Art zu dem ernüchternden Resümee, der Beantwortung ihrer eigenen Sinnfrage nicht entscheidend nähergekommen zu sein. Im Gegensatz dazu steht der Transzendenzbezug von Spiritualität, der sich ja gerade nicht nur auf uns selbst bezieht, sondern die Menschheit und abstraktere Sinnfragen adressiert.

Die Frage, was Spiritualität nun mit (Tugend-)Ethik zu tun hat, wird komprimiert und überzeugend von Franziskus Knoll[34] beantwortet. Er nennt folgende Aspekte:

1. *Referenzrahmen:* Spiritualität kann uns bei den grundlegenden Fragen des Menschseins eine Orientierung auch

hinsichtlich dessen geben, was gut und richtig ist. Dieser Rahmen kann die Vergangenheit, Gegenwart und auch Zukunft umschließen (Wieso bin ich, wer ich bin, wie bin ich derzeit „eingebettet", was kommt nach mir?).

2. *Motivation*: Eine Beschäftigung mit spirituellen Themen und Fragen kann das Bedürfnis auslösen, Ziele daraufhin auszurichten oder andere, die uns trivialer und weniger sinngebend erscheinen, zu vernachlässigen.

3. *Perspektivenerweiterung*: Der Blick auf ein transzendentes Ganzes erweitert unseren Horizont und kann hilfreich sein, um die „kleinen Dinge des Alltags" zu relativieren oder zu ertragen.

4. *Geformte Aufmerksamkeit*: Mit einer Bindung an Spiritualität sind wir schlicht wacher für positive Werte und deren Umsetzung in unserem täglichen Handeln. Uns ist präsenter, was wirklich zählt und unserem Leben Sinn gibt.

5. *Handlungsorientierung*: Dies ist vielleicht der wichtigste Aspekt mit Blick auf die Tugendethik und betrifft das, was wir tatsächlich tun. Hier geht es nicht um das Reden über Spiritualität, sondern um die Praxis unserer Überzeugungen im täglichen Leben, die sich durch Verantwortung für Menschen, Tiere und Natur ausdrücken kann. Es geht auch um Abwägungen zwischen attraktiven Nahzielen und übergeordneten Bestrebungen, die oft eine deutlich spätere Belohnung oder manchmal auch gar keine mit sich bringen.

6. *Kraftzuwachs*: Spiritualität gibt uns die Kraft, mit Sorgen, Stress, Niedergeschlagenheit oder anderen „Defizitzuständen" fertigzuwerden. Wir finden Halt und Zuversicht durch Relativierung und Distanz.

Auch die psychologische Forschung hat sich intensiv mit Spiritualität befasst, wobei auch hier keine einheitliche Definition sichtbar ist. Zu häufig werden Spiritualität und Religiosität als mehr oder weniger identisch aufgefasst, oder Spiritualität wird primär auf der Ebene der Persönlichkeit betrachtet oder als Ergebnis einer kritischen Lebenserfahrung (zum Beispiel dem bevorstehenden Tod) aufgegriffen; einige stehen der Forschung zur Spiritualität generell skeptisch gegenüber.

Dennoch möchte ich exemplarisch ein Beispiel aufgreifen, das meines Erachtens geeignet ist, die Bedeutung von Spiritualität für einen wichtigen Aspekt des Lebens hervorzuheben: unsere Gesundheit.

Der amerikanisch-israelische Soziologe Aaron Antonovsky hat in gewisser Weise eine ähnliche Entwicklung durchlebt wie Martin Seligman, der ja von der Psychopathologie (Lehre von den psychischen Erkrankungen) zur Positiven Psychologie gelangte, die sich mit unseren Ressourcen für Zufriedenheit, Glück und psychische Gesundheit befasst. Antonovsky konzentrierte sich ursprünglich auch auf Krankheiten, bemerkte aber, dass selbst massive Belastungen keine Vorhersage für möglicherweise auftretende psychische Krankheitsprozesse zulassen. Seine Beobachtungen basierten auch auf Überlebenden des Holocaust, von denen einige entgegen dessen, was man nach Belastungen von solch unvorstellbarem Ausmaß annehmen würde, psychisch relativ gesund waren.

Er vollzog damit einen Wechsel von der Frage nach Entstehungsmechanismen von Krankheiten hin zu den bestimmenden Faktoren für (anhaltende) Gesundheit – das Konzept der *Salutogenese.*[35]

Was die Ursprünge von Gesundheit sind, ist ein derart komplexes Gebiet, dass es natürlich nicht erschöpfend behandelt werden kann – auch nicht von Antonovsky. Aber er hat einen zentralen Aspekt identifiziert, den er „Kohärenzgefühl" (*sense of coherence*) nennt, und dieser rückt seinen Ansatz sehr nah an die Spiritualität. Das Kohärenzgefühl ist nun aber nicht das, was man annehmen würde – ein Gefühl –, sondern mehr eine Haltung, eine Art und Weise, wie man die Welt sieht. Drei Elemente, die hier als Fragen dargestellt werden, sind zentral:

1. *Verständnis* (Kognition): Kann ich interne (Bedürfnisse, Gefühle) und externe Reize (Anforderungen, Bedrohungen, Stressoren) für mich nachvollziehbar und verständlich einordnen?

2. *Handhabbarkeit* (Verhalten): Habe ich Ressourcen, um mit den Anforderungen umgehen zu können? Ressourcen können von uns selbst oder auch anderen Menschen (zum Beispiel in Form von sozialer Unterstützung) kommen.

3. *Sinnhaftigkeit* (Motivation): Welchen Sinn sehe ich in meinem Leben und wie steuert dieser mein Verhalten, gerade auch dann, wenn ich niedergeschlagen, angegriffen oder verletzt worden bin?

Diese drei Komponenten des Kohärenzgefühls werden unmittelbar tangiert, wenn wir zum Beispiel nicht nur an die Bedürftigkeit alter Menschen denken, sondern auch an deren Pflege, die teils von Angehörigen übernommen wird. Die Pflege alter Menschen durch deren Angehörige ist in verschiedenen Studien als „Langzeitstressor" bezeichnet worden. So technisch und unempathisch sich das auch anhört, es ist zweifelsohne richtig. Eine Forsa-Umfrage im Auftrag der DAK aus dem Jahr 2015 ergab, dass sich gemittelt über alle Pflegestufen 70 % aller befragten pflegenden Angehörigen psychisch überfordert fühlen.[36] Mit Blick auf die demografische Entwicklung in unserem Land werden nach Schätzungen des Statistischen Bundesamtes im Jahr 2050 über sechs Millionen Menschen altersbedingt pflegebedürftig sein.[37] Da kann es wenigstens etwas beruhigend sein, zu erkennen, dass besagtes Kohärenzgefühl und möglicherweise in besonderem Maße die spirituelle Komponente der Sinnhaftigkeit mit weniger Belastung der pflegenden Angehörigen einhergeht, als wenn diese Ressource nicht verfügbar ist.[38]

Im ersten Buch Mose (Vers 7) lesen wir: „Da bildete der Herr, Gott, den Menschen (aus) Staub vom Erdboden und hauchte in seine Nase Atem des Lebens; so wurde der Mensch eine lebende Seele." Der Ursprung des Wortes Spiritualität im Lateinischen (*spiritus*) ist ja bereits genannt worden. Es gibt aber auch die Verbform „spiro", was übersetzt heißt: Ich *atme*. Wenn im Alten Testament vom „Atem Gottes" die Rede ist, wird dem Menschen Leben „eingehaucht", genauer betrachtet aber auch die Seele.

Der Atem kann hier zweierlei versinnbildlichen. Auf der einen Seite kann er ein schönes Bild für Spiritualität sein. Wenn wir an einem kalten Tag ausatmen, dann wird unser

Atem sichtbar. Er verlässt die Begrenzung unseres Körpers (siehe Transzendenz), ist aber nicht gut zu (be-)greifen. Er ist nicht klar umgrenzt, hat keine scharfen Konturen. Das dürfte wohl auch für die Spiritualität gelten. Ein Zweites ist aber noch wichtiger: Wir können unsere Atmung bekanntlich steuern. Wir können die Luft anhalten (zumindest eine Zeit lang), flach atmen, ruhig atmen oder auch kurzatmig sein. Im Volksmund spielt der Atem auch eine Rolle: „Erst mal tief durchatmen", „einen langen Atem haben" – bis hin zu „Atemlos durch die Nacht". In der Regel bezieht sich das auf emotionale Zustände. Die bewusste Beeinflussung unserer Atmung kann ihrerseits Einfluss nehmen auf unser Befinden.

Bewusstes Atmen spielt in zahlreichen Anwendungsfeldern, auch der klinischen Psychologie, eine Rolle. Aber auch transkulturell (fernöstliche Mediationstechniken) und über verschiedene Religionen hinweg ist die Atmung ein wichtiges Thema.

Wenn wir einatmen, fühlen wir eine gewisse Enge. Diese entlädt sich angenehm beim Ausatmen. Wir können zwischen beidem eine kleine Pause einlegen, um die „Beklemmung" besser zu spüren und dann beim Ausatmen die „Befreiung" mehr zu genießen. Auch das kann ein Bild für Spiritualität sein, die im Zustand tiefer Entspannung tatsächlich mit Bildern, Erinnerungen oder auch Sinneseindrücken und Gefühlen zutage treten kann.

Im Atemholen sind zweierlei Gnaden:
Die Luft einziehen, sich ihrer entladen;
jenes bedrängt, dieses erfrischt,
so wundersam ist das Leben gemischt.

Du, danke Gott, wenn er dich presst,
und dank ihm, wenn er dich wieder entlässt.
Einatmend und verharrend in der Fülle
fühl ich: in mir lebt Gottes Wille.
Ausatmend und verharrend in der Leere
löst sich mein Ich von aller Erdenschwere.
So atme ich mich wunderbarerweise
hinein in Gottes Schwingungskreise.

Johann Wolfgang von Goethe

Wenn Spiritualität und/oder Religiosität, wie eingangs erwähnt, „Haltungen" sind, dann setzt die Idee der Tugendethik voraus, dass diese auch in „Handlungen" überführt werden können und sollten. Da die Spiritualität eine so umfassende Orientierung ist, kann nicht erwartet werden, dass sie sich in spezifischen Handlungen offenbart. Eine Bindung an Instanzen wie zum Beispiel die Natur, das Universum oder auch Gott führt zu allgemeinen Verhaltensweisen, die bereits in den zuvor genannten Charakterstärken enthalten sind. Auch im zuvor zitierten Gedicht von Goethe wird dies deutlich: „Einatmend und verharrend in der Fülle fühl ich: In mir lebt Gottes Wille."

Gottes Wille ist nicht die *eine* Handlungsweise, sondern ein Zusammenwirken all dessen, was auch im Humanismus enthalten ist. Es sind zum Beispiel die Zehn Gebote im Alten Testament oder auch die Inhalte der Bergpredigt im Neuen Testament, die uns den Weg weisen, wie christliche Spiritualität *gelebt* werden kann. Auch die Loslösung vom Selbst in die höhere Dimension der Natur, des Kosmos oder des Universums verbindet sich mit Charakterstärken, die wir bereits kennengelernt haben (zum Beispiel Demut), aber auch mit globalen Handlungsmöglichkeiten, die dazu beitragen, das, in was wir eingebettet sind, zu schützen und zu erhalten.

„Eine tiefgreifende Spiritualität, die auf der Ausweitung positiver Emotionen wie Liebe, Ehrfurcht, Mitgefühl und Transzendenz beruht, ist ein wesentlicher Grund dafür, warum Zufriedenheit und Glück oft miteinander verbunden sind, und ist für einen vollständigen psychologischen Reichtum notwendig.[39]"

Spiritualität ist eine übergeordnete Charakterstärke, die ihren Ausdruck in vielen anderen finden kann. Sie ist nicht ohne Grund der Abschluss meiner Ausführungen über Tugenden und Charakterstärken. Spiritualität ist für das Menschsein derart wichtig, dass man sich ein erfülltes Leben ohne sie kaum vorstellen kann.

8.
Individuelle Stärken

Es wäre geradezu absurd, alle genannten Charakterstärken im gleichen Maß in sich vereinen zu wollen! Im Gegenteil: Unsere Gesellschaft funktioniert (weitgehend) gut, weil unterschiedliche Menschen unterschiedliche Stärken aufweisen. In der Positiven Psychologie wird von „Signaturstärken" gesprochen. Das sind die Stärken, die uns in besonderem Maße zu eigen sind. Sie sind auch gut zu erkennen, weil sie nach Peterson und Seligman[1] die folgenden Kriterien erfüllen:

1. Diese Charakterstärke „bin" ich. Ein Gefühl also, dass die mit dieser Stärke verbundenen Verhaltensweisen wirklich zu mir passen (das bemerken dann im Übrigen auch andere).

2. Aktivitäten, die zu dieser Charakterstärke gehören, erfüllen mich mit Freude und positiver Aufregung, und bei der Ausübung verliere ich manchmal sogar das Gefühl für Raum und Zeit. Ich gehe ganz in dem auf, was ich tue (→ flow)

3. Ich kann Dinge, die in Ausübung dieser Charakterstärke passieren, sehr gut lernen, behalten und erinnern.

4. Ich habe Sehnsucht danach, Verhaltensweisen dieser Charakterstärke auszuüben.

5. Situationen, in denen ich gemäß meiner Charakterstärke handeln kann, sind fast unausweichlich, sie ziehen mich an.

6. Ich habe meine Charakterstärke wie eine Offenbarung für mich erlebt.

7. Die Ausübung von entsprechenden Verhaltensweisen stärkt mich.

8. Ich bin von innen heraus dazu motiviert, entsprechendes Handeln zu zeigen, ohne äußere Anregungen.

Wie viele der Charakterstärken zu unseren Signaturstärken zählen, ist ganz unterschiedlich. Beim einem sind es vielleicht drei, bei einer anderen fünf.

Vielleicht fällt es uns auch gar nicht so leicht, unsere Charakterstärken zu erkennen. Es gibt aber Möglichkeiten, wie das relativ einfach gelingen kann. Willibald Ruch, der sich intensiv mit der Positiven Psychologie befasst, hat ein Befragungsinstrument bereitgestellt, mithilfe dessen Sie schnell ein Charakterprofil von sich erstellen können. Es behandelt exakt die Stärken, die in diesem Buch aufgegriffen wurden, und geht zurück auf den amerikanischen Fragebogen „Values in Action (VIA)". Wenn Sie also einen Internetzugang und etwa 30 Minuten Zeit haben, können Sie den Fragebogen völlig unverbindlich ausfüllen und erhalten danach eine aufschlussreiche Auswertung (https://www.persoenlichkeitsstaerken.ch/). Vielleicht wollen Sie das aber nicht, oder vielleicht ist der Link auch in einiger Zeit gar nicht mehr verfügbar, was im Internet ja nicht so selten vorkommt. Dann schlage ich die „Old fashioned"-Methode vor:

Nehmen Sie sich 24 Karteikärtchen, kleine Zettel oder was auch immer zur Hand und schreiben Sie auf jede Karte eine Charakterstärke. Breiten Sie danach alle vor sich aus. Nun nehmen Sie die Karte heraus, die am ehesten die oben genannten Kriterien erfüllt – diese legen Sie auf einer freien Fläche ganz nach oben. Bei dieser Entscheidung kann es durchaus auch eine Rolle spielen, welches Teilkapitel Sie in diesem Buch am meisten angesprochen hat oder welche Übung Sie für sich am gewinnbringendsten fanden. Danach suchen Sie sich die Charakterstärke aus, die quasi danach „dran" wäre, und legen Sie in die Reihe. Sie können damit eine Hierarchie Ihrer Charakterstärken anlegen. Die oberen fünf Karten zeigen dann das, was Seligman als „Signaturstärken" bezeichnet. Eine Signatur, wie sie der Maler unter seinem Gemälde anbringt, oder Ihre Unterschrift (engl. *signature*) auf wichtigen Dokumenten – sprich: das, was wirklich zu Ihnen gehört, das wirklich Typische an Ihrer Person.

Vielleicht sind einige der Charakterstärken auf der gleichen Ebene, dann legen Sie diese nebeneinander, aber nicht mehr als zwei bis drei. Versuchen Sie, grundsätzlich eine Priorisierung vorzunehmen.

Das Konzept der Signaturstärken besagt, dass Ihnen das Ausleben dieser oben liegenden Charakterstärken wichtig ist und Ihnen am meisten Lebensfreude und Zufriedenheit

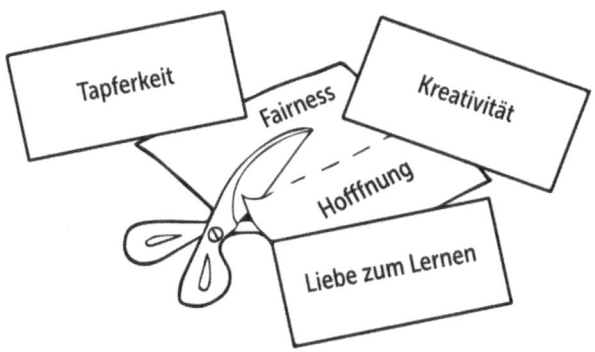

bringt. Im Übrigen sind dies nicht selten die Charakterstärken, die auch andere bei Ihnen wahrnehmen, denn sie verbinden sich mit Handlungen, die anderen nicht entgehen. Von außen kann man manches besser (zum Beispiel Freundlichkeit), manches schlechter (zum Beispiel Vergebung) wahrnehmen. Wundern Sie sich also nicht, wenn es zwischen Ihrer Selbstwahrnehmung und Fremdwahrnehmungen auch mal zu Abweichungen kommt.

Wenn Sie Ihre Kärtchen hingelegt oder eine Auswertung des Fragebogens erhalten haben, werden Sie natürlich auch erkennen, welche Charakterstärken ganz unten in Ihrer Hierarchie anzutreffen sind. Sind das dann Ihre Schwächen?

Nein, auf keinen Fall! Sie sind nicht weiter oben, weil wir im Laufe des Lebens durchaus auch eine Verschiebung von Charakterstärken durchlaufen können. Wir haben das bereits gesehen: Mit steigendem Alter können Weisheit/Wissen und Transzendenz bedeutsamer werden, als sie es in der frühen Jugend waren. Signaturstärken sind also nicht völlig unabhängig von unserer jeweiligen Lebensphase. Von „Schwächen" bei den unteren Karten kann man auch deswegen nicht reden, weil Charakterstärken im hier zugrunde liegenden Verständnis keinen Gegenpol haben. So etwas gibt es ja auch andernorts. Was wäre denn der Gegenpol von „durstig"?

Wenn Sie die weiter unten angesiedelten Charakterstärken anschauen, kann das auch den Wunsch oder sogar die Sehnsucht wecken, diese mehr ausleben zu wollen. In diesem Fall könnten Aufmerksamkeit, Übung und weiterführende Lektüre durchaus dabei behilflich sein, die eigene Entwicklung voranzutreiben. Die Anordnung von Charakterstärken in uns ist nicht unumstößlich festgeschrieben!

Unsere Kenntnis unserer eigenen Charakterstärken kann der Ausgangspunkt für wunderbare Situationen und Gespräche sein. Vielleicht haben Sie ja Gelegenheit, in Ihrer partnerschaftlichen Beziehung, mit Ihren Kindern oder auch Eltern oder guten Freunden die Charakterstärken aller zu vergleichen. Vielleicht können Sie auch davon profitieren, wenn Ihnen nahestehende Menschen „die von Ihnen beschrifteten Karten für Sie legen". Stimmt das Ergebnis mit Ihrem Selbstbild überein?

Über Charakterstärken kann man wunderbar sprechen. Wir können unser Verständnis von Tugenden und Werten mit dem der anderen vergleichen und diskutieren. Wir können uns gegenseitig fragen, warum bestimmte Charakterzüge so wichtig für uns sind. Wir können thematisieren, wie man Charakterstärken im Alltag ausleben kann. Und wir können uns natürlich auch Gedanken dazu machen, wie bestimmte Charakterstärken geübt werden können.

Stellen Sie sich einmal vor, Sie würden für jeweils eine Woche eine Charakterstärke auswählen, sich auf diese fokussieren und sie im alltäglichen Handeln so gut wie möglich umsetzen. Fangen Sie mit denjenigen an, die Sie als Ihre oberste Signaturstärke identifiziert haben, und gehen dann in Woche zwei zur nächsten über. Dann hätten Sie 168 gewinnbringende Tage vor sich!

Die Psychologin Phillippa Lally hat in Studien gezeigt, dass es im Mittel nur 66 Tage dauert, bis eine Übung zur automatisierten Routine oder auch Gewohnheit wird. Wenn Charakterstärken als Handlung zur Gewohnheit werden, dann sind Lebenszufriedenheit und Glück – oder die aristotelische *Eudaimonia* – unausweichlich.

Anmerkungen

Vorwort

1   Munk, A. J. L., Schmidt, N. M., Alexander, N., Henkel, K., & Hennig, J. (2020). Covid-19-Beyond virology: Potentials for maintaining mental health during lockdown. PLoS One, 15(8), e0236688. doi: 10.1371/journal.pone.0236688

2   Stemmler, A., Staehle, R., Heinemann, T., Bender, M., & Hennig, J. (2021). Positive psychology interventions in in-patients with depression: influences of comorbidity and subjective evaluation of the training programme. BJPsych Open, 7(4), e109. doi:10.1192/bjo.2021.65

1. Werte – Tugenden – Charakterstärken

1   Siehe transfermarkt.de

2   Rokeach, M. (1973). *The nature of human values*: Free Press.

3   Allport, G. W., Vernon, P.E. (1931). *A study of values*. Miffin: Hughton.

4   Schwartz, S. H. B., W. (1987). Toward a universal psychological structure fo human values. *Journal of Personality and Social Psychology, 53,* 550-562.

5   Klages, H., Gensicke, T. (2006). Wertesynthese – Funktional oder dysfunktional. *Kölner Zeitschrift für Soziologie und Sozialpsychologie, 58(2),* 332-351.

6   Inglehart, R. (2015). *The Silent Revolution: Changing Values and Political Styles Among Western Publics*: Princeton University Press.

7   *Aristoteles, Band 6: Nikomachische Ethik.* (2014). Akademie Verlag.

8   Draganski, B., Gaser, C., Busch, V., Schuierer, G., Bogdahn, U., & May, A. (2004). Neuroplasticity: changes in grey matter induced by training. *Nature, 427(6972),* 311-312.

9   Maguire, E. A., Gadian, D. G., Johnsrude, I. S., Good, C. D.,
    Ashburner, J., Frackowiak, R. S., & Frith, C. D. (2000). Navigation-
    related structural change in the hippocampi of taxi drivers. *Proc
    Natl Acad Sci U S A, 97*(8), 4398-4403. doi:10.1073/pnas.070039597
10 Elbert, T., Pantev, C., Wienbruch, C., Rockstroh, B., & Taub, E.
    (1995). Increased cortical representation of the fingers of the left
    hand in string players. *Science, 270*(5234), 305-307. doi:10.1126/
    science.270.5234.305
11 Csikszentmihalyi, M. (1975). *Beyond boredom and anxiety: Experien-
    cing flow in work and play.* San Francisco: Jossey-Bass.
12 Halbig, C., & Timmermann, F. U. (Eds.). (2020). *Handbuch Tugend
    und Tugendethik.* Wiesbaden: Springer Fachmedien.
13 Smart, N., & Leaman, O. (2008). *World Philosophies.* London: Rout-
    ledge.
14 Peterson, C., & Seligman, M. E. P. (2004). *Characters Strength and
    Vitues. A Handbook and classificaiton.* New York: Oxford University
    Press.
15 Hartshorne, H., & May, M. A. (1928). *Studies in the Nature of
    Character.* New York: Macmillan.
16 Allport, G. W., Vernon, P.E. (1930). The field of personality. *Psycho-
    logical Bulletin, 27*(10), 677-730.
17 Cloninger, C. R., Svrakic, D. M., & Przybeck, T. R. (1993). A
    Psychobiological Model of Temperament and Character.
    Archives of General Psychiatry, 50(12), 975-990. doi:10.1001/arch-
    psyc.1993.01820240059008
18 Zaki, J. (2019). *The war for kindness: Building Empathy in a fractured
    world.* New York: Broadway Books.
19 Peterson, C., & Seligman, M. E. P. (2004). *Characters Strength and
    Vitues. A Handbook and classificaiton.* New York: Oxford University
    Press.

2. Gerechtigkeit

1   Höffe, O. (2015). Gerechtigkeit. In *C.H. Beck Wissen* (5. Aufl. ed.).
    München.
2   Rawls, J. (1971). *A Theory of Justice.* Cambridge, Massachusetts,
    London: Harvard University Press.
3   Adams, J. S. (1965). Inequity in social exchange. In L. Berko-
    witz (Ed.), *Advances in experimental social psychology* (Vol. 2, pp.
    267-299). New York: Academic Press.

4   https://de-statista-com.ezproxy.uni-giessen.de/statistik/studie/
    id/74677/dokument/reichtum-millionaere-und-milliardaere/
5   Lerner, M. J. (1980). The belief in a just world. In M. J. Lerner (Ed.),
    The Belief in a Just World: A Fundamental Delusion (pp. 9–30). New
    York: Springer.
6   Levine, M., Prosser, A., Evans, D., & Reicher, S. (2005). Iden-
    tity and Emergency Intervention: How Social Group Member-
    ship and Inclusiveness of Group Boundaries Shape Helping Beha-
    vior. *Personality and Social Psychology Bulletin, 31*(4), 443-453.
    doi:10.1177/0146167204271651
7   Weinstein, N., & Ryan, R. M. (2010). When helping helps: autono-
    mous motivation for prosocial behavior and its influence on well-
    being for the helper and recipient. *J Pers Soc Psychol, 98*(2), 222-244.
    doi:10.1037/a0016984. Anm.: Hier geht es zwar letztlich um altru-
    istisches Verhalten, aber für engagiertes Verhalten im Sinne der
    Gerechtigkeit dürften ähnliche Prozesse gültig sein.
8   Frey, D., Schäfer, M., & Neumann, R. (1998). Zivilcourage und
    aktives Handeln bei Gewalt: Wann werden Menschen aktiv? In S.
    M. & D. Frey (Eds.), *Aggression und Gewalt unter Kindern und Jugend-
    lichen* (pp. 265–283). Göttingen: Hogrefe.
9   Die Metapher der „invisible hand" wurde u.a. von dem National-
    ökonomen Adam Smith (1723-1790) genutzt. Er, der als Urvater der
    freien Marktwirtschaft bezeichnet werden kann, ging davon aus,
    dass Formen des „Ego-Kapitalismus" (eigene Gewinnmaximie-
    rung) unwissentlich auch der Gesamtvolkswirtschaft und letztlich
    auch der – damals noch nicht sogenannten – Globalisierung diene.
10 Behnke J., Hintermaier J., & L., R. (2010). Die Bedeutung von
    Werten für Verteilungsergebnisse im Ultimatum- und Diktator-
    spiel. In Behnke J., Bräuninger T., & S. S. (Eds.), *Jahrbuch für Hand-
    lungs- und Entscheidungstheorie*: Verlag für Sozialwissenschaften.
11 Pointer, S. (2012). *Das Fairnesskalkül. Robustheit, Determinanten und
    externe Validität der Fairnessnorm*. Wiesbaden: Springer Fachmedien.
12 Henrich, J., McElreath, R., Barr, A., Ensminger, J., Barrett, C., Boly-
    anatz, A., ... Ziker, J. (2006). Costly punishment across human
    societies. *Science, 312*(5781), 1767-1770. doi:10.1126/science.1127333
13 Brosnan, S. F., & de Waal, F. B. (2014). Evolution of responses to (un)
    fairness. *Science, 346*(6207), 1251776. doi:10.1126/science.1251776
14 Zhao, K., Ferguson, E., & Smillie, L. D. (2016). Prosocial Persona-
    lity Traits Differentially Predict Egalitarianism, Generosity, and
    Reciprocity in Economic Games. *Frontiers in Psychology, 7*(1137).
    doi:10.3389/fpsyg.2016.01137

247

15 Wallace, B., Cesarini, D., Lichtenstein, P., & Johannesson, M. (2007). Heritability of ultimatum game responder behavior. *PNAS, 104*, 15631–15634.

16 Tabibnia, G., Satpute, A. B., & Lieberman, M. D. (2008). The sunny side of fairness: preference for fairness activates reward circuitry (and disregarding unfairness activates self-control circuitry). *Psychol Sci, 19*(4), 339-347. doi:10.1111/j.1467-9280.2008.02091.x

17 Deutschland; Infratest dimap; 2009, Fairness Barometer

18 McCullough, M. E., Worthington, E. L., Jr., & Rachal, K. C. (1997). Interpersonal forgiving in close relationships. *Journal of Personality and Social Psychology, 73*(2), 321-336. doi: https://doi.org/10.1037/0022-3514.73.2.321

19 Lazare, A. (2005). *On Apology*. Cary, Oxford University Press, Incorporated.

20 Ma, F., Wylie, B. E., Luo, X., He, Z., Xu, F., & Evans, A. D. (2018). Apologies repair children's trust: The mediating role of emotions. *J Exp Child Psychol, 176*, 1-12. doi:10.1016/j.jecp.2018.05.008

21 Nier, H. (28. Januar, 2020). Wunsch und Wirklichkeit bei Führungskräften [Digitales Bild]. Zugriff am 02. August 2021, von https://de-statista-com.ezproxy.uni-giessen.de/infografik/20637/umfrage-wunsch-und-wirklichkeit-bei-fuehrungskraeften/

22 Frey, D., & Schmalzried, L. (2013). *Philosophie der Führung*. Berlin, Heidelberg Springer.

23 Murphy-Witt, M. (2003). *Konsequente Eltern – glückliche Kinder*. München: Südwest Verlag.

24 Lewis, S. (2011). *Positive Psychology at Work – How Positive Leadership and Appreciative Inquiry Create Inspiring Organizations*: Wiley-Blackwell.

25 Schulze, H., & Sejkora, K. (2015). *Positive Führung – Resilienz statt Burnout*. Freiburg, München: Haufe Gruppe.

26 Fredrickson, B. L. (2004). The broaden-and-build theory of positive emotions. *Philos Trans R Soc Lond B Biol Sci, 359*(1449), 1367-1378. doi:10.1098/rstb.2004.1512

27 McKergow, M., & Bailey, H. (2014). *Host*. London: Solution Books.

3. Mut

1 Pieper, J. (1963). *Vom Sinn der Tapferkeit*. München: Kösel.

2 Yang, J., Milliren, A., & Blagen, M. (2009). *The Psychology of Courage: An Adlerian Handbook for Healthy Social Living*. London, UNITED KINGDOM: Taylor & Francis Group.

3   Berner, W., Hagenhoff, R., Vetter, T., & Führing, M. (2015). *Ermuti-gende Führung: für eine Kultur des Wachstums*. Stuttgart: Schäffer-Poeschel Verlag.

4   Pieper, J., *Werke: in acht Bänden*. Hamburg: Meiner., Bd. 7, S. 104

5   Ich benutze den Begriff Selbstmord nie, weil eine Selbsttötung in den meisten Kontexten, insbesondere in denen der Psychopathologie, nicht das Geringste mit den Tatbestandsmerkmalen des Mordes lt. § 211 Strafgesetzbuch zu tun hat. In diesem Kontext hier mache ich aber eine begründbare Ausnahme.

6   Pieper, J. (1964). *Über das christliche Menschenbild, S. 3* (7. Aufl. ed.). München: Kösel Verlag.

7   Dunlop, W. L., & Walker, L. J. (2013). The personality profile of brave exemplars: A person-centered analysis. *Journal of research in personality, 47*, 380–384.

8   Jaynes, J. (1976). *The origin of consciousness in the breakdown of the bicameral mind*. Boston: Houghton Mifflin.

9   Leonard, J. A., Lee, Y., & Schulz, L. E. (2017). Infants make more attempts to achieve a goal when they see adults persist. *Science, 357*(6357), 1290-1294

10   Sherman, H. (1958). *How to turn failure into success*. New Jersey, USA: Prentice-Hall

11   Szyszka, P. (2012). *Alles nur Theater. Authentizität und Inszenierung in der Organisationskommunikation*. Köln: Halem.

12   https://www.splendid-research.com/de/studie-ehrlichkeit

13   https://de.statista.com/statistik/daten/studie/2426/umfrage/situa-tionen-die-luegen-rechtfertigen/

14   Garrett, N., Lazzaro, S. C., Ariely, D., & Sharot, T. (2016). The brain adapts to dishonesty. *Nat Neurosci, 19*(12), 1727-1732. doi: 10.1038/nn.4426

15   https://www.transparency.de/cpi/

4. Weisheit

1   Teasdale, S. (1945). *Collected poems*. New York: Macmillan.

2   Baltes, P. B., Smith, J., & Staudinger, U. M. (1991). Wisdom and successful aging. *Nebr Symp Motiv, 39*, 123-167.

3   Schmid, W. (2014). *Gelassenheit. Was wir gewinnen, wenn wir älter werden*. Berlin Insel Verlag.

4   https://soundcloud.com/mbsounds

5   Moers, W. (2006). *Die Stadt der Träumenden Bücher*, Piper. S. 325

6   https://www.telekom-stiftung.de/sites/default/files/files/media/
      publications/Wie-lernen-Kinder-und-Jugendliche-Bericht.pdf
7   Yeager, D. S., Hanselman, P., Walton, G. M., Murray, J. S., Crosnoe,
      R., Muller, C., ... Dweck, C. S. (2019). A national experiment reveals
      where a growth mindset improves achievement. *Nature*, 573(7774),
      364-369. doi:10.1038/s41586-019-1466-y
8   Ähnliche Fragen finden sich in: Mandel, J. (2017). *Keep Growing.
      How to encourage students to persevere, overcome setbacks, and develop
      a growth mindset*. Ontario, Canada: Pembroke Publishers.
9   Betsch, T., Funke, J., & Plessner, H. (2011). *Denken – Urteilen,
      Entscheiden, Problemlösen*. Berlin Heidelberg New York: Springer-
      Verlag.
10   Neben diesem Beispiel finden sicher weitere und auch ein Test bei:
      https://davebirss.com/altuses/
11   Cattell, R. B. (1965). *The scientific analysis of personality*: Penguin
      Books.
12   Cropley, D., & Cropley, A. (2019). Die Schattenseite der Kreativität:
      Wie Kriminalität und Kreativität zusammenhängen – eine psycho-
      logische Analyse. Springer, Wiesbaden
13   Wallas, G. (1926). *The Art of Thought*: Solis Press.
14   Beck, H. (2013). *Biologie des Geistesblitzes – Speed up your mind*.
      Berlin, Heidelberg: Springer Spektrum.
15   Conner, T. S., DeYoung, C. G., & Silvia, P. J. (2016). Everyday creative
      activity as a path to flourishing. *The Journal of Positive Psychology*,
      1-9.
16   Szpunar, K. K., Watson, J. M., & McDermott, K. B. (2007). Neural
      substrates of envisioning the future. *Proc Natl Acad Sci U S A*,
      104(2), 642-647. doi:10.1073/pnas.0610082104
17   Dian, N. (2009). Foresight Styles Assessment: A Theory Based
      Study in Competency and Change. *Journal of Futures Studies*, 13(3),
      59-74.

5. Mäßigung

1   Pieper, J. (2006). Werke: In acht Bänden. Hamburg, Meiner.
2   Vogel, T. (2018). Mäßigung – was wir von einer alten Tugend lernen
      können. München, oekom.
3   Siehe https://www.5gyres.org/
4   http://wwwhomes.uni-bielefeld.de/mkracht/html/handbuch.pdf
5   Bollnow, O. F. (1956). Die Tugend der Bescheidenheit. *Die Samm-
      lung*, 11, 225-233.

6   Bollnow, O. F. (1950). Besonnenheit. *Die Sammlung, 5,* 23-31.
7   Pulkkinnen, L. (2017). *From middle childhood to middle adulthood –
    growing up to be middle-aged.* London, New York: Routledge.
8   Bennent-Vahle, H. (2015). Besonnenheit – Eine unzeitgemäße
    Tugend, die nottut. *Ethica, 23,* 61-81.
9   Mischel, W., Ebbesen, E. B., & Zeiss, A. R. (1972). Cognitive and
    attentional mechanisms in delay of gratification. *J Pers Soc Psychol,*
    21(2), 204-218. doi:10.1037/h0032198
10 MacLean, E. L., Hare, B., Nunn, C. L., Addessi, E., Amici, F.,
    Anderson, R. C., ... Zhao, Y. (2014). The evolution of self-control.
    Proc Natl Acad Sci U S A, 111(20), E2140-2148. doi:10.1073/
    pnas.1323533111
11 Mischel, W., Shoda, Y., & Peake, P. K. (1988). The nature of adole-
    scent competencies predicted by preschool delay of gratification.
    Journal of Personality and Social Psychology, 54(4), 687-696. doi:
    https://doi.org/10.1037/0022-3514.54.4.687
12 Kuhl, J. (1996). Wille und Freiheitserleben: Formen der Selbststeu-
    erung. In J. Kuhl & H. Heckhausen (Eds.), *Enzyklopädie der Psycho-
    logie: Motivation, Volition und Handlung* (pp. 665 – 765). Göttingen:
    Hogrefe.
13 Enright, R. D. (1991). The moral development of forgiveness. In W.
    M. Kurtines & J. L. Gewirtz (Eds.), *Handbook of moral behavior and
    development* (pp. 123-152): Lawrence Erlbaum Associates, Inc..
14 Ebenda, S. 138 (übersetzt)

6. Humanität

1   Dalai Lama (2002). *Das Buch der Menschlichkeit – Eine neue Ethik für
    unsere Zeit.* Köln: Gustav Lübbe Verlag.
2   Sikka, S. (2011). *Herder on Humanity and Cultural Difference: Enligh-
    tened Relativism.* Cambridge: Cambridge University Press.
3   Dalai Lama (2002). *Das Buch der Menschlichkeit – Eine neue Ethik für
    unsere Zeit.* Köln: Gustav Lübbe Verlag, Seite 8
4   Angeblich eine Weissagung indigener Nordamerikaner vom
    Stamme der Cree – daran gibt es jedoch Zweifel.
5   Phillips, A., & Taylor, B. (2009). *On Kindness.* London: Penguin
    Books, Seite 41
6   Kirchler, M., & Palan, S. (2017). Immaterial and monetary gifts
    in economic transactions: evidence from the field. *Experimental
    Economics.* doi: DOI 10.1007/s10683-017-9536-1

7   Dalai Lama (2002). *Das Buch der Menschlichkeit – Eine neue Ethik für unsere Zeit*. Köln: Gustav Lübbe Verlag, Seite 79

8   Martin, J., Rychlowska, M., Wood, A., & Niedenthal, P. (2017). Smiles as Multipurpose Social Signals. *Trends Cogn Sci, 21*(11), 864-877. doi: 10.1016/j.tics.2017.08.007

9   Krys, K., & al., e. (2016). Be Careful Where You Smile: Culture Shapes Judgments of Intelligence and Honesty of Smiling Individuals. *Journal of Nonverbal Behavior, 40*, 101-116. doi:DOI 10.1007/s10919-015-0226-4

10 Abel, E. L., & Kruger, M. L. (2010). Smile Intensity in Photographs Predicts Longevity. *Psychological Science, 21*(4), 542-544. doi:10.1177/0956797610363775

11 Hertenstein, M. J., Hansel, C. A., Butts, A. M., & Hile, S. N. (2009). Smile intensity in photographs predicts divorce later in life. *Motivation and Emotion, 33*(2), 99-105. doi:10.1007/s11031-009-9124-6

12 Carbon, C. C. (2020). Wearing Face Masks Strongly Confuses Counterparts in Reading Emotions. *Front Psychol, 11*, 566886. doi:10.3389/fpsyg.2020.566886

13 Eimer, M., & Holmes, A. (2007). Event-related brain potential correlates of emotional face processing. *Neuropsychologia, 45*(1), 15-31. doi: 10.1016/j.neuropsychologia.2006.04.022

14 Goleman, D. (2006). *Social Intelligence – The new science of human relationships*. New York: Bantam Books.

15 Nagasawa, M., Mitsui, S., En, S., Ohtani, N., Ohta, M., Sakuma, Y., ... Kikusui, T. (2015). Social evolution. Oxytocin-gaze positive loop and the coevolution of human-dog bonds. *Science, 348*(6232), 333-336. doi:10.1126/science.1261022

16 Ainsworth, M. D., & Wittig, B. A. (1969). Attachment and exploratory behavior of one-year-olds in a strange situation. In B. M. Foss (Ed.), *Determinants of infant behavior* (pp. 113-136). London: Methuen.

17 Bartholomew, K., & Horowitz, L. M. (1991). Attachment styles among young adults: a test of a four-category model. *J Pers Soc Psychol, 61*(2), 226-244. doi:10.1037//0022-3514.61.2.226

18 Harlow, H. F., & Zimmermann, R. R. (1959). Affectional responses in the infant monkey; orphaned baby monkeys develop a strong and persistent attachment to inanimate surrogate mothers. *Science, 130*(3373), 421-432. doi:10.1126/science.130.3373.421

7. Transzendenz

1   Reed, P. (2018). Theory of Self-Transcendence. In M. J. Smith & P. Liehr (Eds.), *Middle Range Theory for Nursing* (4th ed., pp. 119-146). New York: Springer.

2   https://de.statista.com/statistik/daten/studie/274795/umfrage/haeufigkeit-von-meditation/

3   Cloninger, C. R., Svrakic, D. M., & Przybeck, T. R. (1993). A psychobiological model of temperament and character. *Arch Gen Psychiatry, 50*(12), 975-990. doi:10.1001/archpsyc.1993.01820240059008

4   Frankl, V. E. (1982). ...*trotzdem Ja zum Leben sagen. Ein Psychologe erlebt das Konzentrationslager.* München: dtv.

5   Kutschera, F. v. (1988). *Ästhetik.* Berlin, New York: Walter de Gruyter.

6   Lissmann, K. P. (2009). *Schönheit.* Wien: Facultas Verlags- und Buchhandels AG, S. 41

7   Sarasso, P., Neppi-Modona, M., Sacco, K., & Ronga, I. (2020). "Stopping for knowledge": The sense of beauty in the perception-action cycle. *Neurosci Biobehav Rev, 118*, 723-738. doi: 10.1016/j.neubiorev.2020.09.004

8   Berger, P. L. (2014). *Erlösendes Lachen* (übersetzt von J. Kalka, 2. Auflage). Berlin, Boston: Walter de Gruyter.

9   Panksepp, J., & Burgdorf, J. (2003). "Laughing" rats and the evolutionary antecedents of human joy? *Physiol Behav, 79*(3), 533-547. doi:10.1016/s0031-9384(03)00159-8

10 Swabey, M. C. (1961). *Comic Laughter: A Philosophical Essay.* New Haven.

11 Berger, a.a.O., S. 197

12 Ostrower, C. (2018). *Es hielt uns am Leben – Humor im Holocaust* (dt. Übersetzung M. Yusufi). Wiesbaden: Springer, Seite 41

13 Zhang, Y., Yang, Y., Lau, W. Y., Garg, S., & Lao, J. (2017). Effectiveness of pre-operative clown intervention on psychological distress: A systematic review and meta-analysis. *J Paediatr Child Health, 53*(3), 237-245. doi:10.1111/jpc.13369

14 Ding, Y., Yin, H., Wang, S., Meng, Q., Yan, M., Zhang, Y., & Chen, L. (2022). Effectiveness of clown intervention for pain relief in children: A systematic review and meta-analysis. *J Clin Nurs.* doi:10.1111/jocn.16195

15 Friedler, S., Glasser, S., Azani, L., Freedman, L. S., Raziel, A., Strassburger, D., ... Lerner-Geva, L. (2011). The effect of medical clowning

on pregnancy rates after in vitro fertilization and embryo transfer. *Fertil Steril, 95*(6), 2127-2130. doi: 10.1016/j.fertnstert.2010.12.016

16 Ruch, W., Proyer, R. T., & Weber, M. (2010). Humor as a character strength among the elderly: empirical findings on age-related changes and its contribution to satisfaction with life. *Z Gerontol Geriatr, 43*(1), 13-18. doi:10.1007/s00391-009-0090-0

17 McGhee, P. (2010). *Humor as Survival Training for a Stressed-Out World*. Bloomington: Authorhouse.

18 Ruch, W., Hofmann, J., Rusch, S., & Stolz, H. (2018). Training the sense of humor with the 7 Humor Habits Program and satisfaction with life. *Humor – International Journal of humor research, 31*(2), 287-309.

19 Savage, B. M., Lujan, H. L., Thipparthi, R. R., & DiCarlo, S. E. (2017). Humor, laughter, learning, and health! A brief review. *Adv Physiol Educ, 41*(3), 341-347. doi:10.1152/advan.00030.2017

20 Guilford, L., Morgan, B., & Krstijánson, K. (2021). Recent Work on the Concept of Gratitude in Philosophy and Psychology. *The Journal of Value Inquiry, 47*, 285-317.

21 Emmons, R. A., & McCullough, M. E. (2004). *The Psychology of Gratitude*: Oxford University Press.

22 Wood, A. M., Froh, J. J., & Geraghty, A. W. (2010). Gratitude and well-being: a review and theoretical integration. *Clin Psychol Rev, 30*(7), 890-905. doi: 10.1016/j.cpr.2010.03.005

23 Seligman, M. E. P., Steen, T. A., & Peterson, C. (2005). Positive Psychology Progress – Empirical Validation of Interventions. *American Psychologist, 60*(5), 410-421.

24 Emmons, R. A., & McCullough, M. E. (2003). Counting blessings versus burdens: An experimental investigation of gratitude and subjective well-being in daily life. *Journal of Personality and Social Psychology, 84*(2), 377-389. doi: https://doi.org/10.1037/0022-3514.84.2.377

25 Koenig, H., G., & Cohen, H., J. (2002). *The Link between religion and health*. New York: Oxford University Press.

26 Dalfert, I., D. (2016). *Hoffnung*. Berlin/Boston: Walter de Gruyter.

27 Dalfert, I. D. a. a. O., S. 36.

28 Merkel, A. (2018). Glaube, Liebe, Hoffnung. In N. Schneider (Ed.), *Glaube, Liebe, Hoffnung – Die Bibel der Politikerinnen und Politiker*. Stuttgart: Kreuz Verlag.

29 Bloch, E. (2016). *Das Prinzip Hoffnung – 3 Bände*: Suhrkamp Taschenbuch.

30 Goodall, J., & Abrams, D. (2021). *Das Buch der Hoffnung* (übersetzt von A. O'Brian & J. Schönherr). München: Goldmann.

31 Titel einer Filmdokumentation über Depressionen

32 Aubert, M., Brumm, A., Ramli, M., Sutikna, T., Saptomo, E. W., Hakim, B., ... Dosseto, A. (2014). Pleistocene cave art from Sulawesi, Indonesia. *Nature, 514*(7521), 223-227. doi:10.1038/nature13422

33 https://de.statista.com/infografik/24308/anteil-der-befragten-in-deutschland-die-sich-als-glaeubig-bezeichnen/

34 Knoll, F. (2016). Spiritualität und Ethik: Autonomie oder Symbiose? *PADUA, 11*(4), 247-252.

35 Mittelmark, M. B., Sagy, S., Eriksson, M., Bauer, G. F., Pelikan, J. M., Lindström, B., & Espnes, G. A. (2017). *The Handbook of Salutogenesis*: Springer.

36 https://de-statista-com/statistik/daten/studie/471592/umfrage/verbreitung-von-ueberforderung-unter-pflegenden-angehoerigen-nach-pflegestufen/

37 https://de-statista-com/statistik/daten/studie/168254/umfrage/pflegebeduerftige-in-deutschland-seit-2007/

38 Potier, F., Degryse, J. M., Henrard, S., Aubouy, G., & de Saint-Hubert, M. (2018). A high sense of coherence protects from the burden of caregiving in older spousal caregivers. *Arch Gerontol Geriatr, 75*, 76-82. doi: 10.1016/j.archger.2017.11.013

39 Diener, E., & Biswas-Diener, R. (2008). *Happiness: Unlocking the Mysteries of Psychological Wealth.* Malden, (S. 124, übersetzt) USA: Blackwell Publishing.

8. Individuelle Stärken

1   Peterson, C., & Seligman, M. E. P. (2004). *Characters Strength and Vitues. A Handbook and classificaiton.* New York: Oxford University Press.

Der Verlag weist ausdrücklich darauf hin, dass im Text enthaltene externe Links vom Verlag nur bis zum Zeitpunkt der Buchveröffentlichung eingesehen werden konnten. Auf spätere Veränderungen hat der Verlag keinen Einfluss. Eine Haftung des Verlages ist daher ausgeschlossen.

Der Verlag hat sich bemüht, die Inhaber aller Rechte ausfindig zu machen. Sollte dies nicht gelungen sein, dem Verlag gegenüber dennoch der Nachweis der Rechtsinhaberschaft geführt werden, wird diese selbstverständlich in branchenüblicher Weise abgegolten.

© 2022 adeo Verlag
in der SCM Verlagsgruppe GmbH
Dillerberg 1, 35614 Asslar

1. Auflage September 2022
Best.-Nr: 835346
ISBN 978-3-86334-346-0

Umschlagmotiv: nikille/Shutterstock
Umschlaggestaltung: Mareike Schaaf
Fotos Bildteil: pixabay
Druck und Verarbeitung: GGP Media GmbH, Pößneck
Printed in Germany

www.adeo-verlag.de